셰르파, 히말라야 등반가

일러두기

- 단행본과 잡지 등은 『 』, 논문과 기사 제목 등은 「 」로 표기했다.
- 외국 인명과 지명 등의 고유명사는 국립국어원 외래어 표기법을 따르되, 네팔어/셰르파어 등은 현지 발음에 따라 표기했다.
- 인용 자료의 [ ] 속 설명은 저자가 이해를 돕기 위해 넣은 것이다.
- 간략한 용어 설명은 각주로, 상세 내용과 출처는 미주로 처리했다.
- 사진은 모두 저자가 촬영 또는 소장한 것이다.

아시아문화연구소 ASIA+ 시리즈 08

셰르파,
히말라야 등반가

인류학으로 읽는 셰르파 이야기

오영훈 지음

ACC

차례

서론

1 셰르파 연구를 시작하다　8
2 셰르파 마을에서　12
3 관계주의적 인류학으로 보는 셰르파 정체성　17

chapter 1　정체성: '셰르파'라는 이름의 기원과 사용

1 '셰르파'란 누구를 말하는가　28
2 셰르파의 종족성과 기원　30
3 왈룽 셰르파의 역사를 추적하다　35
4 히말라야 관광산업의 '셰르파' 용법: 언어인류학의 사례　41
5 정체성의 정치　51

chapter 2　인류낭만주의: 셰르파 히말라야 등반사

1 에베레스트 폭행 사건의 이면　56
2 유럽의 과학 탐사 전통과 근대 등반　62
3 셰르파, 히말라야 등반에 등장하다　70
4 셰르파는 '잃어버린 인류의 원형'인가　75
5 셰르파 윤리로 폭행 사건을 다시 보다　82

chapter 3 복과 돈: 셰르파 마을 문화

1 왈룽 셰르파 마을의 종교 의례   92
다자 뿌자 | 밀람과 뻰 쩌울리 뿌자
2 캠벌룽 순례   106
3 경제생활   114
작물 재배와 젊은 층의 도시 이주 | 이동 방목과 자립 생활
동충하초와 견성 보존
4 새롭게 정의되는 토착성   128

chapter 4 열린 미래: 셰르파의 도시 생활과 이주

1 카트만두 이주   133
왈룽 셰르파의 카트만두 이주 | 세두와 셰르파들의 이주
2 해외 이주   144
한국의 멘징 셰르파 | 미국 캘리포니아의 앙 다와 셰르파
3 '열린 미래'의 시간관: 다양한 이주의 경로를 고민하다   158
4 인도주의 셰르파 공동체   164
5 관계의 사슬   170

chapter 5 등반은 천직:
히말라야 등반의 떠오르는 주역 셰르파

1 히말라야 가이드 원정대   175
2 히말라야 등반의 노동 분업과 대행사의 등장   179
3 밍마 셰르파와 세븐서밋트렉   184
4 히말라야 등반의 탈식민주의적 비판   188
5 고객 중심의 대행사 경영 전략   196
6 8000미터 등반 산업을 주도하다   198

chapter 6 독점과 착복: 셰르파의 히말라야 등반 경험

1 히말라야 관광산업의 여러 직무　　　　　　　　　　205
2 관계로 결속된 개인의 미래　　　　　　　　　　　　211
3 등반 셰르파의 임금　　　　　　　　　　　　　　　215
4 히말라야 등반과 셰르파 남성성　　　　　　　　　　230
남성성 지표로서의 등반 경력 | 위험의 소거로서의 남성성
5 다층적인 등반 경험　　　　　　　　　　　　　　　235

chapter 7 안살이: 셰르파 웃음의 인류학

1 셰르파 웃음에 관한 기존 연구　　　　　　　　　　243
퍼스의 현상학 | 셰르파 특유의 낙관주의
2 부정적 감정에 대한 혐오　　　　　　　　　　　　249
3 종교학적·생태학적 가설　　　　　　　　　　　　253
티베트 불교 | 구산주이 문화 생태학
4 웃음과 정동의 성 역할　　　　　　　　　　　　　259
셰르파들의 성 관념 | 셰르파 여성성
5 안살이: 고통과 죽음의 외면　　　　　　　　　　　269
6 뗀징의 회고　　　　　　　　　　　　　　　　　　275

결론　　　　　　　　　　　　　　　　　　　　　　280

미주　　　　　　　　　　　　　　　　　　　　　　286
참고문헌　　　　　　　　　　　　　　　　　　　　298

서론

1
셰르파 연구를 시작하다

셰르파는 히말라야 등반의 대명사처럼 되었다. 고난과 위험을 극복하고 정상을 향해 오르는 등반가들을 돕는 초인적인 이미지는 우리에게 친숙하다. 영화와 언론, 상업광고 등에서 셰르파들은 강인한 도우미, 순수한 고산족 등으로 연상된다.

셰르파들은 지난 400여 년 동안 네팔 북동부 중국과의 국경에 솟은 세계 최고봉 에베레스트의 남쪽 산악 지대인 솔루쿰부를 중심으로 하여 그 일대에 퍼져 살았다. 대개 해발 2000~3000미터 위쪽의 고산지대에서, 히말라야 전역과 남아시아 북부 일대의 여러 티베트 고산족들과 유사한 풍습을 유지하며 농경, 목축, 교역으로 생업을 이어갔다. 그러다가 19세기 후반부터 시작된 히말라야 등반에 20세기 초부터 셰르파들이 참여하면서, 이들은 타 종족과는 달리 원정대 내에서 차지하는 지위가 꾸준히 상승해갔다. 그리고 2010년대 들어서는 셰르파가 직접 외국인 고객을 모집하고 등반 기술을 교육하며 정상까지 안내해주는 히말라야 등반 방식도 정착하기에 이르렀다.

셰르파들은 오늘날 카트만두에 가장 많은 인구가 거주한다. 다음으로 네팔 북동부 산악 지대와 인근 저지대에 나뉘어 살고 있다.[1] 미국, 영국, 홍콩, 대한민국 등등의 해외로 이주해 나가 거주하는 셰르파족도 수만 명에 이른다. 시골 마을에서는 여전히 농업이 주된 생계 원천이지만, 관광지로 발달한 지역에서는 호텔·식당업에 종사하는 셰르파도 많다. 특히 카트만두에는 등반 원정대·트레킹 대행 사업이나 등산 용품점, 식당, 호텔업 등으로 부를 축적한 이들도 많다. 남성들의 경우 원정대나 단체 트레킹 등 산악 관광산업에 적극적으로 참여한다. 네팔 내 티베트 고산족들 사이에서 보자면 대단한 계층 상승이다.

고산 등반 일반으로 국한하여 보아도 셰르파들이 주도하는 독특한 현상은 주목된다. 전 세계에 유례없는 등반 가이드업의 종족 독점화와 함께, 앞서 말한 대로 초보자를 이끌고 '죽음의 지대'라고도 불리는 8000미터 위까지 오르고 내려오는 업종을 발달시켜 특화했다. 나아가 등반 가이드 도움 없이 극단적으로 어려운 등반을 목표로 찾아온 엘리트 등반가들에게도, 자신들의 몸 상태와 등반에만 몰두할 수 있도록 모든 제반 사항을 종합적으로 대행해주는 고객 중심 서비스도 구축했다. 이는 인근 히말라야 국가인 중국, 인도, 파키스탄 등에서는 볼 수 없는 현상으로, 외국인들은 이제 네팔 밖의 다른 히말라야 등반을 위해서도 카트만두 대행사에게 의뢰하는 초국가 등반 관광산업이 셰르파 주도로 정착되고 있다.

한편 나는 대학생 시절 산악부 동아리에 가입하면서 암벽등반·빙벽등반 등의 전문 등반을 접했다. 동아리 활동은 점차 내 생활의 중심이 되었다. 대학 공부는 따분했고 외워야 시험을 잘 치를 수 있었다. 무작정 외우기만 하는 게 공부의 정점인가, 하는 실망감이 쌓여가던 내게 동아리를 통한 전문 등반, 산을 다니며 겪는 자연, 또 함께하는 이들과 맺는 깊은 유대감은 무척 신선하고 심오한 체험이었다. 평소 들여다보지 못한 세상과 삶의 신비를 엿본 듯한 느낌마저 들었다. '이런 기분의 정체는 무엇일까,' '내려오고 말 것인데 대체 오르는 일의 어디에서 이런 큰 가치가 솟아나는 것일까'와 같은 질문이 맴돌았다. '진리 탐구'의 대업에 포부가 컸던 20대 초반의 내게, 대학 공부가 아니라 전문 등반이야말로 인생의 신비를 열어젖히는 열쇠처럼 느껴졌다.

산악부 경험으로 대학 전공까지 바꾸게 되었다. 나날의 삶을 통해서도 인생살이에 담긴 난해한 질문에 대한 답을 얻을 수 있을지도 모르겠다는 기대를 품었기 때문이다. 3학년 2학기, 우연히 수강한 인류학 과목에 푹 빠졌다. 복수 전공을 신청했고, 대학원에도 진학했다. 마침 논문 학기에 에베레스트 원정대에 참가할 기회를 얻게 되어 이를 참여관찰하고 대원들을 면담한 자료를 통해 「히말라야 등반에 투영된 의미체계」라는 제목의 논문을 써서 석사 학위를 받았다. 서로 다른 배경과 동기를 가진 등반가들이 모여 어떻게 하나의 목표를 위해 협력하는 원정대의 '대원'들로 변모하게 되는지를 풀어보려는 시도였다.

유학을 떠난 박사 과정에서는 외국의 등반 문화를 대상으로 연구를 해보리라 마음을 먹었다. 궁금한 게 많았고 견문을 넓히고 싶었다. 여기서도 행운이 겹쳐, 마찬가지로 논문 학기가 시작되는 때인 2012년 봄에 대학 시절 동아리 산악회에서 에베레스트 원정대를 조직했고 여기에 참가하는 기회를 얻었다. 그러면서 지도 교수와 상의 끝에 셰르파들을 대상으로 연구하기로 했다. 원정대에 고용했던 셰르파들에게 내 계획을 밝히니, 선뜻 자신의 고향, 자신의 집으로 함께 가서 지내며 조사하라고 손을 내밀었다. 이들의 출신 마을은 솔루쿰부가 아닌 그곳에서 동쪽으로 인접한 산쿠와사바라는 행정구역에 있었다. 그곳에서도 북서쪽 귀퉁이에 있는 마칼루 VDC(Village Development Committee, 마을개발단위) 출신이었다.

마칼루라는 행정구역명은 산쿠와사바 북서쪽 끝부분에 있는 해발 8485미터의 산의 이름과 같다. 그곳 출신 셰르파들은 솔루쿰부를 비롯해 타쁠레중, 돌라까, 오컬둥가, 신두팔촉 등 다른 지역 출신 셰르파들과 대비해 자신을 '산쿠와사바 셰르파' 혹은 '마칼루 셰르파'라고 불렀다. 마칼루 셰르파 성인 남성 다수가 히말라야 관광산업에 참여하고 있거나 참여하려고 기회를 보던 중이었다. 매년 원정대에 고용되는 이부터 가끔 부업으로 참가하는 이에 이르기까지 참여의 정도에는 큰 차이가 있지만, 산악 관광산업은 사실상 모든 셰르파에게 직간접적으로 큰 영향을 미치는 분야였다. 이렇게 꼭 10년을 이어간 연구가 시작되었다.

2
셰르파 마을에서

인류학은 인류의 다양성과 공통성을 연구하는 학문이다. 문화인류학은 정치·경제·종교·언어·친족 등등 문화적 규칙들에 주목하는 인류학의 하위 분과다. 인류학자들은 이들을 분절적으로 떼어서 분석하지 않고, 이들이 문화의 다른 모든 국면과 서로 긴밀하게 연결되어 있다는 총체적인 연결 관계를 강조한다. 이는 비서구 문화를 연구해 온 인류학의 전통과 또 그를 위해 장기간의 참여관찰법을 동원했던 방법론적 특색에서 비롯됐다.

  인류학 방법론은 전통적으로 장기간의 참여관찰을 가장 우위에 두고, 인터뷰, 설문조사, 호구조사, 친족조사 등의 방법들을 병행했다. 하나의 마을이나 지역, 직장 또는 지리적으로 구획할 수 있는 공간 공동체에 집중하여 1년 이상 직접 참여하면서 사람들의 행위와 관계를 관찰하는 것이다. 최근에는 어느 한 장소에 머무르지 않고 이동하는 사람이나 물자를 따라다니거나, 온라인 집단 혹은 집단의 행동 패턴 등에 대한 관찰, 혹은 이들을 혼합한 다양한 전략의 방법론이 응용되고 있다. 나의 셰르파 연구는 현장에 직접 참여하여 거주하면서 모든 정보를 수집 대상으로 본다는 다소 고전적인 개념을 바탕으로 하여, 이동성의 셰르파들을 추적하고 또 이들에 관한 온·오프라인의 언설들을 좇기도 하는 식의 최근 경향도 접목했다.

  이 책에 사용된 1차 자료는 2012~2020년 사이에 수집됐다. 박사 학위 논문 연구를 위해 2012~2014년 사이 총 25개월을 네팔과 한국을 오가며 집중적인 연구를 수행했고, 이어 2015

년과 학위 과정을 마친 뒤인 2018년, 2020년에도 네팔, 한국, 미국 등지에서 참여관찰과 면담에 임했다. 그간 축적된 방대한 셰르파 연구 저작들도 가능한 꼼꼼히 들여다봤다. 셰르파에 관한 인문사회과학적 연구 저작물은 지금까지 200건 가깝게 출간되었다.[2] 영어, 독일어, 일본어, 네팔어 등으로 셰르파 문화의 다방면에 걸쳐 오랜 연구가 이루어졌다. 셰르파족은 다종족 국가 네팔에서 인구 규모로는 35번째에 지나지 않지만, 네팔 내 두 번째로 많이 연구된 종족이다. 국제적인 인기를 실감하게 하는 대목이다.

셰르파들이 히말라야 등반을 어떻게 받아들이고 실천해왔는지를 알아보기 위해 그들의 삶의 영역 전반에 직접 참여해 관찰했다. 성인 마칼루 셰르파들이 대부분 나고 자란 마칼루 지역 마을과, 이들이 계절마다 오가며 살거나 또는 완전히 이주하여 거주하는 네팔의 수도 카트만두 내 북동쪽에 있는 까빤구Kapan區 아까시다라쪽Akash Dhara Chowk(교차로) 일대, 그리고 세 차례의 에베레스트 원정대를 포함하여 셰르파들과 함께한 총 아홉 차례의 히말라야 등반 원정대, 이어 대한민국 곳곳과 미국 캘리포니아 등지에서 거주하는 셰르파들을 만나 조사했다. 조사 기간은 시골과 카트만두에서 몇 주씩 머무를 때를 빼고는 거의 항상 이동하는 게 일상이었다. 숱한 사람을 만나고 숱한 일과를 겪었다. 주머니에 들어가는 크기의 수첩 10여 권에 빼곡히 모든 것들을 기록했다.

  2012년 봄 에베레스트 당시 원정대를 대행했던 네팔의 대행사는 '세븐서밋트렉Seven Summit Trek'이다. 마칼루 지역에서 왈룽이라는 외진 마을 출신의 밍마 셰르파(1978년생)가 2010년 설립한 회사로, 여러 면에서 히말라야 등반의 새로운 기원을 세운 대행사다. 특히 솔루쿰부 셰르파들을 제치고 왈룽과 일대 마칼루 셰르파들이 새로운 주역으로 떠오르게 된 계기를 마련했다. 내가 시골에서 지낼 때는 거의 왈룽에 근거지를 두었다. 왈룽 셰르파들이 내 연구의 주된 참여자였다.

  왈룽 마을은 크게 위 왈룽과 아래 왈룽으로 나뉘는데, 왈룽 셰르파들은 거의 전부 위 왈룽에 살고 있다. 위 왈룽은 다시 13개의 크고 작은 부락으로 나뉘어 모두 최소 112개 가구에 인구는 600여 명이 상시 거주하거나 혹은 계절에 따라 도시를 오가며 살고 있다. 가파른 협곡을 양쪽에 두고 북동쪽에 세두와(마칼루 VDC), 남서쪽에 야푸(야푸 VDC) 마을이 각각 위치한다. 세두와에는 약 1000명의 셰르파들이, 야푸에는 200여 명의 셰르파들이 살고 있다. 이어 산쿠와사바의 중심 도시인 칸드바리 주변에도 수백 명의 셰르파들이 흩어져 살고 있다. 왈룽 출신 셰르파들은 히말라야 산악 관광의 국면에서 대개 자신들을 '마칼루 셰르파'로 부르고, 카트만두 이주 국면에서는 주로 산쿠와사바의 지역 정체성을 전면에 내세운다.

현지 연구 기간에는 대부분 셰르파의 집에서 머물렀다. 왈룽에서는 에베레스트 원정대 당시 고용된 셰르파 중 한 명인 뗀디 셰르파(1988년생)의 집에서, 왈룽 내에서 가장 큰 부락인 누르부짜울로 이동해 있을 당시에는 뗀디의 외조모이자 세븐서밋트렉 밍마 대표의 모친 집에서 묵었다. 카트만두에서는 밍마 대표의 막냇동생이자 세븐서밋트렉 공동 경영자인 파상 푸르바 셰르파(1986년생)의 집에서 주로 머물렀다. 연구 초기에는 영어 혹은 한국어를 할 줄 아는 셰르파들과 영어나 한국어로 대화했다. 교본으로 독학하며 습득한 네팔어가 이내 익숙해지면서 네팔어로 연구를 진행하게 되었다. 마칼루 지역 셰르파어 방언은 문자도 없고 교본도 없다. 셰르파어 방언 단어 수집과 어휘 연습은 연구 전반에 걸쳐 일과가 되었다.

연구 기간 내가 참가한 등반 원정대는 모두 한국인 원정대로, 내 신분은 등반 대원 또는 강사였기에 다른 한국인 대원이 네팔로 입국해 있을 당시에는 나는 이들과 함께 지내면서 셰르파들과는 자연스럽게 약간 거리를 두게 되었다. 한국인들이 없을 때는 셰르파들과 함께 지냈는데, '한국인 등반가'라는 정체성은 '셰르파 문화 외국인 연구자'라는 정체성과 함께 셰르파들이 나를 볼 때 항상 따라다니는 명함과도 같은 것이었다. '정체성이 없는' 연구자, 관찰자는 어디에도 없다. 나의 그런 정체성은 등반과 관련된 소상한 이야기를 셰르파들로부터 끌어낼 수 있는 장점이기도 했지만, 그럼으로써 일부 셰르파들과만 어울리게 되었던 것은 사실이었고, 또 고착된 위계 관계로 인해 충분히 다양한 면모를 셰르파들이 내게 감추려 했을 가능성을 배제할 수는 없다.

3
관계주의적 인류학으로 보는 셰르파 정체성

이 책에는 서론과 결론을 제외하고 총 7개의 장이 있다. 각 장은 완결된 형태의 논증으로 구성돼 있다. 장들은 서로 유기적으로 연결돼 셰르파 문화를 종합적으로 보여준다. 책의 전반(1~3장)에서는 셰르파의 기원, 역사, 분화에서 시작해 시골 생활의 일상적 측면 등 고전적인 소재들과 이론들을 주로 다뤘다. 책의 중반(4~5장)에서는 최근 30여 년 사이 히말라야 등반에 참여하면서 변한 마칼루 셰르파 사회의 문화와 현재의 모습에 초점을 맞췄다. 후반(6~7장)에서는 히말라야 원정대의 셰르파들이 겪는 경험을 미시적 관계에 주목하여 분석했다. 등반의 현장만이 아니라 앞의 장들에서 서술된 셰르파들의 삶의 방식이 초국가적 관광산업의 현장에서도 드러난다는 점을 부각해 서술한다.

앞서도 말했지만 근 200편에 이르는 셰르파 연구 저작이 이미 세상에 나와 있는데 셰르파에 관한 연구가 왜 더 필요할까? 일단 바로 그렇게 연구가 많이 되었다는 이유로 인해 새로운 연구가 더욱 기대될 수 있다. 많은 부분에 관해서 이미 연구가 축적되었기 때문에, 논쟁점들이 선명하게 부각되어 있기도 하고, 또 기초적인 연구가 충분히 축적된 다음에야 세세하거나 심화한 영역을 드디어 천착할 수 있게 되기 때문이기도 하다. 이 책은 최신 연구를 담은 연구서이긴 하지만, 일반 대중들도 어렵지 않게 읽을 수 있도록 집필되었다. 따라서 학술적으로 깊이가 있는 개념이나 난해한 개념어를 요구하는 논증은 포함되지 않았다. 많은 관찰 자료들을 대거 생략해 논증이 다소 과도해 보이는 곳도 있다. 특히 고산족 문화생태학, 티베트 불교와 비교종교학, 언어학과 언어인류학, 기호학과 감정의 심리인류학 등의 분과는, 원숙한 경지에 다다른 셰르파 연구에서 참으로 흥미 있게 이론의 진전이 있을 법한 부분임에도 이 책에서는 그다지 깊이 있게 다루지 못했다. 이는 다음 기회로 미루기로 한다. 대신에 이 책은 셰르파 연구에서 민족역사학, 히말라야 등반사, 히말라야 관광산업 미시경제학, 의사소통의 기호학, 정동의 인류학 등등에서 다소 거칠긴 하여도 중요한 논지를 전개하고 있다.

또 나는 최근 인류학을 포함해 사회과학과 인문학 전반에서 다양하게 전개되고 있는, 때때로 '관계주의relationalism'라고 부르는 경향을 일관되게 적용해 논증을 펼치려고 노력했다. 내가 따르는 한 갈래의 관계주의는 최근 주목받고 있는 미국 프래그머티즘의 창시자 찰스 샌더스 퍼스Charles Sanders Peirce(1839~1914)의 사상이다. 프래그머티즘은 우리말로 '실용주의'라고도 종종 번역되는데, 여기에는 오해의 소지가 있다. 퍼스 생존 당시 퍼스의 친구였던 윌리엄 제임스William James(1842~1910)는 미국 최초의 심리학 교수로서 학문적 명성을 크게 구가하고 있었다. 제임스는 퍼스가 제안한 프래그머티즘을 변용했다. 제임스는 '생각이라는 것은 나타나는 그대로'라고 주장하면서, 나아가 '생각이 실제적인 용도가 있다면 참'이라는 의미로 프래그머티즘을 주창했다. 이런 의미가 오늘날 학계나 일반에서 널리 받아들여지는 프래그머티즘(실용주의)의 용법이다.

반면 퍼스는 '생각이란 의미를 맺기 위해 다음의 생각으로 해석을 가해야 하는 기호'라고 주장하면서, 특정 생각을 포착하는 사건 자체를 별개의 사건이라고 보아야 한다면서 제임스의 용법을 강하게 비판한다.[3] 생각, 나아가 행동 또는 모든 종류의 인식 대상은 언제나 인식하는 주체를 통해 인식 후에 다른 것으로 변하고, 그 변한 것에 대한 인식은 또다시 새로운 것으로 변한다는, 말하자면 꼬리에 꼬리를 끝없이 무는 식의 관계주의적 기호학을 창안해냈다. 그리고 그러한 끝없이 이어지는 "연쇄적 관계야말로 생각의 본질"[4]이므로, 어떤 현상에 대한 인식이란 그 현상을 이루는 개별 객체로 환원하여 나눌 수 있는 게 아니라, 현상에 대해 말할 수 있는 것이란 드러난 것들이 드러나지 않은 것들과 이루는 관계라는 점이다.

난해한 퍼스의 프래그머티즘이나 기호학 이론을 이 책에서 직접 활용하지는 않는다. 오직 7장에서 셰르파 웃음의 의미를 분석할 때 간략히 퍼스의 이론을 적용하는데, 일반 독자도 어렵지 않게 이해할 수 있을 정도의 논증이다. 다만 나는 퍼스의 관계주의적 관점을 이 책 전반의 서술에 접목하려고 노력했다. 예컨대 이 책은 한국인을 독자로 하여 한국어로 집필됐다. 현지 언어와 현지 문화가 한국의 것들이 가장 편한 이들에게 그들의 언어로 번역되는 과정에서 왜곡은 발생하지 않을 수 없다. 즉 이 책의 내용은 절대로 완벽한 진실일 수 없다. 다만 진실로 향해 나아가는 유구한 과정 중에 작은 일부를 담당하리라 희망할 뿐이다. 오류가 동반함을 항상 받아들이면서도 그 어떤 지적인 시도라도 그 효용성을 무시하지 않는 방식의 긍정주의를 동반하는, 퍼스의 오류가능주의fallibalism에 입각해 있다. 이러한 태도는 상반된 분석이나 이론, 사례에 열려 있는 상태로 특정 관점을 내세울 수 있도록 돕는다. 따라서 이 책에서 나는 기존에 제시된 여러 이론을 반증되었다고 하여 소거하는 방식으로 내 의견을 전개하는 것이 아니라, 서로 상충하는 듯 보인다 할지라도 그들에 담긴 진실에 가까운 부분을 포착하고 받듦으로써, 각기 지적 시도들이 포착하고자 했던 진실의 층위를 서로 공존할 수 있게 하는 지평으로 이어지게 하려고 노력했다.

그렇기에 이 책은 셰르파들의 아주 모험적이고 광범위한 삶의 국면들을 길고 복잡한 연쇄 속에 놓고 이해하려는 시도다. 이 책이 기존 셰르파 연구들과 가장 큰 차이를 보이는 부분이다. 즉 시골 생활과 초국가 이주, 농·목축업과 국제 산악 관광 산업, 친족 및 젠더 관계와 웃음의 심리학, 토착 종교와 세상과 미래에의 상상, 종족 정체성과 출신 마을과의 상관관계 등등, 서로 어울릴 것 같지 않은 조합들이 어떻게 서로에게 영향을 끼치고 있는지를 보여주려고 노력했다.

이런 관계주의적 인류학을 위해서는 가장 먼저 할 일은 바로 '셰르파'란 누구를 말함인가에 대한 모색일 것이다. 전해 내려오는 '혈통'으로 자동으로 지정되는가? 아니면 '종족'이란 실은 실체가 없는 허구이고 오로지 사회적 관계의 구성물에 지나지 않는 것일까? 이 책 전체를 꿰뚫는 질문이기도 한데, 다음 장에서는 그 호칭 용법에 주목해 논의를 시작한다.

지도 1 | 네팔 및 에베레스트, 마칼루의 위치.

지도 2 | 네팔 북동부 산쿠와사바 북부 일대. 마칼루 지역에 왈룽과 세두와 마을이 있다.

chapter
1
Identity

정체성

'셰르파'라는 이름의 기원과 사용

'셰르파'란 누구를 말함일까? 이 질문은 앞으로 보게 되겠지만 결코 간단하지 않다. 따라서 먼저 누군가를 '셰르파'라는 호칭으로 부름으로써 사람과 명칭 사이에 대응이 이루어지는 과정을 살펴보려 한다. 사람에 이름을 붙이고 범주를 두어 타인 및 다른 부류의 사람들과 구분하는 일련의 행위들과 그에 연관된 개념들 일체를 '정체성identity'이라 한다. 말하자면 '셰르파 문화'는 '셰르파족 정체성의 인식과 구분, 재생산'이라고 달리 표현할 수도 있다.

한편 종족의 범주를 지정하는 문제는 전혀 단순하지 않다. 셰르파의 정체성을 분석하기 위해 이 장에서는 셰르파라는 종족을 지명하는 인식론의 문제에서부터 출발한다. '셰르파'라는 호칭은 그것을 사용하는 사람에게 의미가 있는 것일 테고, 따라서 사용하는 사람이 어떤 방식으로 그런 종류의 명칭을 사용하는지가 먼저 분명해야 하기 때문이다. 이를 묻다 보면, '문화'라는 것에까지 질문이 옮겨 간다. 문화란 그 자체로 구분되는 게 아니며 항상 관찰자의 시선에 따라 정의되는 것이라는 발견에 이르게 된다.

1
'셰르파'란 누구를 말하는가

네팔의 다민족 구성에 대해 잘 모르는 이들은 '셰르파'라는 호칭을 히말라야 등반에서 짐꾼이나 가이드 등의 도우미를 가리키는 용어로 보기도 한다. 어느 정도 배경지식이 있는 이들은 셰르파는 짐꾼이 아니라 네팔 소수민족의 종족명이라고 반박한다. '셰르파'라는 단어의 기원으로 볼 때 맞는 말이지만, 전자도 일리가 없지 않다. 사실 고소高所 포터/등반 가이드를 지칭하는 용도로서 '셰르파' 호칭은 네팔 산악 관광 업계에서 일상적으로 통용되어왔다. 셰르파족 사람들도 그런 용도로서 '셰르파' 호칭을 사용하기도 한다. 즉 단어 '셰르파'의 두 가지 용법이 모두 사용되었다. 어디에서 어떤 용도로 쓰이느냐에 따라 셰르파라는 용어는 다른 역할을 해왔는데, 이 유동적인 용어 사용은 셰르파 정체감을 강화하고 정체성을 일상에서 실천하는 등 셰르파 정체성의 중요한 고리로 작용한다.

  종족명과 등반 가이드 두 가지 용법으로 '셰르파' 호칭이 사용된다고 보는 것도 자세히 보면 간단하지 않다. 혈통의 기원을 따졌을 때 셰르파족이라 불리는 게 합당해 보이는데도 자신을 셰르파라고 인식하지 않는 경우가 있기 때문이다. 반대로 네팔 북동부의 셰르파족과 혈연관계가 전혀 없는 사람도 자신을 셰르파족이라고 주장하는 사례도 보고됐다. 나아가 히말라야 등반에서 통상 사용되는 셰르파 호칭이 종족명 셰르파와 언제나 분명히 구분되는 것도 아니다. '셰르파'는 티베트어 단어다. 직역하면 '동쪽 사람'이란 뜻이다. 즉 일반명사이기 때문에 다른 맥락에서도 셰르파라는 호칭이 사용되거나 다른 지방에도 셰르파라는 종족이 있을 수 있으며 실제로 그렇다. 중국 남서부 쓰촨성에는 '암도 셰르파'라는 종족도 있다.[1] 셰르파 호칭의 문제, 즉 '셰르파란 누구를 말하는가'라는 질문은 '누가 언제 합당하게 셰르파라 불리며 그들은 셰르파라는 호칭을 어떻게 대할까'라는 질문으로 풀어서 살펴봐야 한다.

2
셰르파의 종족성과 기원

대상은 관찰자가 누구인가와 상관없이 스스로 본질을 갖는다는 관점을 원초주의라 부른다. 원초주의에 입각하면 '누가 셰르파인가'라는 질문은 곧 혈통이나 토착성에 대한 질문으로 쉽게 전환된다. 네팔의 인류학자 하르카 구룽Harka Gurung의 다음과 같은 지적은 원초주의의 전형이라고 볼 수 있다.

> 보떼족이나 따망족 일부가 자신을 셰르파라고 하는 경우가 있다. 1991년 네팔 인구조사 결과가 이를 반영한다. 그에 따르면 셰르파는 11만 358명인 반면 보떼족은 1만 2463명밖에 안 된다. 자신을 셰르파라고 밝힌 이들 중에 16.5퍼센트인 2만 241명만이 셰르파의 본고장 솔루쿰부를 거주지로 밝혔다. 다른 대부분, 특히 서부 지방에 주소지를 둔 이들은 자신을 셰르파라고 바꿔 부른 셈이다. 바로 산악 관광과 연계된 위세와 소득 때문이다.[2]

셰르파족은 네팔 북동부 에베레스트가 위치한 솔루쿰부 일대에서 대대로 살았고 네팔 서부로는 거의 이주하지 않았다.

따라서 구룽의 지적은 역사적인 관점에서도 일리가 있으며 사실 네팔에서 사용되는 현장적 관점을 잘 표현하고 있기도 하다. 다만 이러한 현장적·원초주의적 관점에는 종족성이라는 개념이 실천되어온 역사를 무시하는 함정이 숨어 있다. 종족성을 '삶의 조건'이기를 넘어 '개인에게 고유한 변치 않는 정체성'으로 특정하는 관습은 네팔에서 20세기 후반 들어 확산했다. 이때부터 국가로부터 종족 정체성과 결속되어 인준을 받는 시민권의 효력이 변방 구석구석까지 본격적으로 미치기 시작했기 때문이다. 일부 보떼들이 자신을 셰르파라고 지칭하는 것은 이러한 새로운 관습 속에서 가능한 변칙이다. 마찬가지로 카트만두 북쪽의 헬람부 일대에 거주하는 티베트-버마 계열의 '욜모빠'들도 외부인들에게는 자신들을 '셰르파'라고 칭하곤 했다고 보고됐다.[3] 인근의 따망족과 거리를 두면서 위세가 있는 셰르파족과 동일시하기 위해서다. 그러나 마을 내에서는 자신을 셰르파가 아닌 욜모빠로 칭한다.

마칼루 셰르파들의 경우는 더욱 독특하다. 로힛 쿠마르 네팔리Rohit Kumar Nepali는 "야푸와 마칼루 일대에는 셰르파족 후손들이 각기 다른 시대에 이주해 온 티베트인 후손들과 혼인해 살고 있다"고 관찰했다.[4] 마칼루 일대에서 집중적인 현지 조사를 수행한 몇몇 인류학자 중 하나인 힐데가르트 디엠베르거Hildegard Diemberger는 1990년대에 왈룽의 북동쪽으로 작은 협곡을 사이에 두고 마주한 세두와 지역에서 조사를 펼쳤다. 디엠베르거는 스스로를 '쿰보'라 칭하고 외부인으로부터는 '나바'라 불리는 이들을 연구했는데, 얼굴 생김새와 체형 등을 고려해 이들이 쿰부에서 이주한 셰르파들의 후손이라고 추정했다.[5]

내가 조사한 2012~2014년에는 상황이 달라져 있었다. 세두와에는 여러 마을에 스스로 셰르파라 칭하는 인구가 1000여 명 거주하고 있었다. 세두와의 셰르파들은 왈룽의 셰르파들과 소통이 가능한 셰르파 방언을 사용했고 서로 간에 혼인도 종종 이루어졌다. '나바족의 마을'이라는 뜻의 '나바가옹' 마을에서도 주민들은 누구나 자신을 셰르파족이라고 여겼다. 종족명으로서의 '셰르파'가 이 지역에서 적극적으로 사용되기 시작한 것은 상당히 최근의 일이라고 추정할 수 있다. 이는 1990년대 이후 이곳 마칼루 지역 셰르파들이 히말라야 산악관광산업에 참가하기 시작한 시기와 일치한다. 역시 셰르파족의 국가적·지역적 위세와 관련이 있어 보인다.

이를 통해 확인할 수 있는 점은 종족성을 혈통 자체의 불변하는 속성이라고 볼 수 없다는 사실이다. 따라서 종족성은 '속성'보다는 그 '효과'로 시행된다고 보는 게 분석적인 의미에서 타당하다. 종족성이란 실질적으로는 일상적인 사회관계를 통해 생겨나기 마련인 집단 간 차이를 드러내기 위한 '구별의 기제'였다는 점을 이해할 수 있기 때문이다. 나아가 구체적인 지역에 한정되지 않은 법규로서의 종족성을 공인하고, 또 그 효력의 장을 지탱해주는 근대국가의 시민성이 그 배경에 있음을 알 수 있다.

많은 학자가 셰르파족의 '기원'에 관심을 기울여왔다. 1960년대 솔루쿰부의 남쪽 절반인 솔루에서 조사를 진행한 미카엘 오피츠Michael Oppitz는 셰르파의 초기 정착 과정에 대한 해설이 담긴 티베트어 고문서를 발견해 티베트어를 읽을 줄 아는 '배운 이'의 도움을 받아 해석했다.[6] 이에 따르면 16세기 초 정치적·경제적 갈등으로 소수의 사람이 동티베트에서 티베트 중부로 이주했다. '동쪽(셰르)'이라는 형태소는 여기서 연유한다. 이어 아마도 1531~1533년 사이 이슬람 국가의 티베트 침공 여파로 이들은 다시 남쪽으로 피란을 떠났고 마침내 히말라야 고개를 넘어 솔루쿰부의 북쪽 절반인 쿰부에 정착했다. 이들은 네 가족이었는데 둘은 쿰부 지방에서 동서에 각각 나뉘어 정착했고 다른 둘은 더 남쪽으로 내려와 솔루에 정착했다. 이 초기 네 가족이 4대 '원초 가문'을 형성했고 이후 16개의 '유사 가문'이 추가됨으로써 현재 쿰부 지방의 20개 씨족을 이뤘다는 게 오피츠가 밝힌 고문서의 내용이다.

셰르파족 기원에 관한 오피츠의 4대 가문 남하설에는 문제가 있다. 일단 현재 쿰부 지역에 거주하는 3000여 명 셰르파족의 분산 현황을 역추적할 때, 최초로 쿰부로 사람들이 이주해 들어와 살기 시작한 게 16세기 초라는 추정에는 무리가 없다. 다만 네 가정이 남하해 현재의 4대 가문의 기원이 되었다는 설은 다분히 현재적 관점에서 소급한 '역사 만들기'라고 의심할 여지가 있다. 일단 숫자 4는 티베트와 네팔 모두에서 오랫동안 상징적인 숫자로 다양하게 쓰였다. 티베트 역사가 R. A. 슈타인Rolf Alfred Stein에 따르면 티베트 왕국은 사방四方에서 각기 모인 4대 가족이 귀족 가문을 형성했다는 건국 설화가 있다. 그중 동쪽 가문은 '셰빠'라 불렸다. 티베트의 세계관도 동서남북 네 방향으로 세상을 상상해왔다. 또 네팔의 고대 왕국인 끼라띠 왕국(기원전 800년~기원후 300년)의 14대 왕인 스툰코는 카트만두 인근의 고대 도시 파탄에 네 개의 사리탑(스투파)을 건축했다고 알려져 있다. 네팔 북동부 셰르파족 인근에 거주하는 라이족에게도 최초 사형제로부터 기원했다는 설화가 구전돼 내려온다.

  다른 셰르파 기원설도 있다. 알렉산더 W. 맥도널드Alexander W. Macdonald는 솔루에서 연구 방법을 달리해 주민들로부터 구전설화를 채록했다.[7] 그에 따르면 16세기 초중반에 두 명의 라마를 위시해 티베트인들이 처음으로 남하했다. 이 라마들은 동티베트 출신은 아니고 그들의 불가 본산이 그곳에 있었다. 이후 이주 초기부터 이주자들 사이에 권력 다툼이 있었고 그로 인해 거주지가 현재의 모양새로 분산되었다는 주장이다.[8] 티베트에서 내·외환을 겪으면서 몇몇 종교 지도자들의 주도하에 이상 세계를 찾아 집단 이주를 떠나게 됐다는 설명은 설득력이 있다.[9] 4대 가문 남하설보다는 더 현실적인 기원설이다. 티베트 불교에서는 축복받은 행복의 땅이 어딘가에 숨겨져 있다는 전설이 전해지기도 한다. 그런 장소는 내면의 세계에만 존재한다거나 실제로 존재해도 결코 찾을 수 없으리라는 의견도 있다.

여러 엇갈리는 셰르파 기원설들을 종합하면, 정치적·사회적으로 혼란스럽던 티베트의 16세기부터 티베트인들이 남하해 솔루와 쿰부에 정착하기 시작했다는 사실만은 의심의 여지 없이 받아들여진다.

3
왈룽 셰르파의 역사를 추적하다

내가 연구한 왈룽 마을 셰르파들의 기원 역시 정치·사회적 상황을 고려하지 않을 수 없다. 왈룽 주민의 선조들은 솔루쿰부 셰르파와 티베트에서 바로 온 티베트인들, 그 외 타 종족과도 혼인했다. 하지만 결과적으로 현재의 왈룽 주민들은 자신들의 정통성을 솔루쿰부 셰르파에서 찾는다. 이를 역사생태학적 재구성 및 친족 연구를 통해 살펴보자.

일단 왈룽 주민들은 뚜렷한 근거가 없음에도 솔루쿰부를 근원으로 보고 있었다. 왈룽 셰르파의 기원을 묻는 내 질문에, "1000년 전에 셰르파 한두 명이 솔루쿰부에서 왔다," "2000년 전에 첫 왈룽 셰르파가 티베트에서 왔다" 등으로 아주 까마득한 과거의 일로 묘사하거나 "맨 처음 솔루에서 한 명, 야푸(왈룽의 남서쪽에 계곡을 두고 마주한 지역)에서 한 명이 왔다" 등 혼합된 성격을 강조하기도 했다. 어떤 노인은 1960~1961년 중국 공산당의 티베트 침공으로 인한 티베트 난민이 대거 남하한 사건을 떠올리면서, 그들 중 일부가 왈룽에 정착해 셰르파가 됐다고도 주장했다. "아무도 이 사람들이 어디서 왔는지 모른다"며 부질없는 질문이라고 치부하는 이도 있었다. 왈룽 마을의 제한적인 친인척 분화 정도를 고려했을 때 이 일대에 사람이 처음 거주하기 시작한 것은 길어야 다섯 세대를 넘지 않을 터였다.

먼저 왈룽에 사람들이 모여 살게 되기까지의 중요한 역사적 변곡점들을 추적해보자. 일단 19~20세기에 네팔 전역에 있었던 '동진 이주'의 영향을 고려해야 한다.[10] 인도 북동부 다르질링을 중심으로 영국 식민자들이 구르카 용병 고용 및 차 농장 산업을 시작하면서, 척박한 산악 지대의 식량난을 피해 많은 네팔인이 기회를 찾아 꾸준히 동쪽으로 이주했다. 솔루쿰부의 셰르파들 일부도 여기에 동참했다. 1949년에 다르질링에는 6929명의 셰르파가 거주했다는 기록도 있다.[11]

앞서 언급한 세두와 쿰보(나바)족에 대해 연구한 디엠베르거도 오피츠와 마찬가지로 고문서를 발굴해 글을 읽을 줄 아는 이의 도움을 빌려 해석했다. 이에 따르면 16세기 티베트인이 솔루쿰부로 남하한 뒤 곧이어 동쪽으로 언덕을 넘어 이주했고, 뒤이어 1825년경 두 번째 큰 무리가 같은 경로로 이주했다. 왈룽에는 고문서가 보관돼 있을 만한 사원이 없다.

왈룽 셰르파들의 여러 혈통 중 일부가 19세기 동진 이주와 비슷한 시기 이주해 온 솔루쿰부의 셰르파로 거슬러 올라갈 수 있는 것은 사실로 보인다. 오늘날 왈룽에서 솔루까지는 도보로 9일 정도의 거리다. 그런데 북쪽으로 중국과의 국경까지는 도보로 2일이면 닿는다. 이를 토대로 솔루쿰부의 셰르파보다는 티베트에서 남하한 티베트인들의 후손에 가깝다고 볼지도 모르지만, 이는 성급한 추측이다. 오늘날 산쿠와사바 북부 일대에서 중국 국경까지 뻗은 교역로는 1980년대 중반부터 시작된 아룬강 대형 수력발전소 공사의 일환으로 개척된 것이다. 왈룽에서 중국 교역료에 이르려면 아룬강을 건너 인근 교역로 거점 눔으로 나서야 하는데, 1999년 튼튼한 출렁다리가 건설되기 전까지는 모두 건너기를 꺼리던 위태로운 나무 출렁다리만 있을 뿐이었다. 반면 1950년대 프랑스 탐사가들이 제작한 지도에 따르면 오늘날 발행되는 지도에는 없는 왈룽에서 솔루 방면으로 산줄기를 타 넘는 지름길이 표기돼 있다.[12] 이 길로는 왈룽에서 솔루까지 6~7일 정도 소요됐을 것으로 보인다. 남북 방향 도로 건설은 최근 네팔 전역의 일반적인 현상이며, 그 이전에는 동서 방향의 이동이 선호됐을 것이다.

셰르파들은 다른 티베트-버마 종족과 마찬가지로 가계 원칙으로 부계를 따른다. 인류학자 클로드 레비스트로스Claude Lévi-Strauss에 따르면 티베트·시베리아·중국 일대에서는 '뼈대'('루')가 부친으로부터 자식에게 이어진다는 관념이 널리 퍼져 있다.[13] 한국의 본本과 마찬가지로 같은 루, 즉 같은 가문의 남녀 간에는 혼인이 금지된다. 히말라야 인류학의 선구자로 불리는 크리스토프 폰 퓌러 하이멘도르프Christoph von Fürer-Haimendorf에 따르면 쿰부 지방 셰르파 사회에는 총 18개의 루가 있다. 왈룽 마을에서 내가 조사한 바로는 총 12개의 루가 사용되고 있었다.[i] 이 중 3개는 쿰부 지역의 루와 겹친다.

다른 9개 중 3개―캄바, 응옴바, 팅그리바―는 흥미로운 사

---

i 쌀라까, 고바레, 피나싸, 라마 세르바, 차바, 독빠, 골레, 응옴바, 캄바, 팅그리바, 맙차, 공부 등이다.

레다. 캄바는 쿰부에도 있는데 정식 18개 가문에 들지 못했다. 대신에 북쪽 티베트를 잇는 낭파라 고개(5806미터)를 통해 쿰부로 넘어온 이들은 모두 캄바라 불리며 마을에서 은근히 천대받는 경향이 있었다. 하지만 왈룽에서는 캄바 가문에 대한 어떤 홀대도 없었다. 응옴바에 대해서는 은근한 천대가 있었다. 세두와의 어떤 셰르파는 응옴바 셰르파가 "보떼를 더 닮았다"고 했다. 보떼는 티베트에서 네팔로 이주한 지 얼마 되지 않은 채 군락을 형성해 거주하는 이들에 붙은 종족명으로, 대체로 경시된다. '봇'은 네팔어로 티베트를 뜻한다. 응옴바에 대한 이런 평가에 대해 마침 옆에 있던 어떤 셰르파 여성은 "보떼는 보떼 마을에 살고, 그들(응옴바)은 셰르파 마을에 살죠"라고 쏴붙이며 천대하던 이를 무색하게 했다. '셰르파 마을'에 (오래) 살면 합당하게 셰르파가 된다는 논리다.

마지막으로 팅그리바는 네팔 북동부 일대와 면한 중국 티베트의 행정구역 팅그리와 직접적인 연관성이 있어 보인다. 즉 팅그리 출신 티베트인 남성의 후손이라고 추측할 수 있다. 팅그리바 셰르파 남성은 팅그리바 선조가 팅그리에서 왔느냐는 질문에 전혀 거리낌 없이 그럴 것이라고 대답했다. 즉 네팔의 시골 마을 환경에서 종족성을 따질 때 가계·기원·선조 등은 현재 거주하는 마을 혹은 출신 마을보다 덜 중요하다.

마지막으로 출신 지역과 종족 정체성 사이의 결속이다. 눕을 중심으로 한 산쿠와사바 북부 일대의 지역에서 사람들 사이에 일상적으로 통용되는 왈룽 셰르파들의 사회적 정체성은 '셰르파'보다는 '왈룽게'(왈룽 사람)다. 그런데 왈룽은 지리적으로 셰르파들만 모여 사는 '위' 왈룽과 꿀룽 라이, 체뜨리들이 섞여 사는 '아래' 왈룽으로 선명히 나뉜다. 아래 왈룽을 지날 때 셰르파들은 자신을 '위쪽' 사람 혹은 '누구 아들/딸'이라고 지칭한다. 반면 카트만두에서는 왈룽/세두와의 구분은 사라지고 모두 '마칼루 셰르파' 혹은 '산쿠와사바 셰르파'가 된다.

정리하자면 왈룽, 넓게는 마칼루 일대에서 모여 살면서 셰르파어 사용 및 각종 풍습을 통해 친족·대면 관계를 맺는 사실의 총체를 왈룽 셰르파들이 '일상적으로 실천하는 종족성'이라고 할 수 있다. 여기에 국가주의의 확립으로 네팔의 주류 카스트 관습이 굳어지면서, 히말라야 산악 관광의 확산 등으로 신장된 종족의 위세로 인해 '셰르파'라는 종족명이 집단 정체성의 표상으로 채택되고 굳어져갔다.

4

히말라야 관광산업의 '셰르파' 용법:
언어인류학의 사례

'셰르파'라는 명칭은 집단 정체성의 일상성과 국가주의가 교차하는 지점을 포괄할 수 있는 기호다. 구체적으로 산악 관광 업계에서 이 명칭이 사용되는 사례를 통해 일상성과 국가주의의 교차가 실천되는 양상을 파악할 수 있다. 셰르파족 대다수는 법적 이름에서 셰르파를 성으로 삼는다. 한편 일상적인 상황에서는 성을 호칭으로 사용하지 않는다. 다만 공식적인 상황, 예컨대 히말라야 원정대에서 외국인 등반가들이 입국해 고용된 셰르파 가이드들과 첫 상견례를 나누는 상황이라면 '셰르파'까지 포함한 성명姓名 전부가 소개용 이름으로 사용되기도 한다.

네팔에서 카트만두 일대에 오래 살아온 네와르 종족이나 체뜨리·바훈·마가르 등의 카 계열 종족은 성으로 종족명을 사용하지 않는다. 대신에 가문·카스트·종교 용어 등이 성으로 사용된다. 반면 다수의 몽골계 소수민족들, 즉 셰르파·따망·라이·보떼·구룽 등등은 일반적으로 종족명을 성으로 사용한다. 이와 같은 구분이 정착한 이유는 1854년 실권을 쥐고 있던 장 바하두르 라나 총리 당시 도입돼 내려온 헌법 물루키 아인

Muluki Ain에 기원한다. 이는 사람들을 기본적으로 카스트('잣')로 나누어 구별했다. 여기서 소수의 티베트-버마계 사람들은 카스트가 '없는' 이들로 인식됐다. 이들 사이의 구분은 종족성('자띠')을 사용해 구별했다. 즉 카스트와 종족성의 이중적 구별 체계 때문에, 둘 모두에 의해 구별되어야 하는 비非카스트 종족들은 성에 종족명을 넣게 된 것이다.

다음 두 그림의 사례를 보자. 〈그림 1〉은 왈룽 출신 셰르파들이 설립하고 왈룽 및 마칼루 출신 셰르파들을 주로 고용하는 카트만두 소재 원정 대행사 세븐서밋트렉에서 조직한 2013년 가을 국제 마나슬루(8163미터) 원정대에 최종 고용되기로 결정된 인원 명단이다. 여기서 '셰르파Sherpa'라는 단어는 두 가지 용도로 사용됐다. 제목의 '셰르파'는 고용된 사람 일체를 가리키는 용어로, 그러한 의미의 셰르파에는 성으로 알 수 있듯이 라이족(1번), 따망족(4번)도 포함된다. 반면 이름 뒤의 '셰르파'는 성이자 동시에 거의 확정적으로 종족성도 가리킨다.

이 문서는 네팔 관광성에 고용인 명단을 보고할 용도로 작성된 것은 아니다. 대행사 내부에 공지하기 위해 작성된 명단이다. 그런데 성명 전체를 표기하는 것은 특정 개인을 지칭하는 용도로는 부적합하다. 셰르파족이 이름으로 사용하는 단어는 한정돼 있어서 같은 이름을 가진 이가 꽤 많기 때문이다. 이 원정대의 고용인 결정 과정에 대해 달리 들은 바가 없는 이

그림 1 | 2013년 가을 히말라야 원정대에 고용된 피고용인 명단.

MANASLU EXPEDITION
SHERPA NAME LIST

S.No.	Name	Desination
1	Mr. Satish Rai	Climbing Guide
2	Mr. Panuru Sherpa	Climbing Guide
3	Mr. Mingma Chhiring Sherpa	Climbing Guide
4	Mr. Jasbir Tamang	Cook
5	Mr. Karma Gyalje Sherpa	Climbing Guide
6	Mr. Dawa Sange Sherpa	Climbing Guide
7	Mr. Pemba Sherpa	Climbing Guide
8	Mr. Halung Dorchi Sherpa	Climbing Guide
9	Mr. Sona Sherpa	Climbing Guide
10	Mr. Tendi Sherpa	Climbing Guide
11	Mr. Mingma Tshiring Sherpa	Climbing Guide
12	Mr. Lakpa Sherpa	Climbing Guide
13	Mr. Pemba Nuru Sherpa	Climbing Guide
14	Mr. Nima Gyalzen Sherpa	Climbing Guide
15		Climbing Guide
16		
17		
18		
19		
20		
21		
22		

라면, 예컨대 7번의 뻼바 셰르파를 두고 "어떤 뻼바지? 님비르의 뻼바인가, 아니면 누르부짜울의 뻼바인가?"라고 되물을 법하다. 각각 왈룽의 부락에 사는 두 셰르파는 모두 당시 세븐서밋트렉에 자주 고용되던 이들이었다.

〈그림 2〉는 세븐서밋트렉의 상부 관리자들 사이에서 2013년 봄 두 개의 한국 에베레스트 원정대에 각각 등반 셰르파를 배치하기 위해 회의용으로 사용했던 문서다. 그런데 이 문서에는 실제 이곳 원정 대행사를 왕래하는 이들이 평상시에 특정인을 지칭하는 호칭의 종류가 훨씬 다양하게 포함돼 있다. 이를 자세히 분석해보면 '셰르파'라는 단어를 이름에 사용했을 때 갖는 의미가 더욱 실질적으로 전달된다.

두 한국 원정대는 나뉘어 있긴 하지만 대원들은 서로 잘 아는 처지이고 한국에서 같은 여행사를 통해 세븐서밋트렉까지 계약이 됐기 때문에 서로 연계해서 고용인을 결정할 만하다. 두 원정대 사이는 빈 줄(5번)로 구분이 됐다. 실제로 두 원정대를 대표하는 격이었던 위의 원정대가 알맞게 위에 배치됐다. 네팔인들에게 '종 삽Jong sap'ii이라 불리는 두 번째 원정대의 대원 중 한 명은 추가 금액을 지불하여 등반 셰르파를 두 명 고용하기로 했다. 그 두 명은 제일 아래 두 줄(둘 다 11번)에 표기돼 있다.

---

ii '삽'은 '주인'을 뜻하는 네팔어 사힙Sahib을 지칭한다.

그림 2 | 2013년 봄 두 개의 에베레스트 원정대에 등반 셰르파를 배치하려는 목적으로 사용된 원정 대행사 내부 작업용 문서.

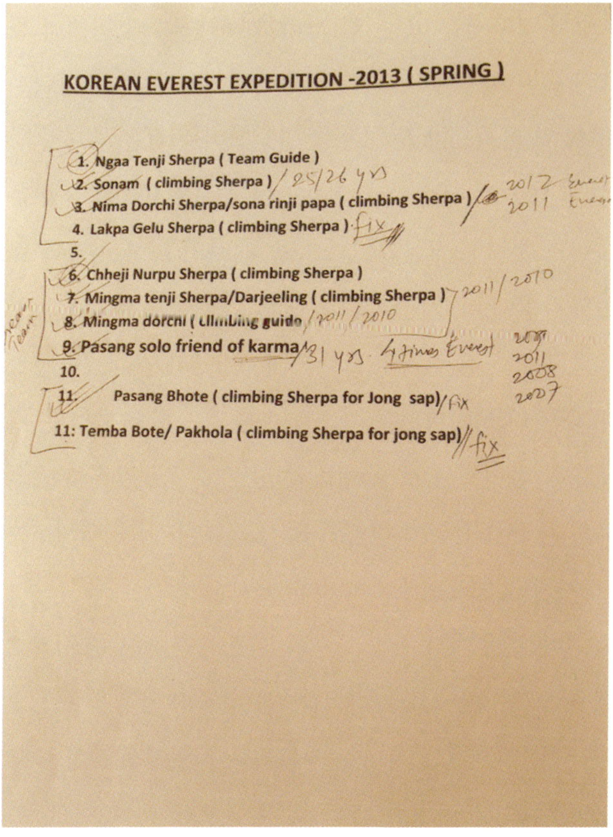

```
KOREAN EVEREST EXPEDITION -2013 ( SPRING )

1. Ngaa Tenji Sherpa ( Team Guide )
2. Sonam ( climbing Sherpa ) / 25/26 yrs
3. Nima Dorchi Sherpa/sona rinji papa ( climbing Sherpa )    2012 Everest
                                                             2011 Everest
4. Lakpa Gelu Sherpa ( climbing Sherpa ) fix
5.
6. Chheji Nurpu Sherpa ( climbing Sherpa )
7. Mingma tenji sherpa/Darjeeling ( climbing Sherpa ) 2011/2010
8. Mingma dorchi ( climbing guide ) 2011/2010
9. Pasang solo friend of karma /31 yrs  4 times Everest  2012
                                                         2011
10.                                                      2008
11. Pasang Bhote ( climbing Sherpa for Jong sap)/fix     2007
11: Temba Bote/ Pakhola ( climbing Sherpa for jong sap) //fix
```

〈그림 1〉의 명부에서는 등반 셰르파를 행정 용어인 '등반 가이드Climbing Guide'로 표기했지만, 이와 달리 〈그림 2〉의 명부에서는 실제로 가장 널리 쓰이는 '등반 셰르파climbing Sherpa'가 사용됐다. '등반 가이드'를 사용한 8번은 통일성을 고려할 때 단순 실수로 보이지만 실제로 현장에서 이 행정 용어가 통용될 수 있음을 보여주기도 한다.

한편 첫째 명부에는 없는 '팀 가이드Team Guide'의 직책이 둘째 명부에서는 사용됐다. 여기서 형식적으로는 두 원정대지만 한 명의 팀 가이드가 둘 모두를 관장한다는 점은 주목할 만하다. 한국인(또는 유사한 경우의 외국인)에게는 두 원정대가 아무리 가까워도 분명히 구분돼 있고, 둘 다 각기 다른 한국인 대장이 있었기 때문이다. 이러한 체제의 이중성―외국인 대장과 셰르파 리더―은 외국인 고객에게 잘 드러나지 않는데, 그로 인해 팀 가이드의 역할과 비중도 은폐되는 경향이 있다. 이러한 구조적 몰이해는 종종 네팔인 원정대 고용인과 외국인 원정 대원 사이의 갈등의 원인이 되기도 한다. 이에 대해서는 5장에서 자세히 살펴본다.

〈그림 2〉의 명부에서 가장 흥미로운 부분은 개인을 지칭하는 실제 용법들이다. 〈표 1〉과 같은 다섯 가지 용법을 확인할 수 있다. 이를 자세히 분석하면 셰르파들 사이에서 공유된 이름의 의미체계가 분명해진다.

표1 | 세르파들이 사용하는 호칭 용법 중 다섯 가지.

호칭 용법	사례
성을 뺀 이름	2, 8번
법적 성명 전체	1, 3, 4, 6, 7, 11, 11:번
자녀 이름으로 부르는 호칭 (종자명從子名)	3번('소나 린지 아빠')
출신 지역	7번('다르질링'), 9번['솔로'('솔루'의 오자)], 11:번['빠콜라'('빠와콜라'의 오자. 마칼루 행정구역에 인접한 지역)]
사회적 연결	9번('카르마 친구')

 성을 뺀 이름은 중복될 우려에도 불구하고 이 이름을 사용해도 오해가 없을 정도로 서로 잘 아는 사이의 평범한 대인 관계에서 일반적으로 사용된다. 실제로 예시에 사용된 '소남'과 '밍마 도르치'는 관리자들과 친척 관계이자 동향 출신이며 대행사 사무실에 자주 모습을 비추는 이들이다. 일상적 대인 관계에서는 성을 뺀 이름 외에도 다른 용법들이 사용된다. 마을 이름 등 다양한 별명을 서로 지어 부르는 게 일상적인데 본 문건에는 언급되지 않았다. 예컨대 8번의 '밍마 도르치'는 거의 '밍 도르치'로 줄여 부른다. 그처럼 순전히 일상적인 표현이 제외됐다는 사실과 몇 군데에서 성명 전체가 사용됐다는 사실은, 비록

비공식적 문건이기는 하지만 이 문건 및 그를 통한 의사 결정 과정이 갖는 최소한의 신중성·진지함을 보여준다고 볼 수 있다.

성명 전체가 사용된 경우에 자녀 이름으로 부르는 호칭(종자명從子名), 출신 지역 등의 추가 사항을 덧붙인 까닭은 성명 전체만으로 작성된 〈그림 1〉과 같은 명부가 갖는 혼동 가능성을 피하기 위한 절차다. 성명 전체보다 명칭을 오히려 짧게 표기함으로써 혼동을 피하게 되는 셈이다.

〈그림 2〉의 명부에서 발견한 다양한 호칭 용법과 혼동 가능성의 상관관계를 상기한다면 〈그림 1〉의 명부에 대해 다음과 같은 질문을 할 수 있다. 내부 공지용으로 작성됐으면서도 사무실을 드나드는 많은 사람에게 최대한 이해하기 쉬운 둘째 명부와 같은 일상적 호칭을 사용하지 않은 것은 무슨 이유일까? 혼동 가능성이 명백한데도 불구하고 어째서 법적 성명 전체를 사용했을까? 이는 첫째 명부가 갖는 목적이 단순히 인원 정보의 전달에 있다기보다는, 가장 법적이고 가장 공적인 형태로 개인의 정체를 구성함으로써 이들이 참여하는 관광산업의 현장이 갖는 국가적·초국가적 성격을 부각하려는 의도가 담긴 것으로 보아야 한다. 그러한 성격을 담보한 명부는 공공성을 확보하며, 이들이 구성한 원정대는 움직일 수 없는 고정된 것으로 드러나고, 해당 피고용인들의 계약관계의 확정성

이 매개된다.

　이렇게 볼 때 첫째 명부의 제목에 삽입된 전체 고용인을 가리키는 용어 셰르파의 실질적 의미가 뚜렷해진다. 히말라야 산악 관광에서 네팔인들 사이에 대행사 '직속' 고용인 전체를 가리키는 용도로 단어 '셰르파'가 사용되는 경우가 흔하지는 않다. 다만 '비非직속' 피고용인과 구별하려는 의도에서 사용될 수도 있으며, 그럴 때 '셰르파'라는 단어가 지닌 특별한 위세가 부각된다. 카트만두부터 원정 대행사에 직속으로 고용돼 원정대를 전 기간 동행하는 피고용인들에는 특정한 위세가 따른다. 반면 베이스캠프까지 짐을 나르는 짐꾼('포터')이나 현장에서 고용하는 주방 보조('키친 헬퍼,' '키친 보이') 등은 대행사와 직접 계약을 맺지 않는다. 이들은 일반적으로 원정 진행 중에 현장에서 팀 가이드 관할하에 고용되고 업무가 종료될 때 급여가 지급된다. 이들은 '셰르파'라 불릴 수 없다는 것을 첫째 명부는 분명히 하고 있다. 〈표 2〉는 오늘날 '셰르파'라는 단어가 개인을 지칭하는 용도로 사용될 수 있는 범주를 도식화하고 있다.

　이렇게 직속 피고용인들을 '셰르파'로 통칭함으로써 위세를 부여하게 될 때, 성명 전체로 그들 각각을 지칭함으로써 피고용인 각자와 이들이 이룬 집단 상호 간의 위세를 함께 신장시키게 된다. 반면 비직속 피고용 인력이 산악 관광의 현장에서

표2 | 네팔 산악 관광산업과의 연계 속에 명칭 '셰르파'가 개인을 지칭하는 용도로 합당하게 사용될 수 있는 경우를 나타낸 그림. 붉은색으로 칠한 부분에 속하는 사람은 '셰르파'라 불릴 수 있다.

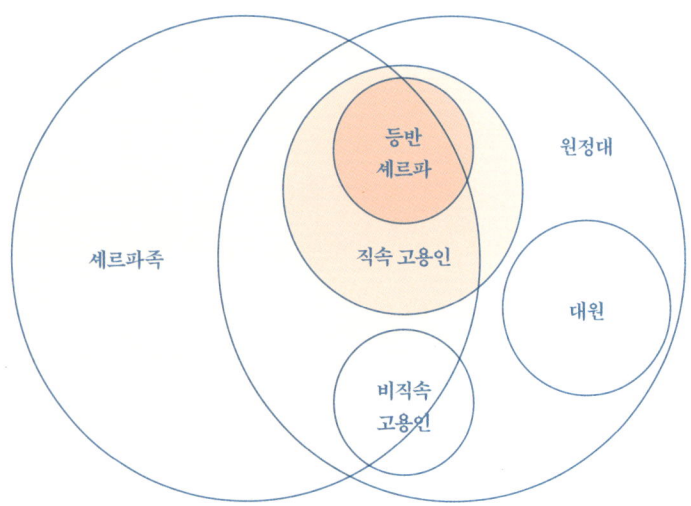

성명 전부로 불리는 경우는 드물다. 평범한 호칭이란 비공식적이고 부차적일 수 있는 관계임을 암시하는 지표인 셈이다. 평범한 호칭은 해당 개인을 즉각적으로 향해 있다. 반면 성명 전체는 간접적 지칭이다. 성명 전체에 상응하는 대상자를 떠올리기 위해 앞서 살펴본 다양한 호칭 용법을 추가로 동원해야 하기 때문이다. 성명 전체는 이러한 풍성한 의미 작용을 '주위에 거느린' 고상한 용법으로 거듭난다.

히말라야 등반이 처음인 한국 산악인이 나에게 이렇게 물었던 적이 있다. 자신의 등반 셰르파 다와를 '다와'로만 부르는 게 예절에 어긋난다면 어떤 식으로 부르는 게 더 존중을 표현하는 호칭인지에 대한 질문이었다. 내 대답은 '미스터 다와'였다. 일상적인 용법에서 벗어날수록 호칭은 더욱 고상해지기 때문이다. 사실 네팔에서 교분을 맺은 여러 셰르파도 나를 '미스터 오'로 부르곤 했다. 그게 특별한 존중을 담은 표현이었음을 깨닫기까지는 꽤 오래 걸렸다.

5
정체성의 정치

내가 2년여의 현지 조사를 마칠 무렵 마을 어귀에서 작은 파티가 벌어졌다. 외국에서 의료봉사대가 찾아와 단체 진료를 하던 차라 동네 사람들이 여럿 모였고, 내친김에 창(막걸리)을 주고받는 술판이 벌어졌다. 서로 술을 권하는 실랑이 속에서 내가 셰르파어로 사람들과 어울리는 모습을 보더니 어떤 이가 나를 일러 '깐차 셰르파'라 불렀다. '깐차'는 막내란 뜻으로 연하의 상대를 이르는 일상적인 호칭이다. 내가 그만큼 셰르파들과 비슷하다는 칭찬이 담긴 농담이었다. 이는 비유적이며 농담에 그칠 수밖에 없었다. 나를 단순히 '깐차'로 부르지 않고 뒤에 '셰르파'를 붙임으로써 내가 원래는 셰르파가 아님을 부각해야 했기 때문이다. 나는 여기서 '셰르파'로 불릴 수는 있을지언정 저들이 생각했던 '진짜' 셰르파는 될 수 없었다.

셰르파는 누군가? 네팔 서부의 보떼족만이 아니라 나처럼 누구라도 셰르파라 불릴 여지는 있다. 그러나 셰르파라는 이름이 합당하게 사용되는 용법은 역사적으로 몇 가지로 한정돼왔다. 이 장에서 나는 그러한 한정된 용례가 집단 전략적인 행위들의 역사적 축적물이며, 위세의 크기가 다른 용법들을 때에 따라 다양하게 사용함으로써 종족 집단의 결속을 강화하는 기제로 활용돼왔음을 보이고자 했다.

종족명 셰르파는 대개 이름의 성으로 표기되지만, 법적 이름이란 정체성 인식의 결과이자 활용의 대상일 뿐 원천을 알려주는 근거는 될 수 없다. 16세기 티베트인이 남하해 셰르파족이 되었다는 이주설과 20세기 심화하는 국가주의와 발달하는 관광산업으로 마을 전체가 셰르파 종족 정체성을 수용하는 과정 등에서 볼 수 있듯이, 가계로 종족성을 추적하는 방법은 어디까지나 어떤 체계를 따를 것인지를 결정하는 집단의 몫으로 남아 있다. 혈통이 자동으로 종족성을 입증한다는 원초주의적 입장으로는 이러한 미시적 경쟁과 선택의 국면을 포착하기 어렵다.

오늘날 히말라야 관광산업 현장에서 합당하게 사용되는 셰르파의 용법은 여러 가지다. 산악 관광에 참여하는 고용인 전반에서부터 원정대 직속 고용인을 가리키기도 하고, 그중에 등반 가이드/고소 포터만을 지칭하기도 한다. 이는 종족성을 가리키는 용법과 모순되지 않고 중첩돼 사용되는데, 바로 그럼으로써 '종족 집단 셰르파'와 '원정대의 핵심 피고용인 셰르파' 두 집단 모두의 위세를 함께 신장시키는 전략으로 사용돼 왔다.

셰르파족의 집단적 성공은 힌두 종족이 득세한 다민족 국가 네팔에서 티베트계 소수민족의 생존 사례가 된다. 이들의 집단적 전략의 핵심은 바로 셰르파족이라는 집단적 정체성의 강화다. 여기서 '셰르파'라는 단어는 정체성을 확립하는 발판이면서 동시에 점점 더 큰 쟁점으로 드러난다. 파멜라 스튜어트Pamela J. Stewart와 앤드루 스트라선Andrew Strathern이 지적했듯이 언어는 진실의 창구가 되는 동시에 거짓말의 가능성을 언제나 내포하고 있기 때문이다.[14]

chapter
2

Anthromanticism

인류낭만주의

셰르파 히말라야 등반사

셰르파족은 어떻게 히말라야 원정대에 참가하게 되었을까? 서구인들이 히말라야 등반과 셰르파를 대해온 태도와 시각에는 어떤 변화가 있었을까? 자신들을 바라본 외부로부터의 시각과 셰르파족이 관광산업에서 거둔 사업적 성공에는 밀접한 관계가 있다. 셰르파족과 서양인 등반가들 사이의 관계에 관해 언급한 학자나 등반가는 무수히 많다. 나는 이들을 살펴보던 중에 무척 흥미로운 대목을 발견했다. 즉 히말라야 등반가만이 아니라 히말라야 등반이나 셰르파족을 연구한 학자들에게서도 히말라야 현지 주민에 대한 낭만적 시각을 엿볼 수 있다는 사실이다. 셰르파족을 연구한 인류학자 중에는 셰르파족을 고위험군 직종으로 몰아넣은 주범인 히말라야 등반가들에 관해 무척이나 비판적인 태도를 견지하는 사람도 있었는데, 그런 경우에서도 내가 보기에는 두 부류 사이에 공유하는 지점이 어느 정도 명확한 듯하다. 즉 특정한 종류의 본성을 갖추고 있다고 전제하는 태도다. 현지 주민에 대한 낭만적 시각, '잃어버린 인류의 본성'을 찾으려 하는 시각을 나는 '인류낭만주의Anthromanticism'라는 조금 어색한 조어로 개념화한다. 자신과 다른 타인을 관찰하고 이해하려고 할 때, 자신이 평소 어느 정도 무의식적으로 가졌던 '사람이라면 당연히 갖출 속성'까지 그 관찰에 부과한다는 점을 이 장에서 살펴보자.

1
에베레스트 폭행 사건의 이면

2013년 4월 27일, 에베레스트(8849미터) 2캠프(6450미터)에서 세계의 이목을 집중시킨 사건이 벌어졌다. 일군의 셰르파들이 일방적으로 세 명의 서양인(이탈리아, 스위스, 미국 국적) 등반가들을 폭행한 것이다. 언론에 드러난 사건의 경위는 이렇다. 세 명의 서양인은 세계 산악계에서 관심을 받는 경험이 풍부한 엘리트 등반가들로, 이번 시즌에는 많은 사람이 몰리는 기존 루트가 아닌 어려운 신루트를 개척하여 등반할 계획이었다. 다만 고소 적응의 목적으로 기존 루트를 통해 4캠프(7906미터)까지 올랐다가 내려올 계획을 세우고 이른 아침 2캠프를 출발해 3캠프(7300미터)를 오르는 어느 정도 가파른 '로체 페이스'를 오르기 시작했다.

그러다가 다른 수십 개 원정대에서 추려진 여러 명으로 구성된, 고정 로프 설치에 나선 셰르파 등반대와 빙벽 중간에서 마주쳤다. 등반 셰르파에게 고정 로프 설치조에 선발된다는 것은 해당 시즌에 다른 누구보다도 먼저 산을 오른다는 점에서 명예로운 일로 인식된다. 여기서 서양인들이 셰르파들의 로프를 넘어가려는 상황에서 얼음 조각이 셰르파에게 튀었고, 이를 두고 험한 말이 오갔다. 특히 서양인의 리더 격인 시모네 모로Simone Moro는 '마찍네'(네팔어로 'motherfucker'라는 뜻)라는 심한 욕설을 했고, 내려오면서는 셰르파들 전체와 연결된 무전기 회선을 통해 '다 덤벼' 따위의 도발을 이었다.

이후 이들이 2캠프로 내려오자 당시 그곳에 있던 여러 원정대의 셰르파 수십여 명이 분개하여 모여든 가운데 일부가 이들을 일방적으로 폭행하기 시작했다. 텐트에 돌을 던지고 구타했다. 주변 사람들이 말려서 폭행은 멈췄고, 서양인 셋은 베이스캠프로 쫓기듯 내려왔다. 셋은 곧 이번 에베레스트 등반은 그만두겠다고 선언했다.

이틀 뒤 베이스캠프에서는 '평화협정'이 이루어졌다(〈그림 3〉). 당시 베이스캠프에 있던 인도군-네팔군 합동 에베레스트 원정대의 공동 대장이던 네팔 고위급 장교 주재 아래, 당시 폭행에 가담한 셰르파들의 대표와 서양인 셋이 서로 협정문을 확인하고 화해를 나눴다. 나를 포함해 그 자리에 모인 40여 명의 참관인은 협정문에 증인으로 서명했다.

이 사건은 순식간에 세계 각국의 주요 언론으로 전파됐다. 등반 전문 언론과 블로그 등을 통해서는 다양한 의견과 비판이 제시됐다. 초기에는 가담한 셰르파들을 '폭도mob'라 부르며 일방적인 폭행에 대한 비난이 주를 이루었지만, 곧 서양인들에게 조력자로 봉사해온 셰르파들에 대한 동정적인 시선과 함께, 이들을 위험한 일에 고용해온 서양 산악인들에 대한 자성적인 비판도 만만치 않게 대두됐다. 서양 자본주의가 네팔 산골까지 퍼져 현지인들을 오염시켰다는 지적이다. 즉 두 가지 대립적인 논조를 볼 수 있는데, 하나는 외국인과 셰르파는 경제적으로 상생 관계에 있다고 보는 관점이고, 다른 하나는 셰르파가 불평등한 착취를 당하고 있다는 관점이다.

많은 부분 상반되지만 두 관점 모두 서양 고유의 존재론과 인식론을 바탕에 깔고 있다. 사회를 개인들의 자유로운 조합으로 보는 원자론의 가정이다. 원자론을 무비판적으로 사회과학 분석에 활용하는 것을 두고 '방법론적 개인주의'라 부른다. 모든 개인이 판단력과 스스로 결정하는 능력이 비슷하고 사회 활동에 비슷한 강도로 참여할 준비가 된 분리된 개체라고 상정하는 오류다. 방법론적 개인주의에서 개인들은 일반

그림 3 | 2013년 4월 29일, 에베레스트 베이스캠프에서 평화협정이 이루어졌다. 왼쪽에 목에 카타(의례용 흰 천)를 걸친 네 명이 협정의 당사자다. 오른쪽 의자에 앉은 협정을 주재한 이들이 협정문을 마지막으로 손보고 있다. 약 40명이 모여 협정문에 증인으로 서명했다.

chapter 2 인류낭만주의: 셰르파 히말라야 등반사

적으로 모든 선택과 행동의 자발적 주체로 인식돼, 각자 처한 상황에 따라 독자적으로 세상을 판단하여 주변인들과 경쟁하거나 협력하는 단계로 나아가는 존재로 그려진다.

오늘날 개인을 몸과 마음의 조합이며, 집단은 그런 개인의 조합으로 보는 시각은 그리스-히브리 세계관에서 배태했다. 인간의 요체를 몸·마음·집단 셋으로 보고, 이에 각각 대응해 분석하는 분과로 생리학·심리학·사회학이 서양 학문 전통에서 성장했다. 이러한 서양 전통의 삼원론적 인간론에서 방법론적 개인주의는 자연스러운 귀결이자 벗어나기 어려운 굴레다.

몸·마음·집단의 삼원론적 인간론은 그에 가장 어울리는 인간관계론으로 이어진다. 인류학자 마셜 살린스Marshall Sahlins는 서양인들이 인간 본성에 대해 가진 환상으로 위계·평등·무질서 세 가지를 꼽았다.[1] 위계는 '평화공존은 힘의 균형으로 이루어진다'고 주장한 고대 그리스 정치철학자 투키디데스Thucydides에게서, 평등은 '법 앞에 만민의 권리가 평등'함을 강조했던 미국의 개국공신 존 애덤스John Adams에게서, 무질서란 '본능은 순전한 자유밖에 모른다'는 근대 정치철학의 창시자 토머스 홉스Thomas Hobbes에게서 각각 연유했다고 지적한다.

이런 삼원론적 인간론·관계론은 이론가들의 현실과 동떨어진 구축물이라기보다는 서양 사회를 관찰하여 종합한 현실에 근거한 이론이라고도 여길 수 있다. 다만 셰르파와 같은 비서양 사람들에게까지 그런 서양 이론들을 적용할 수 있을지는 검증이 필요하다. 그러나 별다른 검증 없이 서양의 인간론과 관계론을 무비판적으로 적용하는 경향은 '인류낭만주의'라는 말로 적절하게 불릴 수 있을 듯하다. 인간의 본성을 찾는다는 기획으로 시작된 유럽의 낭만주의가 비서양 지역으로까지 확장돼 현지인들에게서 인류의 원초적 모습을 찾길 기대하는 태도가 근저에 깔려 있다. 나는 인류낭만주의를 다른 인간 집단을 이해하기 위해 '보편적인 마음이 보편적인 몸과 만나 보편적인 개인을 이루고, 이런 보편적인 개인들이 모여 이룬 보편적인 사회'라고 상정하는 태도라고 정의한다.

흥미로운 사실은 서양 근대에서 인류학은 탐험과 등반의 전통과 나란히 발전해왔다는 것이다. 눌 다 유럽 근대화의 '서내한 분열'인, 무미건조한 자연과 이를 초월해 모두를 관찰하는 주체 사이를 잇는 근대화 프로젝트라는 점에서는 동일하다. 히말라야 등반과 히말라야 등반의 주역 셰르파에 관한 연구는 단순히 닮은 점이 많은 게 아니라 역사적 근원을 공유하는 셈이다.

2

유럽의 과학 탐사 전통과
근대 등반

　　　　　　　등반 원정대와 인류학적 현장 연구를 '쌍둥이'라 불러도 무방할 만한 공통된 역사적인 근원은 18세기 초중반 프로이센 식자층의 과학 탐사 활동에서 찾을 수 있다. 과학 탐사는 유럽 근대화 시기 쌍벽을 이룬 계몽주의와 낭만주의 사조의 절묘한 결합으로 탄생했다. 먼저 자연을 '느낌'으로 대하기 시작한 루소 Jean-Jacques Rousseau, 괴테 Johann Wolfgang von Goethe 등의 '낭만적 방랑자'가 등장했고, 이어 '과학적 방랑자'가 뒤따랐다. 레비스트로스는 1755년에 출간된 루소의 『인간 불평등 기원론 *Discours sur l'origine et les fondements de l'inégalité parmi les hommes*』을 최초의 일반민족학 연구서로 꼽기도 했다.[2] 당시 민족학·지질학·식물학·빙하학 등등 낭만적인 모험적 여행을 동반하는 연구 사업들이 급증하기 시작했다.

　알렉산더 폰 훔볼트 Alexander von Humboldt(1769~1859)는 과학과 낭만이 합일된 유럽의 근대적 현장 연구의 큰 획을 그은 인물이다. 괴테의 지도를 받아 훔볼트는 중남미로 1799~1804년 장장 5년에 걸친 연구 원정대를 성공적으로 수행한다. 역사가 조지프 아마토 Joseph Amato는 훔볼트를 일러 '근대 생태학의 정신적 선구자'로 꼽기도 한다. 지리학·민족학·식물학·동물학 등 전방위에 걸쳐 치밀한 관찰을 바탕으로 한 방대한 연구 저작을 출간해 19세기 유럽 과학계에 지대한 영향을 끼쳤다. 훔볼트의 탐사적 과학 연구와 저술은 19세기 찰스 다윈Charles Darwin의 『비글호 항해기 *The Voyage of the Beagle*』(1839), 앨프리드 러셀 월리스Alfred Russel Wallace의 『말레이 제도 *The Malay Archipelago*』(1869), 조지 케넌George Kennan의 『시베리아 탐험기 *Tent Life In Siberia*』(1870), 헨리 모턴 스탠리Henry Morton Stanley의 『검은 대륙을 거슬러 *Through the Dark Continent*』(1878) 등등 19세기를 수놓은 주요 과학 저작으로 이어졌다. 탐사적 과학 연구가 절정에 달했을 때 히말라야는 그 베일을 차차 젖힌다. 러시아의 화가로 인도로 건너가 히말라야 문화에 관한 수많은 저작을 남긴 니콜라스 레리히Nicholas Roerich(1874~1947)는 히말라야를 일러 "신정한 과학자에게 참된 메카"로 묘사하기도 했다.[3]

이렇게 자연이 갖는 과학적 매력에 식자층이 열광할 때, 탐사의 주요한 실천 방편으로 활용됐던 등산·등반은 점차 과학 탐사의 전통에서 갈라져 나오기 시작했다. 전문 등반의 역사를 논할 때 가장 흔히 언급되는 기념비적 사건을 1786년 알프스 최고봉인 몽블랑(4807미터)의 초등으로 꼽는다. 당시 등반은 스위스 지질학자인 오라스 베네딕트 드 소쉬르Horace Bénédict de Saussure(1740~1799)가 내건 현상금으로 성사됐고, 소쉬르 본인도 초등 이듬해 정상에 올랐다. 정상에서 소쉬르는 기압 측정 등 각종 자연학적 연구를 수행했고, 1781년에는 최초의 알프스 종합 과학 연구서 『알프스 여행기 Les Voyages dans les Alpes』를 출간했다.

과학과는 달리 등반은 당시 사회적으로 의심받는 행위였다. 런던의 『타임스 The Times』는 등반가들을 일러 '자살 특공대'라 부르기도 했다. 등반가들은 끊임없이 등반 행위의 정당성을 입증해내야 한다는 압박감을 느꼈다. 산악 등반 동기의 합리화는 서양의 산악 역사가, 산악 문장가들에게 내내 핵심적인 화두였다.

"그 산이 거기 있으니까"라는 말이 세계적인 '산악 명언'이 된 것도 그런 배경에서 탄생했다. 세계 최초로 에베레스트 등반을 시도한 영국의 1·2·3차 에베레스트 원정대(1921·1922·1924년)에서 주역을 담당한 조지 맬러리 George Mallory(1886~1924)가 1923년 "에베레스트를 왜 오릅니까?"라는 기자의 질문에 했던 대답이다. 같은 질문에 영국 빅토리아 시기 등반가이자 미학 교수 마틴 콘웨이 Martin Conway(1856~1937)는 맬러리의 직관적인 대답과는 다르게 본인의 전공을 살려 역사학적 견지에서 답했다. "워즈워스 William Wordsworth와 러스킨 John Ruskin이 우리의 눈을 뜨게 해줬기 때문"이라는 것이다. 콘웨이는 자신과 같은 당시 빅토리아풍 등반가들을 일러 "낭만의 순례자"라고 칭하면서, 미지의 자연을 향해 나서는 태도를 해당 지역이나 특정 주제를 공부하는 학생에 비유하기도 했다.[4] 반면 맬러리는 등반을 연구와 분명히 구별하려 애썼다. 앞의 인터뷰에서 다음과 같이 부연했다.

> 에베레스트 등반은 과학 연구에도 중요한 일이긴 하다. 그러나 섀클턴Ernest Shackleton이 표본을 채집하러 남극에 간 것은 아니다. 에베레스트는 최고봉이고 아무도 정상에 오르지 못했다. 존재 그 자체로 도전인 셈이다. (…) 세상을 정복하려는 것은 인간의 본능이다.[5]

현격한 차이에도 불구하고 등반에 대한 맬러리의 심리학적 관점과 콘웨이의 역사학적 관점의 공통점을 꼽자면, 일견 전혀 세상의 가치를 따르지 않는 것 같은 행위에 논리적 또는 목적론적 일관성을 부여한다는 것이다. 근대성의 이론가 막스 베버Max Weber에 따르면 어떤 행위에 통달한 이는 "자신의 행위의 궁극적 의미를 스스로 설명할 수 있게 된다"고 주장하면서, 자신의 행위에 대한 합리적 설명이 근대사회에서 요구되는 일임을 밝혔다.[6]

20세기 중엽에 이르러 서양 산악 역사가들은 이와 같은 '동기'의 중요성을 더욱 분명히 인지하고 그에 따라 산악사를 고쳐 쓰기 시작한다. 대표적인 예가 등반의 기원은 몽블랑의 초등이라는 '행위'나 '업적'에 있지 않고, 등반의 '정수'임을 분명히 의식하고 산에 오른 '태도'를 추적하기 시작한 것이다. 그레이엄 브라운Graham Brown과 아널드 런Arnold Lunn은 '등산의 아버지'를 소쉬르가 아닌 스위스의 플라시두스 아 스페샤Placidus a Spescha(1752~1833) 신부로 꼽았다. 등반은 등정 성과보다도 '등반 과제에 대한 욕구'가 핵심이라고 보았기 때문으로, 이들에 따르면 플라시두스 신부야말로 '오르는 것 자체가 좋아서 오른' 최초의 인물이었기 때문이다.[7] 반면 소쉬르는 몽블랑 정상에서 과학적 실험을 했을뿐더러 등반에만 배타적인 동기도 보이지 않았다.

콘웨이 등이 보여줬던 가이드를 대동하고 종합 학술 연구를 병행하는 고상한 낭만주의 풍취의 탐사적 등반의 전통은, 19세기 말 빅토리아 전통의 쇠락과 함께 부상한 맬러리와 같은 운동가적이고 직관적이며 간소함을 고집하는 경향과 대척점에 있었다. 후자의 경향을 주도한 핵심적인 인물은 영국의 앨버트 머머리Albert F. Mummery(1855~1895)다. 그의 등반관은 다음 문장으로 요약된다. "[등반]의 정수는 정상에 오르는 데에 있지 않다. 난관과 씨름하고 극복해내는 데 있다."[8] 머머리는 1880년 프랑스-이탈리아 국경에 솟은 당 뒤 제앙(4013미터)이라는 봉우리를 오르면서 정상 바로 아래 가파른 절벽 앞에 이르러서는 '정당한 방법으로는 절대 불가'라며 돌아선 바 있다. 이때부터 '정당한 방법fair means'이라는 어구는 보조 기구를 사용하지 않고 자기 신체의 힘만을 사용하여 오르는 등반을 가리키면서, 오늘날까지 소규모 등반대에 개인주의적인 등반법의 등반 방식을 긍정하는 용도, 즉 '바람직한' 등반 태도로 종종 인용되고 있다. 1930년대 독일 산악인들이 알프스의 난제로 꼽히던 스위스 아이거 북벽과 히말라야 낭가파르바트에서, 정상을 오르기 위해 죽음마저도 불사하겠다는 식으로 집단주의적인 원정대를 조직해 대량의 피톤과 카라비너를 사용하여 올랐던 일화는, 냉전을 겪으며 영국을 중심으로 한 서유럽 산악인들에게 오랫동안 공격을 받았다.[9]

열강들 사이의 국가주의가 왕성하던 20세기 초중반에는 '정당한 방법'을 통한 등반이 히말라야에 쉽게 적용되지 못했다. 막대한 자금과 대규모 인원이 소요되는 히말라야 등반은 국가의 명운이 걸린 사업으로 받아들여졌다. '성공'을 간편하게 알리는 수단으로서 정상 등정은 꼭 필요한 일이었고, 따라서 '등반의 난관과 씨름한다'는 머머리의 태도는 1960년대가 되어서야 히말라야 고산에서 차차 받아들여지기 시작했다. 특히 '정당한 방법'의 대명사가 된 소위 '알파인 스타일' 등반은 1970년대 이후부터 본격적으로 실천됐다.[10] 폴란드의 보이테크 쿠르티카Voytek Kurtyka는 이렇게 말하기도 했다. "기능과 업무에 따라 각기 나뉘어 움직이는 큰 팀은 내겐 정말 낯설다. 나는 자연과 더 긴밀하게 연결되는 게 좋다. 전략 전술로 가득한 큰 팀은 모든 걸 망친다."[11]

이처럼 근대 등산의 역사를 통해 구축되어온 세 가지 서로 결속된 규범들, 즉 합리적으로 소명될 수 있는 뚜렷한 동기, 자기 몸의 배타적이고 자율적인 사용권, 그리고 그런 식으로 규정된 몸만을 사용한다는 등반 윤리와 제반 기술 체계는, 각각 '마음,' '집단,' '몸'에 대한 특정한 개념을 추출하도록 해준다. 그리고 이러한 삼원론적 등반의 방법론은 곧 서구에서 대중적·학문적으로 고산 등반에 나서는 등반가들을 이해하려고 노력해온 (넓은 의미의) 심리학·사회학·생리학 일반이라는 삼원론적 학문 체계와 대응한다. 나는 어떤 논문에서 영미권 산악 연구 동향을 리뷰했는데, 이런 삼원론적 학문 풍토가 확연히 드러남을 볼 수 있었다.[12] 즉 심리학적으로는 철학적 통찰과 동기 및 체험의 양상이 있고, 사회학적으로는 등반가 집단의 조직과 조직 내 관계, 모험 관광으로의 개념화, 여성주의 비판을 들 수 있으며, 생리학 일반 또한 등산의학, 병리학, 고소의학, 고산 체질인류학 등에서부터 등반력 향상과 훈련, 재활의학, 나아가 안전사고나 조난 등에 대한 과학적인 분석 등등으로 오늘날 방대한 학문 분과를 형성하고 있다.

근대 등반에 관한 이와 같은 삼원론적 학문 풍토에서 '어느 정도 뚜렷한 목표 의식(동기)을 갖고 자발적으로 교환·협력·경쟁하는 독자적 개인'을 기본 분석 단위로 상정하는 경향이 일반적이다. 살린스의 위계·평등·무질서의 관계론이 여기에 알맞게 대응한다. 이러한 자유주의적liberal 사회·정치 이론과 과학적 지식은, 페미니스트 이론가 캐런 버러드Karan Barad의 지적처럼, "세상은 법칙 혹은 법칙이 발견되기 이전부터 존재해온 개체들의 조합이라고 보는 생각, 또 이 개체들은 재현되기만을 기다리고 있다는 생각으로부터 파생해왔다."[13]

살린스의 서구식 관계론을 통해 히말라야 등반을 이해한다면, 이상적인 원정대란 계약관계로 조직돼 공동의 목적과 그를 위해 합리화된 규율 앞에 모든 대원이 평등한 조직이 될 것이다. 히말라야 등반에 대한 학문적 관점도 같은 인간론·관계론을 활용해왔다. 히말라야 원정대에 관한 최초의 직접 관찰에 의한 사회과학 연구는 1963년 미국 에베레스트 원정대에 대원으로 참가해 원정대를 사회학적으로 연구한 리처드 에머슨Richard Emerson의 「에베레스트: 의사소통과 집단 목표 매진 사례연구Mount Everest: A Case Study of Communication Feedback and Sustained Group Goal-Striving」다. 그는 이 논문에서 집단의 목표 달성을 위해 개인이 동기부여가 되고 노력을 쏟는 까닭은 "[누가 정상에 서게 될지 알 수 없는] 목표 완성의 불확실성과 함수관계에 있다"고 주장했다.[14] 개인(대원)이 집단(원정대)에 협력하는 이유는 자신의 성공(등정)이 집단에 달려 있다는 것을 인지하기 때문이라는 주장이다. 여기서 개인 간의 차이, 대원들 사이의 동역학, 원정 전반을 통해 예기치 못하게 창발하는 변수들, 집단의 성공에 대한 '헌신' 등등의 영향들은, 개인 각자의 목표 앞에 부차적인 요소들로 치부된다.

3
셰르파, 히말라야 등반에 등장하다

유럽인들의 과학 탐사는 19세기 중반부터 히말라야에서도 시작됐다. 여러 물리적인 제약 때문에 정치적·경제적·학문적 지원 없이는 불가능한 일이었다. 당시에 설립되기 시작한 국가 단위의 산악회는 여기서 중추적인 역할을 담당했다. 세계 최초로 1857년 영국산악회The Alpine Club가 설립됐고, 1863년부터 매년 『산악 연감The Alpine Journal』을 발행했다. 산악회는 소규모였지만 회원들은 모임을 통해 등반과 탐사 결과를 공유했고 연감을 통해 일반인 및 타국의 애호가들과 나눴다.[15] 세계 대전 이전까지 히말라야 등반과 탐사는 통상 왕립지리학회의 재정적 지원과 인도 총독의 정치적·행정적 지원 속에 이루어졌다. 당시의 히말라야 등반은

대영제국의 문명화 전략의 철학을 공유면서 때로는 그 실천에 앞장서기도 한 사업이었다.[16]

19세기 말부터 현지인을 원정대에 직접 고용하는 형태로 서양의 탐사적 등반가들과 현지인의 사회적 관계가 시작됐다. 이전까지는 스위스의 알프스 가이드를 대동하고 히말라야에 올랐다. 하지만 이들이 히말라야의 고산지대와 빙하지대에서는 그다지 효과적이지 못하다는 게 금세 판명됐다. 1891년 파키스탄 카라코람 원정대를 이끈 콘웨이는 당시 인도에 주둔하던 찰스 브루스Charles Bruce 장군의 조언을 따라 등반 훈련을 받은 구르카 용병 네 명을 고용했다. 고소 등반에 특화된 인력을 현지인 중에 고용한 첫 사례다. 하지만 원정이 끝나고 콘웨이는 이들을 일러 "짐을 잘 지고 잘 걷긴 하지만 설산을 오르기에는 경험이 부족했다"고 평했다.[17]

셰르파라는 이름이 산악사에 처음 등장한 것은 1908년 『산악 연감』에 기고한 노르웨이 산악인의 히말라야 등반 보고를 통해서였다. 이들은 전년도에 인도 북동부 시킴 히말라야의 카브루(7412미터)를 오르면서 그곳에서 가까운 다르질링에서 100여 명의 현지인을 짐꾼으로 고용했다. 당시 다르질링을 비롯한 인도 북동부는 영국 식민정책에 따라 경제적 부흥기를 맞는 중이었다. 1장에서 설명한 바와 같이 직업의 기회를 찾아 네팔인들의 동진 이주가 계속되었고, 적지 않은 수의 셰르파들은 다르질링에서 터전을 잡고 생활하던 중이었다. 노르웨이 원정대 보고서에는 현지 고용인 중에서 유독 셰르파들이 '아주 열정적이고' '흥미를 보이고' '기개가 넘치'는 등 '많은 다른 장점'들을 갖고 있다며 추켜세웠다.[18] 서양인이 셰르파를 보는 시각은 처음부터 등반에 대한 효용성으로 평가된 셈이다.

1910년대에 홀로 히말라야 원정대를 꾸려 등반을 펼친 스코틀랜드의 화학자이자 산악인인 알렉산더 켈라스Alexander Kellas(1868~1921)도 노르웨이인들에 이어 다른 현지 종족에 비해 셰르파들이 전형적으로 지닌 사회성, 체력, 고소 적응력 등을 주목했다. 셰르파 등을 포함한 현지인에 대한 고소 적응력 관찰과 각종 실험을 통해 켈라스는 후대인으로부터 '등반 고소생리학의 선구자'라 불리기도 한다.[19]

이후 1921년부터 1953년 초등을 이룩하기까지 이어진 총 아홉 차례의 영국 에베레스트 원정대 모두에서 셰르파들이 고용됐고 중요한 역할을 줄곧 담당했다. 이를 통해 히말라야 원정대에 고용된 현지인들 사이의 위계가 세분화하는 과정을 볼 수 있다. 초기부터 셰르파들은 서양인 대원들과 협의해 다른 현지인 짐꾼과 달리 베이스캠프까지는 짐을 나르지 않고, 등반이 시작되고 나서 산에서만 짐을 나르는 '고소 포터high-altitude porter'의 역할로 특화됐다. 등반 및 원정 전반의 효율적인 의사소통과 업무 분담을 위해 '사다'(페르시아 어원)라 불리는 셰르파 대표를 유럽 등반가들이 도착하기 이전에 지정하는 관행도 시작됐다. 곧 사다는 유럽에서 대원들이 도착하기 전에 고용될 셰르파들을 미리 선별해놓는 권력자가 되었다. 산에서는 물자 수송 및 텐트 설치 등의 업무를 셰르파들이 전적으로 관장하게 됐다. 두 차례의 원정을 마친 뒤인 1923년, 왕립지리학회 정기 모임에서 C. J. 모리스C. J. Morris 대위는 다음과 같이 셰르파를 묘사했다. "저들은 가장 센 사람들이다. 에베레스트에서 짐꾼으로서 아주 뛰어난 활약을 펼쳤다. 저들의 노동 없이는 이룰 수 있는 게 거의 없었을 것이다."[20]

  셰르파들의 독특한 역할 설정은 20세기 내내 계속 변화하고 세분되면서 히말라야 등반의 진화를 이끌었다. K2(8611미터) 등반을 시도한 1939년의 미국 원정대에서는 다른 미국인 대원들의 불만 넘치는 질투를 뒤로하고 셰르파 고소 포터가 정상 등정 대원으로 선발돼 나서기도 했다.[21] 1954년에는 셰르파가 정상 등정 등반에 관한 의사 결정을 내리기까지 했다. 초오유(8188미터) 초등을 시도하던 오스트리아 원정대에 고용된 셰르파가 원정대 대장을 '이끌고' 정상에 섰다. 이후 셰르파 없는 히말라야 원정대는 드물었다. 셰르파들은 등반에서 항상 중요한 결정을 내리고 실질적인 등반을 도맡았다. 다만 외국에서 발간된 보고서나 언론 보도에는 셰르파의 역할을 포함해 그들의 이름도 제대로 기록되지 않는 경우가 태반이었다.

셰르파들의 지위가 단순히 원정대 내에서만 짐꾼에서 고소 포터, 정상 등정 등반가, 등반 가이드로 격상된 게 아니다. 히말라야 산악 관광 전반에서 꾸준히 독점적인 위치를 차지해 갔다. 호텔 운영, 장비 판매, 원정대와 단체 트레킹 조직 등에 뛰어들어 기업가적 면모를 발휘했다. 1978년에 네팔에 등록된 20여 개 트레킹 여행사 중에 셰르파족이 주요 지분을 차지한 업체는 네 곳이었다.[22] 1988년의 56개 등록 여행사 중 절반 정도가 셰르파 소유였고, 1992년에는 가장 번창하던 트레킹 업체 두 곳이 셰르파 소유였다.[23]

네팔의 원정 대행사들은 2000년대 초까지는 외국에서 이미 조직된 원정대에게 국내에서 필요한 제반 서비스를 제공해주는 형태였다. 그런데 2010년대에 들어와서는 외국의 대행사를 통하지 않고 셰르파족이 소유한 원정 대행사가 자체적으로 외국인 고객을 모집해 8000미터 봉우리 가이드 원정대를 본격적으로 조직하기 시작했다. 그리고 제도적·관행적 변화까지 이끌며 마침내는 셰르파들 사이의 긴밀하게 연결된 대행사 혹은 그러한 연결을 통하지 않고서는 8000미터 등반이 아예 불가능할 정도가 되었다. 8000미터 14좌를 네팔인 최초로 완등한 밍마 셰르파가 2010년 설립한 세븐서밋트렉은 에베레스트에서 2013년 처음으로 서양 대행사가 조직한 원정대

보다 더 큰 규모로 원정대를 조직할 정도로 성장했다. 세븐서
밋트렉은 2013년 네팔 정부에 등록된 총 1636개 트레킹 대행
업체 중에 가장 많은 매출을 신고한 업체가 된 뒤로, 2019년에
는 93만 달러의 외화를 벌어들여 밍마는 네팔 관광성으로부
터 공로패를 받기도 했다. 풍부한 현장 경험과 적은 수수료가
비결이었다. 2020년 현재 세븐서밋트렉을 포함해 셰르파 소
유의 4~5개 대행사가 다른 10여 개 네팔 및 국제 대행사와 함
께 대다수 히말라야 원정대를 대행하고 있다.

4
셰르파는 '잃어버린 인류의 원형'인가

위계·평등·무질서의 관계론을 상정
하는 몸·마음·집단의 인간론을 비서양 문화권에서 찾으려
는 시도를 이론화하는 게 적절하다고 생각해, 나는 이를 '인류
낭만주의'라고 부른다고 했다. 인류낭만주의는 심리학·사회
학·생리학의 삼원론적 서양 학문 체계를 통해 큰 비판 없이
오늘날 비서양 사회를 연구하는 학문적 경향에 뿌리내려 있
다. 인간 집단을 총체적으로 연구한다는 인류학은 인류낭만
주의의 본산이라 해도 과언이 아니다. 셰르파에 관한 인류학

적 연구의 역사는 이를 고스란히 보여준다.

   외세에 배타적이었던 네팔의 라나 정권이 1950년도에 무너지면서 네팔에 비로소 서양인들이 찾아들기 시작했다. 셰르파가 밀집해 사는 에베레스트 남쪽 쿰부 지역에 방문한 서양 산악인들은 도착 전부터 낭만주의적 희구로 가득 차 있었다. "나의 미천한 메카" 쿰부를 찾은 저들은 "이 행복한 원시적 땅"에 셰르파를 "그들의 자연적 상태"로 남겨두고 떠나는 것을 아쉬워하기도 했다.[24] 낭만주의는 계몽주의를 동반한다. 훈련받은 학자들만이 아니라 산악인들도 셰르파들을 연구의 대상으로 삼아 관찰하기 시작했다. 1952년 영국인 제니퍼 부어딜런Jennifer Bourdillon은 남편 톰 부어딜런Tom Bourdillon의 등반 기간 내내 마을에 머물며 "셰르파 태도의 신비"를 풀기 위해 관찰한 바를 기록해 출간하기도 했다.[25] 이듬해에는 퓌러 하이멘도르프가 방문해 셰르파 종교에 관한 연구를 진행했다.[26] 이어 1955년 뉴질랜드 산악인 노먼 하디Norman Hardie는 인근 산악지리 탐사를 병행해 쿰부에서 5주를 머물며 꽤 충실한 셰르파 문화 연구서를 냈다.[27] 1970~1990년대에 에베레스트가 올려다보이는 이 지역을 방문하는 외부인이 급증했다. 그중에는 제임스 피셔James Fisher, 셰리 B. 오트너Sherry B. Ortner, 바버라 브라워Barbara Brower, 빈슨 애덤스Vincanne Adams 등등 셰르파족 인류학 연구로 명성을 쌓은 학자들도 포함돼 있었다.

근대 등반에 관한 연구와 마찬가지로, 셰르파에 관한 학문적 연구 역시 삼원론적 학제 구분에 따라 이루어졌다. 먼저 '몸'을 따로 떼어 생리학적으로 연구하는 경향이 있다. 이는 2014년에 CNN에서 표현한 것처럼, '셰르파를 초인적 산악인으로 만드는 생물학적 신비'를 밝히려는 노력이었다고 해도 과언이 아니다. 1910년대 켈라스의 연구에서부터, 셰르파족은 티베트 고산족을 대표해 인류의 생물학적 적응에 관한 비밀을 알려주는 집단으로 상상됐다. 1980년대부터 일반생리학에서부터 운동생리학·진화생리학·심리신경학·유전학 등에서 셰르파족이 참여한 수십여 건의 괄목할 만한 연구가 있었다.[28] 과학적으로 입증된 셰르파의 고소 적응력은 셰르파가 히말라야 관광산업에서 성공을 거두는 '과학적 근거'로도 종종 인용됐다. 어떤 네팔 언론인은 이렇게 썼다. "선천적인 고소 적응력이 훈련과 동반되면 셰르파들은 로프를 설치하거나 캠프를 세우는 등 고소에서 힘든 노동을 할 수 있게 된다. (…) 히말라야에서 셰르파들이 가이드나 구조 활동에 능숙하게 참여하는 건 전혀 놀랍지 않다."[29]

둘째로 '마음'을 떼어 연구하는 심리학적 경향이다. 저명한 인지과학자 제이콥 브로노스키Jacob Bronowski는 셰르파들이 고산 한복판에서 사방을 잘 인식하지 못하다가 차츰 산들을 하나둘 머릿속에서 연결 지음으로써 마침내 자신이 어디에 와 있는지를 깨닫게 되었다는 사례를 언급하면서, 인간이 경험을 통해 사물의 '지도'를 갖춰나간다는 일반론을 발전시키기도 했다.[30] 황량한 고산지대는 마음의 순수 상태를 다른 곳보다 더 잘 드러내는 실험장이 된다는 인식이었을까. 초기 인류학자들도 이와 같은 심리적 구조를 파악할 수 있다는 기대 아래 셰르파들의 문화를 이해하려 했다. 예컨대 로버트 A. 폴 Robert A. Paul은 셰르파 사회의 지속성과 개인의 유한성이라는 대립이 셰르파들의 각종 의례, 가계 구조, 티베트 전설 등에 녹아 있는 모습을 프로이트 Sigmund Freud 정신분석학의 이론을 사용해 분석했다.[31] 퓌러 하이멘도르프의 셰르파족 종교(티베트 불교) 연구는 그들의 독특한 집단적 심성의 근원을 밝히고자 했던 의도에서 출발한 것이었다. 한편 그에 대한 거센 반박의 차원에서 오트너는 셰르파 문화가 평등과 위계 사이의 대립에 기초하고 있다고 주장했다. 그러면서 성/속의 구분을 규정하는 셰르파 문화심리학(1978), 나아가 "문화적 도식"이라는 일반 이론을 제안(1989)했고, 이후 "문화적으로 구성된 감정, 생각, 의미 들의 층위에서 자라난 욕망과 동기를 담보하는 주체성"을 연구하는 것으로 셰르파 인류학을 규정(1999)하기도 했다.[32]

셋째로 '집단'에 주목하는 사회학적 경향이다. 대표적으로 경제 관계에 주목하는 경향인데, 이는 많은 등반가·언론인·

전문가들로 하여금 셰르파들과 외국 등반가들 사이의 관계를 규정하는 '정치적으로 옳은' 간편한 틀로 사용됐다. 이 장의 서두에서 언급한 2013년의 에베레스트 폭행 사건을 보자. 시모네 모로는 『내셔널 지오그래픽National Geographic』과의 인터뷰에서 다음과 같이 말했다. "많은 이들을 감옥에 보낼 수 있었다. 하지만 내가 아무도 증오하지 않는다는 점을 모두에게 보여주고 싶었고, 그 젊은 멍청한 셰르파들의 삶을 파괴하고 싶지 않았다. (…) 외국인 없이는 셰르파에겐 직업이 없다. 사람들은 이걸 너무 쉽게 간과한다."[33] 모로가 자신을 변호하는 원리는 바로 겉으로 드러나지 않은 '경제적 관계'에 관한 이해다. 반대로 몇몇 역사학자들은 언론 노출과 상업적 관계를 유입한 주범으로 엘리트 산악인을 지적한다. 역사가 조지프 E. 테일러Joseph E. Taylor는 등반의 "가장 열성적인 순수주의자"들이야말로 히말라야의 트레킹 산업을 기업화하고 발전시킨 책임이 있다면서, 이탈리아의 라인홀트 메스너Reinhold Messner 등 "언론 유명세의 가장 거센 비판자"야말로 "가장 많이 출판한 작가들"이라고 비꼬았다.[34]

인류학자들은 모로가 보여준 것과 같은 투박한 구제주의적 시각을 벗어나려 했지만 그다지 성공적이지는 못한 듯하다. 오트너는 『에베레스트에서의 삶과 죽음Life and Death on Mt. Everest』(1999)에서 셰르파와 서양 산악인들 사이의 '비대칭적 권력관계'를 비판적으로 분석한다. 근본적으로 불평등한 관계이기 때문에 셰르파들은 서양인들 앞에서 제 목소리를 내지 못한다면서, 겉으로 드러나지 않는 불평등의 관계를 드러냄으로써 셰르파들의 진면목을 볼 수 있다는 것이다. 그러면서 1976년 "셰르파는 삽[외국인 대원]이나 산을 좋아해서가 아니라 돈 때문에 등반한다"고 했던 영국의 산악인 크리스 보닝턴Chris Bonington을 모범적인 사례로 든다.[35] 여기서 서양 등반 전통의 오랜 질문, 즉 산을 오르는 '동기'가 다시 화두가 된다. 즉 오트너의 인류학에서는 셰르파들의 전형적인 '심리'를 정확히 알아내는 게 윤리적인 해결책이고, 그 심리란 다름 아닌 보편적인 경제적 욕구로 귀결된다.

서양 등반가·저술가들은 셰르파 등의 현지인들을 존중하는 윤리를 실천하려고 오래 노력해왔다. 그러나 대개 자신들의 세계—존재론·인식론·윤리관—를 대입하고는 '문화'만이 다를 것이라는 상상 속에 이루어진 노력이었다. 예컨대 1955년 네팔의 칸첸중가(8586미터) 초등을 시도하던 영국 등반가들은 현지인들의 산신 관념을 존중한다는 취지로 정상을 2미터 앞두고 돌아섰다. 이는 현지 풍습을 존중하는 사례로 산악사에서 널리 회자됐다. 그러나 과연 현지인에게도 2미터가 신성성을 훼손치 않는 적절한 거리였을까? 정점을 밟으면 신성성을 모독하는 게 될까? 지리적 정점이 영적 정점과 같은 종류이며 중첩될 수 있을까? 이런 관념들은 적어도 서양인의 유입 이전에는 히말라야의 종족들에게는 존재하지 않았다. 쿰부 셰르파들에게 가장 성스러운 산은 에베레스트가 아니라 쿰빌라(5761미터)다. 1952년 서양 등반가들이 이 산을 오를 당시에는 이 산의 등반이 금지되지 않았다.

또 2012~2013년 연속으로 에베레스트 정상부에 많은 등반가가 몰려 정체 현상이 생기자, 네팔 정부 관료들과 셰르파들을 포함한 원정 대행사 대표들 사이에서 에베레스트 정상부 상습 밀집 지역에 반영구 사다리를 설치하자는 의견이 있었다. 이에 반발하고 나선 이는 네팔인들이 아니라 서양 산악인들이었다. 국제산악연맹은 "에베레스트는 모든 인류의 것"이라는 내용의 성명까지 발표하며 반대했다.[36]

구체적인 존중의 방식, 그러니까 합리적인 급여를 지급하고 현지인이 신성하게 여기는 산을 오르지 않는 것은 오늘날 지구화 세계를 사는 네팔인들에게 익숙한 사고다. 그러나 그런 조처들이 목표로 하는 '존중'이 과연 셰르파들의 관점에서는 무엇을 의미하는지는 아직 잘 알려지지 않았다. '세계'와 '인간'의 개념 자체가 다를 수 있다는 생각, 따라서 그에 관한 마땅한 태도까지 다를 수 있다는 생각은 잘 받아들여지지 못했다.

5

셰르파 윤리로 폭행 사건을 다시 보다

2013년 에베레스트 싸움 뒤의 평화협정에서는 협정문이 결의됐는데, 그 초안에는 다음의 문구가 포함돼 있었다. "양자는 사람들 앞에서 각자의 잘못을 인정하고 서로에게 사과했다." 이를 들은 세 서양인 중 한 명인 울리 스텍Ueli Steck은 정정을 요구했다. 사리를 정확히 하려는 까닭은 "나는 스위스인이기 때문"이라면서, '나쁜 말'과 '구타'를 구분하여 양쪽에서 각기 범한 잘못임을 분명히 표기하기를 바랐다. 스텍의 이 요구는 기각됐는데, 그러한 문구는 자칫 사법적 수사로 이어질 수도 있고, 법적 조치는 화해, 즉 사건의 무마를 목표로 하는 협정의 목표와 대치되기 때문이라는 주관자들의 설득이 이어졌다.

사실의 이치에 우위를 두는 스텍의 태도는 이 사건을 보도했던 대부분의 각국 언론의 분석 논조에서도 볼 수 있었다. 사건 발생 두 달 뒤 미국의 잡지 『알피니스트Alpinist』에 실린 자세한 분석 기사에서 그와 같은 '사실 검증의 태도'가 정점을 이뤘다. 여기에는 네팔인 원정 대행사 관계자의 언급도 인용됐다. "[셰르파] 로프 고정 팀은 서양인 동료들로부터 더 나은 존중을 바라는 모든 숙련된 셰르파 등반가들의 좌절감을 분출한 것이다." 그러나 기사가 이해한 '존중'이란 차라리 타인을 방해하지 않음으로써 평등주의를 실천하는 '정중'에 가까웠다. 기사는 싸움을 지켜본 어느 서양인 등반가의 감상을 인용하며 마무리됐다. "이 셰르파들에겐 자신을 표출할 권리가 있다. (…) 하지만 다른 영혼을 해칠 권리는 없다."[37] 이러한 '물리적으로 아무도 해치지 않는 표현의 자유'로 정의된 애덤스식 윤리관 속에서 이 싸움이 누구의 잘못이었는지는 직접 말하지 않아도 자명하다.

이 에베레스트의 분쟁은 물론 네팔 내에서도 큰 화제가 됐다. 인류학자 아르준 아파두라이Arjun Appadurai는 주체성을 분석할 때 이를 맥락화하는 이웃들을 주목할 것을 강조한다.[38] 셰르파들의 이웃, 그러니까 그들이 일상적으로 관계하고 경쟁하고 이해하고 또 이해받기를 원하는 이들은 서양인들이라기보다는 다른 네팔인들이다. 다만 어느 셰르파의 과장된 표현을 옮기자면, "외국인들은 [셰르파 말고] 다른 사람들은 모"른다.

사건 이후 한동안 등반 셰르파들이 주방 스태프, 정부 연락관, 짐꾼, 야크 몰이꾼, 호텔 여주인 들과 나눈 에베레스트 사건의 전말은 언론에 공개된 것과 크게 다르지는 않았다. 다만 미묘하지만 중요한 차이가 있었다. '모로와 다른 유럽인들이 로프 고정 셰르파 팀을 모욕했고 그들은 셰르파들에게 맞았지만, 결국엔 용서를 받았다'는 것이다. 평화협정이 있기까지 베이스캠프에서는 아랫마을에서 경찰이 올라오기를 기다리고 있었다. 셰르파들과 다른 네팔인들은 경찰이 도착하면 저들은 "[규정에 따라] 네팔에서 추방되고 10년 동안 네팔 입국이 금지된다"고 기대하고 있었다. 그렇지만 용서하기로 뜻을 모았다. 용서의 태도는 모욕받음의 분개를 순화하는 '자비로운 선행'이다. 분개, 용서, 자비의 감정은 셰르파들이 2013년 봄 에베레스트에서 집단으로 겪었던 의미심장한 체험이다.

즉 네팔인들의 심성에 떠오른 '존중'은 서양의 그것과는 근본적으로 차이가 있다고 보아야 한다. 2013년 봄 에베레스트의 셰르파들은 최소 다음 세 가지 가치를 '존중'과 연결해 떠올렸다. 첫째, 외국인 등반가들은 에베레스트의 주인 공동체에 찾아온 손님이지 그 반대가 아니다. 원정 대행사 운영자인 다와 스티븐 셰르파는 이렇게 쓰기도 했다. "아버지는 항상 내게 우리 산과 자연환경을 우리의 자산으로 여기라고 가르쳤다."[39]

둘째, 폭력은 나쁘지만 주인에 대한 불손은 더 나쁘다. 다민족 국가 네팔에서 종족 집단 간의 패싸움은 가끔 벌어지는 일이었고 카트만두의 소수민족으로서 셰르파들은 조직적 저항에 익숙했다. 이들에게 집단이란, 먼저 범접할 수 없는 신체를 지닌 개인들이 있고 난 다음에 서로 만나 구성하는 단위가 아니다. 끊임없이 관계망을 생산해가면서 그 속에서 자아를 확인하는 '관계로 규정되는 개인주의'가 규칙이었다. 몸은 존중을 끌어내기 위한 소통의 창구, 즉 관계를 정립하기 위한 수단으로 삼기에 가장 즉각적인 접점이었다.

셋째, 상징적 의미로서만이 아니라 실제적인 의미에서 갈등은 용서로도 해소된다. 평화협정을 진정성 있는 결말로 만들기 위해 에베레스트의 셰르파들은 네팔에서 통용되는 규칙들을 적용했다. 통신과 법체계가 닿지 않는 자신들의 고향에서 그러하듯, 이들은 스스로 세를 조직해 현장의 목소리에 위력을 주입했다. 정부 관료를 찾아내 유사 정통성을 확보했고, 각국에서 온 인물들을 마치 개개 국가의 특사인 양 서명을 자필로 받았으며, 질퍽한 눈과 돌멩이로 어지러울 뿐인 빙하 가장자리에서 강당과 단상, 관객석으로 이루어진 미시정치지리를 도입했다. 협정 당사자들에게는 목에 의례용 흰 천 카타를 씌워 의례의 핵심 인물들로 정체성을 부여했다. 그리고 행사 전후의 모든 과정, 즉 돌을 치우고 의자를 가져다놓고 적당한 거리에서 구경하고 제때에 침묵하다가 박수를 보내고 서명지를 돌렸던 대다수 참가자의 자발적인 협조로 이루어졌다는 사실에서, 셰르파들에게 이 협정과 거기서 선언된 평화는 실질적 효력을 지닌 굳센 언약이었다. 그러나 적어도 모로와 스텍에게는 그렇지 않았던 듯했다.

많은 서구인은 히말라야의 셰르파족이 자신과 동질적인 '인간'이며, 그들의 '문화'만 다른 것으로 보았다. 그런 생소한 문화로부터 발견해낼 법칙은 인간의 보편 법칙을 확증해줄 증거로 여겨졌다. 이는 인간은 자연과 달리 변하고 오염될 수 있다는 그리스-히브리 인간관에서 비롯돼 자연을 본성의 고장으로 바라보기 시작한 유럽 낭만주의 사조와 긴밀하게 연결돼 있었다.[40] 그러나 '인간'과 '세계'는 동질적이고 세상을 보는 방식에서 다양성을 파악할 수 있다는 관점은 최근 많은 비판을 받아왔다. 오히려 그 반대일 수 있다. 브라질의 인류학자 에두아르두 비베이루스 지 카스트루Eduardo Viveiros de Castro의 관찰에 따르면, 세상을 보는 방식은 오히려 같지만, '인간'과 '세계'에 관한 전반적인 가정 자체가 다를 수 있다고 한다.[41] 이 발견은 신선할 뿐만 아니라 인간/자연, 몸/마음 등 서양 학문에 뿌리 깊은 이분법을 넘어서는 방식으로 다양성을 설명할 수 있게 해준다. 카스트루는 이를 다문화주의multiculturalism를 뒤집은 형태인 다자연주의multinaturalism라고 칭했다.[42] 그는 예를 들어 미주 원주민들의 단어 중에 흔히 '인간human beings'이라고 번역되는 단어가 유럽 문명의 인종human species을 가리키는 게 아니라, "사람으로 인식되는 사회적 위치"를 가리킨다고 한다.[43] 즉 사회적 위치, 나아가 관계 전반에 대한 분석은 세상 속 모든 존재에 대한 개념과 권능의 정의에 선행해야 한다.

존중하기를 원하면서도 결과적으로 '정답'을 제시함으로써 등반가들과 논객들은 존중에 실패하고 말았다. 2013년 봄에 베레스트에서 들려온 폭행 사건 같은 다자연주의적 경합은 너무도 쉽게 다문화주의적 갈등으로만 비쳤다. 근본적인 인식론과 윤리관에서부터 있었던 차이를 포착하지 못했기 때문이다. 궁극적으로는 모든 진영이 틀릴 수 있고 합의는 명목에 지나지 않을 수도 있다. 그러나 서로 같은 인식에 다다르지 못하고 있다는 사실을 인정하는 것, 구체적으로 어떤 지점에서 쌍방이 서로 화해할 수 없는지를 이해하는 것이 '문화'라는 개념틀의 한계를 벗어난 인류학의 역할이라고 생각한다. 그를 위해 다음 장에서는 셰르파들의 마을 생활을 살펴본다. 구체적으로 종교와 경제생활의 몇몇 면모를 짚어보면서 그들의 인간관과 세계관이 구축되어간 양상을 알아보자.

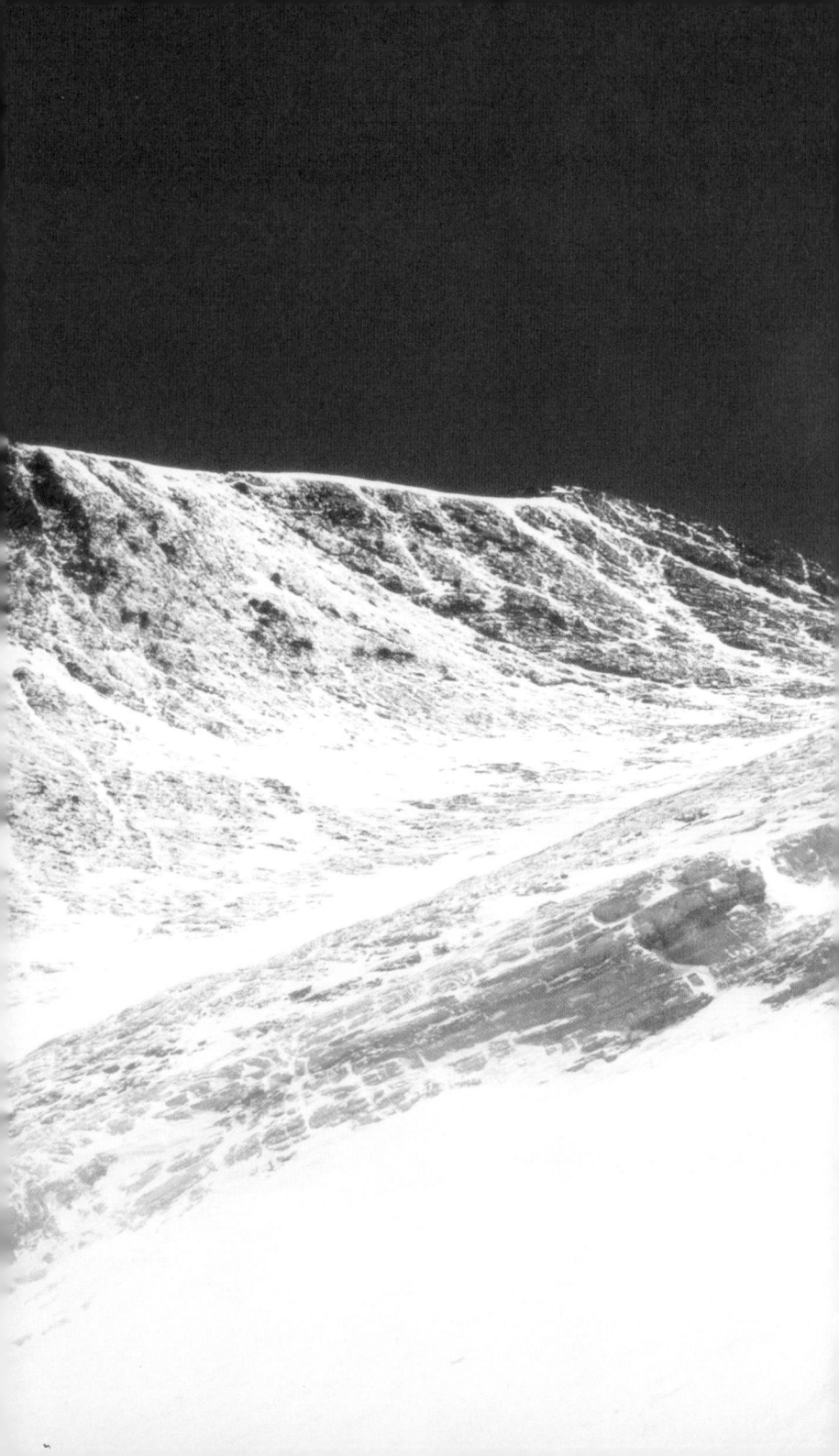

chapter
3

Autochthony

복과 돈

셰르파 마을 문화

이 장에서는 왈룽 셰르파 마을의 삶의 모습을 종교와 경제에 주목해 살펴본다. 척박한 자연을 일구어 살아가는 그들의 생활 세계를 그들의 시각으로 이해하려면 일상을 채우는 일과와 과거와 미래를 떠올리는 방식, 세상을 대하는 태도 모두를 살펴야 한다. 이 장의 전반부에서는 네 가지 종교 의례와 순례의 사례를 분석하면서 토착성과 사회성이 현재를 이해하고 미래를 상상하는 데에 미치는 영향을 생각해본다. 후반부에서는 작물 재배·가축 사육·동충하초 채취 등 생계와 관련된 활동들을 분석하면서 왈룽 셰르파들이 시간, 땅 등에 대해 갖는 관념을 분석한다. 이를 통해 셰르파 종족성이 자연환경을 무대로 지역사회에서 재생산되는 과정을 살펴본다.

1
왈룽 셰르파 마을의 종교 의례

여기서 셰르파 의례를 연구하는 목적이 셰르파 종교성의 '원형'이라든가 세계관의 변하지 않는 '뿌리'를 찾으려는 것은 아니다. 실제로 그런 게 존재하는지는 관찰로 밝혀내기가 어렵다. 다만 나는 종교적 의례를 역동적인 사회관계와 중층적인 문화 표현들이 집약적으로 포괄된 '핵심 상징'으로 이해한다. 즉 종교 의례의 분석을 통해 의례 밖의 다른 현존하는 풍습과 사회관계 및 더 넓은 사회적·생태적·역사적 맥락들을 살펴보려는 것이다.

대다수 셰르파는 티베트 불교를 신봉한다. 티베트 불교의 성직인 라마는 승려인 동시에 세속 공동체의 각종 제의 업무도 맡는다. 라마가 되기 위해서는 일반적으로 수도원이나 사원에서 몇 년의 교육과정을 거쳐야 한다. 라마가 집전하는 제의는 네팔에서 '뿌자'(네팔어-산스크리트어)로 불리며, 각종 악기 연주와 함께 경전을 독송하거나 암송함으로써 각종 혼령과 부처 등의 신에게 의뢰자의 복을 기원하는 일률적인 순서에 따라 이루어진다. 이 중에 교리적으로 핵심적인 절차는 경전을 소리 내어 읽는 과정이다. 의뢰자나 다른 참관인은 의례의 준비 과정에 많은 공을 들이지만 제의 참여는 복을 받는 절차를 제외하고는 극히 제한되어 있다. 내가 연구하던 당시 왈룽 셰르파 마을에는 개인 소유의 사원이 하나 있고 라마는 네 명이 있었다. 이 라마들은 모두 수도원 학습이 아닌 스승 라마에게 가르침을 받고 독학을 병행해 경전을 읽는 법을 배웠다.

티베트 불교에 기반한 왈룽 셰르파 마을 종교 의례가 솔루쿰부 등 주요 셰르파 마을과 비교해 가진 가장 큰 대별점은 동물 희생 제의 등 토착 종교 관습과의 융합이다. 티베트 불교에서는 살생이 엄격히 금지돼 있어 각종 제의에는 희생 제물 대용으로 쌀을 쪄 빚어 만든 '또르망'이 사용된다. 반면 왈룽 마을에서는 또르망과 희생 제물이 모두 사용된다. 또 왈룽을 포함한 마칼루 셰르파 거주지 및 산쿠와사바 북쪽 보떼 마을에서는 라마 이외에 '라벤'이라는 사제 직책이 있어 동물 희생 제의 등을 주관한다.[i] 인근 라이족, 따망족의 '다미'라는 직책과 유사해 혼종 현상으로 볼 수 있다.

이 장에서 살펴볼 왈룽 셰르파 의례는 다자 뿌자, 밀람, 뺀쩌울리 뿌자, 캠벌룽 순례 등 네 가지다. 네 의례는 다음 세 가지 공통점이 있다. 첫째, 부처와 토착 정령에게 개인과 집단의 복을 빈다는 교리적 얼개다. 둘째, 왈룽 마을이 처한 특수한

---

[i] 라벤 중에서도 라마 옆에서 중요한 의식을 집전하는 이는 '섭수바'라 불린다. 대개 나이와 경험이 많은 이가 맡는다.

그림 4 | 2012년 12월 왈룽 마을의 한 가옥에서 벌어진 다자 뿌자. 중심 제의가 모두 끝나고 축복받은 룽다를 집 주변에 걸고 있다.

자연환경을 반영한 생태적 적응의 면모다. 셋째, 지역사회와 국가 체제, 나아가 지구화로 인한 다중적 관계망의 반영이다. 이를 중심으로 각 의례를 차례로 살펴보자.

다자 뿌자

다자 뿌자는 매년 각 가옥을 단위로 행하는 의례로 대부분 겨울(12~2월)에 치러진다. 친척과 가까운 마을 주민 30~40명이 참관한다. 순서는 먼저 '초따르'(티베트어 '최뗀,' 쿰부 셰르파어 '초르텐')라 불리는 최소 5미터가량 길이의 나무 기둥을 손질해 기존 것과 교체하여 마당 한가운데 세운다. 초따르 아래가 임시 제난이 되어, 큰 냄비에 가득 장을 덤고 라마가 경진을 읽는다. 경전 읽기가 끝나면 가족들에게 축복을 빈다. 축복을 받은 가족들은 초따르 주위를 시계 방향으로 여러 바퀴 돌면서 제의의 순서가 마무리된다.

이후 젊은 남성들은 라마의 축복을 받은 불교 경전이 적힌 오색 끈 깃발 '룽다'를 초따르와 집 주변에 넓게 걸쳐 지난해 설치한 낡은 것과 교체해 매단다. 이후 창과 간단한 음식을 나눠 먹고 마신다. 다자 뿌자를 마치고 새 룽다를 주렁주렁 걸친 집을 보고 사람들은 만족스럽다는 듯이 "레무 녹"이라고 한

마디씩 하곤 한다. '레무 녹'은 '잘생겼다,' '미인이다,' '착하다' 등 특정 개체의 질적 좋음을 표현하는 일상어다. '레무 녹'에 동원되는 미학은 종교성, 특히 미래에 대한 전망과 분리할 수 없는 종류임을 추론할 수 있다.

왈룽을 떠나 타지에서 생활하는 셰르파들의 상황들과 비교하면 다자 뿌자가 갖는 의미가 좀 더 선명하게 드러난다. 첫째, 나왕 셰르파는 산쿠와사바 중심 도시인 칸드바리에서 초등학교에 다니는 두 아이를 위해 작은 집을 빌렸는데, 이 집에는 다자 뿌자를 하지 않았다. 왈룽에 있는 그의 집은 다자 뿌자를 했다. 즉 다자 뿌자의 기본 단위는 외적으로는 '건물'이지만 실질적으로는 '가정'이라고 볼 수 있다. 둘째, 왈룽에서 카트만두로 이주해서 힌두 종족이 소유한 집의 한 층을 세내어 사는 파상 푸르바 셰르파는 다자 뿌자를 치르지 않았다. 힌두 절기를 맞아 주인이 파상의 층까지 포함해 실내 구석구석 힌두 부적을 붙이고 간단한 의식을 행했고, 파상 푸르바는 이를 기꺼이 수락하며 큰 감사를 표했다. 즉 셰르파들은 복을 기원한다는 다자 뿌자의 기능적인 목적에 실질적인 의의를 부여하고 있다고 볼 수 있다.

마지막으로 카트만두에 4층 규모의 번듯한 집을 지은 밍마 셰르파는 새해를 맞아 인근 보우더(세계문화유산) 주변 사찰('곰빠')의 (타지 출신) 셰르파 라마 여럿을 초빙해 다자 뿌자를 치렀다. 다만 초따르 주위를 도는 의식, 축복을 받은 창을 나눠 먹는 뒤풀이는 없었다. 라마들은 한방에 따로 모여 사실상 그들끼리 의식을 집전하고 떠났다. 라마의 제의, 특히 독경讀經이 교리상 핵심 절차이며, 다른 절차는 마을의 상황에서 자생한 것으로 추정할 수 있다.

겨울이라는 의례 시기 역시 마을의 생활환경에서 비롯된 것이다. 다른 티베트 문화권에서 집의 룽다를 새로 거는 의식이 왈룽에서처럼 1년 주기의 겨울로 굳어진 경우는 관찰이나 문헌상에서 찾아볼 수 없었다. 반면 왈룽 마을에서 겨울은 '가장 좋은 계절'로 통한다. 왈룽에서는 다자 뿌자만이 아니라 각종 마을 단위 행사가 대거 겨울에 집중해 열린다. 내가 지내던 당시 결혼식이 한 달에 서너 건씩 열렸다. 결혼 등 굵직한 잔치에는 100여 명 이상의 손님이 찾아온다. 산칫집에서 가장 큰 일과 중 하나는 돼지나 염소 등 가축을 잡아 손님을 대접하는 일이다. 한편 히말라야 대부분 지역에서 소나 야크 등 대형 가축 도살이 몰리는 시기는 가축이 살을 찌운 여름이 지난 직후다.[1] 하지만 왈룽 셰르파들은 겨울을 기다려 각종 잔치를 벌인다. '시원하고 날씨가 좋다'는 이유를 댄다. 실제로 비가 거의 오지 않아 마을 단위의 행사를 치르기에 좋다. 왈룽에서 다른 계절들은 생계와 관련된 온갖 일들로 바쁘다. 이는 왈룽 셰르파 마을의 평균적인 해발고도(1900~2200미터) 및 이로 인한 독특한 기후와 작물 재배 환경, 가축 사육 환경과 함수관계에 있다. 겨울은 원정대를 포함해 관광업도 비수기다.

다자 뿌자의 사례는 환경 적응이 문화와 세계관에까지 미치는 영향을 보여준다. 룽다나 창 등은 마을 의례에서 시각적으로 두드러지지만, 왈룽 밖에서 실천되는 양상을 보면 그런 형식적인 측면에 셰르파 문화가 종속되어 있지는 않다는 사실을 알 수 있다.

밀람과 뻰 쩌울리 뿌자

'밀람'은 종종 '기도'라는 뜻으로도 사용하는 말로, 1~3명의 개인이 라마나 라벤에게 의뢰하여 복을 비는 소규모 종교 의례다. 뻰 쩌울리 뿌자는 밀람의 서사적 구조는 그대로 따르되 규모는 훨씬 크다. 두 의례를 실제 사례를 통해 비교하여 분석해보자.

2013년 1월 어느 날 아침 29세의 푸르바 셰르파를 위한 밀람이 열렸다. 장소는 왈룽의 니샤르 마을에 있는 자신의 집 앞 널찍한 바위다. 이 장소를 선택한 이유는 멀리 항시 굉음을 울리며 흐르는 "아룬강이 내다보이기 때문"이란다. 이곳에서 강이 실제로 보이지는 않지만, 강을 향해 트여 있는 위치이기는 하다. 아룬강은 셰르파만이 아니라 이 근방 다른 종족들에게도 신성한 강이다. 밀람의 주재자는 푸르바의 부친인 락빠 셰르파(80세)다. 락빠는 각종 의례에 종종 라벤으로 참가했다. 푸르바의 다섯 살 난 아들 다와가 조수로 시중을 들었고 그 외 구경꾼인 내가 있었다.

밀람은 간단한 순서로 진행됐다. 먼저 연기가 나는 숯 한 움큼, 희생제로 쓰이는 암탉 한 마리, 쌀 조금, 달걀 한 알, 작은 제단을 꾸밀 나뭇가지와 나뭇잎 조금 등이 준비됐다. 이어 락빠가 제단 앞에 앉은 푸르바 옆에서 몇 분 동안 불경을 외웠다. 이어 암탉의 목을 잘라 죽이고, 목에서 나오는 피를 제단에 흩뿌렸다. 그리고 달걀을 조심스레 깨뜨려 속을 확인하는 신탁을 거쳤다. 노른자가 깨져 있지 않으면 제의의 의뢰자, 즉 푸르바에게 복이 임할 것이라는 계시나. 노른자는 깨지지 않고 그대로 있었다.

푸르바의 밀람이 있고 며칠 뒤 뻰 쩌울리 뿌자가 열렸다. 다와 상게 셰르파라는 26세 청년의 가족이 의뢰자다. 의례의 목적은 가족, 즉 여기서는 다와 상게와 그의 처, 부친, 아들 등 네 명의 올 한 해 복을 비는 것이다. 뿌자의 장소는 아룬강 강변으로, 그래서 '츄 아룬 뿌자'(아룬강 뿌자)라고도 불린다. '뻰 쩌울리'는 뿌자가 열리는 강변 논밭이 있는 장소의 이름이다. 뿌자는 마을에서 출발해 이튿날 돌아오는 여정을 거쳐야 한다.

총 40여 명의 왈룽 셰르파가 전 과정을, 60여 명의 인근 타 종족 주민들이 둘째 날 연회에 참여했다. 셰르파들은 다와 상게의 친척 및 가까운 이웃들로, 짐을 나누어 지고 의례 절차를 돕고 음식을 만드는 등 자원해 일손을 분담했다. 총 여정에 다와 상게가 지출한 금액은 20만 루피(약 250만 원)로 마을 기준으로 상당히 큰 금액이다.

뻰 쩌울리 뿌자는 출발하는 다와 상게의 집에서부터 의식이 시작됐다. 두 명의 라마 및 서너 명의 라벤들이 불경을 외고 악기를 연주하는 동안 마을 사람들은 창을 나눠 마셨다. 이어 행렬을 꾸려 출발한 원정대는 마을 어귀에 이르러 언덕에 룽다를 새로 설치했다. 서너 시간을 걸어 아룬 강변 추수가 끝난 논바닥에 원정대가 도착한 뒤에 이곳에서 저녁을 지어 먹었고, 이날 밤은 불을 밝히고 카세트로 음악을 틀어 흥겨운 춤판이 이어졌다.

이튿날 아침에는 조금 더 아래 강의 물과 맞닿은 곳까지 내려가 중심 의식이 치러졌다. 먼저 나뭇잎과 가지로 강에 접하게 제단을 쌓았고 여기에 각종 과일과 쌀·꿀·달걀·빵·초콜릿 등으로 제상을 차렸다. 그러는 동안 라마들은 불경을 계속해서 낭송했다. 이어 병아리·새·양·염소·물소 등 일곱 가지 희생 제물을 크기가 작은 것부터 차례로 칼로 목을 잘라 각각의 피를 조심스레 제단에 흩뿌렸다. 칼질은 셰르파 라벤이 아

그림 5 | 2013년 1월 아룬 강변에서 치러진 뻰 쩌울리 뿌자. 라벤이 제단 앞에서 불경을 외우고 있고 의뢰자인 가족들이 뒤에 앉아 있다.

닌 따망족 전문가가 담당했다. 마지막 일곱 번째의 육중한 물소가 목이 잘리는 광경은 압도적이었는데, 1미터가량의 긴 칼로 단칼에 목을 내리치면서 동시에 옆에서는 공포탄도 쏘아 올리며 모든 시선을 압도했다.

의례의 절정은 이후의 순서인 신탁을 보는 과정이다. 넓은 나뭇잎을 꿰어 만든 접시에 쌀 한 줌을 올려놓은 뒤 이를 빠르게 요동치며 흘러가는 아룬강에 띄워 보냈다. 이때 접시가 시야에서 보이지 않을 때까지 뒤집히지 않은 채 내려가면 길조다. 이후 달걀을 깨 노른자를 확인하는 신탁도 이어졌다.

종교 제의는 마쳤지만 행사는 계속됐다. 희생 제물을 손질해 요리하고 이를 모여든 모든 사람과 나눠 먹는 순서가 뒤따랐다. 절반 정도 남은 물소 고기는 손질해 잘게 나누어 사람들이 미리 준비해 온 술, 과일 등과 물물교환이 이어졌다. 다와 상게의 처가 직접 물건과 고기를 하나씩 비교하며 교환을 담당했다.

흩어지기 전의 마지막 순서는 동행한 셰르파들이 다와 상게와 그의 처의 목에 축복하는 의미의 흰 천인 카타를 씌워주는 것이었고, 이어 다와 상게는 다시 셰르파들에게 카타를 씌워주며 빳빳한 100루피(약 1300원) 지폐를 한 장씩 모두에게 나눠줬다.

전 과정을 평가하면서 어떤 셰르파는 이번 뿌자가 '아주 크고 길한' 것이라고 강조했다. 특히 100여 명의 사람들이 널찍한 논바닥에 모여 음식을 나누고 갖가지 놀이를 하며 즐기는 모습을 보며 셰르파들은 만족을 표했다.

밀람과 뻰 쩌울리 뿌자를 통해 확인할 수 있는 것은, 셰르파들이 복잡하고 난해한 상황들로 가득한 세상을 바라보는 기준이 되는 세계관이 재확립되고 재생산되는 방식이다. 인류학자 에드워드 E. 에번스 프리처드Edward E. Evans-Pritchard는 1930년대 아프리카 아잔데족의 마귀 사냥 풍습에 관한 연구를 통해 종교 의례가 사회 전반에 갖는 의미를 분석한 바 있다.[2] 아잔데족에게 신탁은 직접적인 방식으로 사회통제와 공동체 결집을 유도한다. 병을 앓는 이가 있으면 신탁을 통해 가까운 이들 중에 누군가에게 마귀가 들려 마술을 부렸다는 것으로 판명되기 마련이었다. 신탁을 통해 마귀 들린 이로 지목받은 이는 서항은 알시인징 결ुक जेष्ठिं में 김내히기 미련이고 자신의 행위를 돌이켜보게 된다. 이로써 사회는 불가해함을 떨쳐버리고 기존의 도덕과 위계, 그를 지탱하는 세계관을 강화한다.

아잔데족의 신탁은 잘못의 근원을 사회 내에서 찾아내는 방식으로 문제의 원인을 지적하고 정상화를 시도한다. 이와 달리 방금 살펴본 몇몇 셰르파 제의는 미래의 복에 집중한다. 이를 통해 마을 공동체의 동질적 정체성을 굳건히 하고, 그를 통해 세상을 내다본다는 특정한 종류의 세계관이 옳은 종류의 세계관임을 서로를 통해 확인하는 계기로 삼는다. 현재 기대고 있는 마을 공동체와 마을 종교성의 체계를 통해 불가해한 세상을 받아들이는 존재론적·윤리적 구조와 함께 세상을 살아가는 적극적인 방책까지 얻을 수 있다.

이상의 종교 제의를 통해 왈룽 셰르파들이 공동으로 직면한 지역적·국가적·지구적으로 다중적인 영향을 반영하고 있음을 볼 수 있다. 첫째, '고향 마을'이라는 토착성autochthony은 왈룽 셰르파만이 아니라 오늘날 일상적으로 다종족 환경 속에서 자신을 이해하는 다수 네팔인에게 핵심적인 정체성의 자원이다. 티베트 불교라는 탈지역적 세계관 속에 아룬강 등 생태적 환경의 영적 중요성을 받아들여 종교적 혼종을 허용하면서까지 왈룽 셰르파들은 종교 제의를 통해 토착성을 면밀하게 인정하고 또 주장해왔다. 토착성은 종족성과 함께 네팔인에게 '자신이 누구인지'를 요약해주는 사회적 정체성의 중추를 이룬다. 아잔데족처럼 종교 의례가 사회관계의 역동에 직접적인 조건이 되지 않음에도 불구하고 셰르파들이 이를 여전히 긴요하게 실천하는 이유다.

둘째, 종교적 혼종은 집단의 경계를 기준으로 이루어졌다. 자연환경을 공유하는 일대의 타 종족 주민들과의 집단적 경계는 의례의 내적 사회구조로도 표현된다. 티베트 불교와 희생 제의의 혼합은 라마와 라벤의 역할 분담형 사회조직으로 구체화되며, 뻰 쩌울리 뿌자에서는 타 종족이 라벤 역을 맡는다. 즉 살생을 금기시하면서 만유의 정령과 언어로 소통하는 티베트 불교의 추상성과, 실질적인 기증과 정동의 전이를 활용하는 토착적 희생 제의의 현장성이 서로 절충하여 공존하는 방식으로 집단 정체성이 표현됐다. 셰르파들은 후자의 기준(희생 제의)에 따라 타 종족 주민을 포섭함으로써 제의의 영력을 배가했지만, 전자의 기준(독경의 우월성)으로 타 종족을 배제함으로써 종교적 '정통'에 충실하면서 종족적·친족적 단일성도 확보했다.

셋째, 푸르바와 다와 상계가 앞으로 살아갈 한 해가 담보하는 불확실성이란 단순히 질병이나 풍·흉작과 같은 일상적 수준을 뛰어넘는다. 둘 다 각각의 의례를 마친 뒤 카트만두로 떠났다. 돌아오는 봄에 히말라야 원정대에 참가하기 위해서다. 5장에서 살펴보셨시만 네팔의 히밀라이 신악 관광산업은 외국인의 참여가 필수적이기는 하지만 산업 전체로 보면 특정 국가나 인물에 의해 좌우되지 않는 정도의 독자적 유동성을 확보하고 있다. 다만 셰르파 개인들에게는 어떤 원정대에 참가해 누구와 함께 등반하느냐에 따라 많은 차이가 있을 수 있다. 등반 중 사고, 고소에서의 건강, 체력 유지, 등정 성공 여부 등은 셰르파들이 중요하게 여기는 히말라야 등반에 내포된 불확실성이다. 이미 이들은 스스로 밑그림을 그려내기 어려운 복합적인 요소들의 영향을 받는 지구적 미래를 살고 있다.

2
캠벌룽 순례

티베트 불교에는 '삼발라'라 불리는 이 상향 설화가 있다. 동서양의 많은 학자와 탐사가 들은 이에 대해 줄곧 관심을 기울여왔다. 고문서를 해석하고 현장의 다양한 전설들을 채록하고 직접 탐사에 나선 이들도 있다. 외부인들의 관심은 주로 '진짜' 삼발라는 어디에 있는가, 순례의 효험은 무엇인가, 현지인들은 삼발라에 대해 어떻게 생각하나 등에 집중되어 있다. 그러나 이런 질문들은 종교적 실천이 실제 사람들의 구체적인 생활 현장과 맞물리는 부분은 대개 간과한다. 특정 전설이나 종교적 실천을 구체적 현실과 분리하여 보게 되면, 이들이 사람들의 생각을 반영하고 재현하는 사실적 모습과 그 속에서 종교성이 갖는 실질적 의미를 포착하기 어려워진다. 왈룽 셰르파들에게 가장 중요한 순례 행위를 통해 이들의 삶 속에서 종교성을 이해해보자.

세두와를 통해 마칼루 베이스캠프를 향해 오르는 바룬 산골에는 네팔 북동부를 통틀어 이름난 동굴 순례지 '캠벌룽 시바다라'가 있다. 큰 절벽 중간에 동굴이 있고 그곳에서 폭포 물줄기가 쏟아져 내려온다. 이 동굴에는 힌두교의 시바신과 파르바티가 머물렀다는 전설이 내려온다. 그래서 '시바 파르바

티구파'(시바와 파르바티의 동굴)라고도 불린다. 8월의 힌두 축제일 자나이 푸르니마에 맞춰 저지대에서 수백 명이 순례 차 찾아온다. 일반인에게는 까다로운 암벽 지대를 200미터가량 올라야 한다. 연간 방문자 수는 500명 정도로 추산된다.³

왈룽의 셰르파들은 이 동굴의 존재를 잘 알지만, 이들에게는 더 중요하고 밀접한 동굴 순례지가 있다. 왈룽 남서쪽에 위치한 야푸에는 도브딱이라는, 가옥 세 채의 조그만 산중 마을이 있다. 도브딱에서 10여 분을 오르면 동굴 '캠벌룽'에 다다른다.ⁱⁱ 왈룽 셰르파들은 캠벌룽이 평생에 적어도 한 번은 꼭 가봐야 하는 순례지라고 입을 모은다. 80세의 다와 곌젠은 캠벌룽에 얽힌 전설을 들려줬다.

먼 옛날 방목해 키우던 젖소가 몇 마리 사라졌다. 사람들은 소들이 어디로 갔는지 도무지 알 수 없었다. 그러다가 우연히 동굴에 들어가봤던 이가 젖소 뼈를 그곳에서 발견했다. 그곳엔 무릎 깊이의 우유 연못도 있었다. 지금도 그곳에 많은 물이 흐르는 이유다.

'캠벌룽'이라는 지명은 일부 경전에서 티베트 불교의 이상

---

ii 해발고도는 2210미터다.

그림 6 | 2012년 12월 왈룽 세르파들이 인근 도브딱 마을의 캠벌룽 동굴에 순례 차 들어왔다.

향 삼발라를 특정하는 동굴의 이름으로 언급된 바 있다. 티베트 불교의 창시자로 꼽히는 8세기 인물 구루 린포체(산스크리트명 파드마삼바바)는 후대인들이 발견하도록 경전과 보물을 바위나 계곡, 나무, 심지어 하늘에까지 숨겨놓았다는 전설이 전해진다. 그중에 『바르도 퇴돌』(『티베트 사자의 서』)은 구루 린포체의 숨겨진 경전이라고 알려지며 영문으로 번역 출간되어 유명해졌다.[4] 네팔 북동부 지역의 불자들에게 구루 린포체의 보물이 숨겨진 장소들은 '캠벌룽'이라는 동굴로 구체화되어 사람이 직접 찾을 수 있는 '비밀의 계곡'으로 전해 내려온다. 캠벌룽에 이르면 건강과 장수, 미와 지혜, 연민과 자비를 자동으로 얻게 된다는 속설도 전해진다.

 캠벌룽의 위치를 설명하는 경전도 네팔의 티베트 불교 사원들에서 여러 가지가 발굴됐다. 그러나 성선의 묘사는 신비스러운 표현이 많아서 이를 통해 실제 위치를 짐작하기란 불가능해 보인다. 쿰부의 라마인 상게 텐진이 주장하듯 비밀의 계곡과 경전, 보물은 일반 과학과 논리로는 이해가 불가능하고, 대신에 참선을 통해 제한적인 실재 개념을 뛰어넘어야만 포착할 수 있다는 주장도 있다.[5] 어쨌든 도브딱에서 만난 라마는 내게 도브딱의 캠벌룽이 바로 그 캠벌룽이며, "이 캠벌룽은 구루 린포체가 만들었다"고 확신했다.

 2012년 12월 20일, 사흘의 여정으로 왈룽의 젊은 셰르파들이 단체로 나서는 캄벌룽 순례에 나도 동행했다. 총 네 가정에서 10대 후반부터 30대 초반까지 13명이 참가했다. 갓난아이를 안고 가는 부부도 있었다. 가는 길은 왈룽 마을 뒷산을 넘은 뒤 계곡으로 내려가 급류의 내를 건너 야푸의 언덕을 다시 올라야 하는 거리로 여덟 시간가량 소요됐다. 출발할 때에는 마을에서 여러 명이 창이 가득 담긴 통을 들고 배웅을 나와 창을 주고받는 실랑이도 벌어졌다. 이동 중에도 창은 계속 마셨다.

첫날은 도착 직전 내에서 씻고 깨끗한 옷으로 갈아입은 뒤 도브딱의 라마 집에 도착해 별다른 일과 없이 보냈다. 다만 셰르파들의 일상적인 환대 문화대로 내가 보기에는 엄청난 양의 창과 아락(소주)을 늦게까지 마셨다.

둘째 날 아침에는 여성들이 밥을 많이 지어 또르망을 만들 준비를 했다. 오후에 떡으로 빚는 과정을 거쳐 뿌자에 사용됐다. 캄벌룽 방문은 정오경 시작됐다. 마을에서 20분가량 오르니 동굴 입구에 다다랐다. 함께한 셰르파들은 미리 준비한 룽다를 오르는 어귀 나무에 매달았다. 동굴 입구에는 조그만 간이 건물이 지어져 있고 그 안에서 동행하는 라마가 촛불을 이용한 간단한 뿌자를 진행했다. 이후 라마의 인도 아래 모두 동굴 안으로 들어갔다.

캄벌룽은 석회암 용식으로 생긴 자연 석회동굴로 약 150미터 길이에 통과하는 데에 25분가량 소요됐다(〈그림 6〉). 줄곧 비좁은 데다 비스듬히 아래 방향으로 이어져 있어 이동이 쉽지 않았다. 발아래에는 계속 물이 흘렀다. 동굴 내부에는 기이한 모양의 석순들이 서너 개 있는데 카타가 여럿 걸려 있고, 일행들도 이곳에 카타를 걸거나 작은 액수의 지폐를 올려놓으며 복을 기원하기도 했다. 반대편 구멍으로 나온 뒤 산길을 걸어 출발지로 되돌아왔다.

라마 집으로 돌아온 일행은 이날 저녁 '큰' 뿌자를 치렀다. 라마 두 명, 라벤 한 명, 북을 치는 고수 두 명이 장장 다섯 시간에 걸친 뿌자를 집전했고, 의뢰자인 셰르파들은 앉아 있거나 음식을 시중들며 참관했다. 뿌자가 끝난 뒤에는 흥겨운 춤판이 세 시간가량 이어졌다.

셋째 날에는 도브딱을 떠나면서 일행 대표가 묵었던 집의 라마에게 비용을 지불했다. 쌀 두 포대에 6000루피, 창 세 치례에 4500루피, 뿌자에 3600루피, 캠벌룽을 동행한 라마 수고비가 600루피였고, 이외에 첫날 왈룽을 떠날 당시 창으로 환송한 두 명에게 합계 900루피, 또 도브딱을 떠날 당시 다른 두 집에서 창으로 환송한 이들에게 도합 1000루피를 지불했다(총계 1만 6600루피, 22만 원). 순례단 일행은 각자 1000루피(1만 3000원)씩 냈는데 지출이 예상 밖으로 커져 도중에 500루피씩 더 걷어야 했다.

앞서 언급한 대로 순례의 실질적 의미를 이해하기 위해서는 순례의 전 과정 및 나아가 순례자들의 일상 속에 이러한 종교적 실천이 갖는 의미를 고려해야 한다. 여기서는 토착성과 사회관계의 두 측면에 주목해 살펴보자.

먼저 캠벌룽 순례는 왈룽 마을의 토착성을 빼고 생각할 수 없다. 쿰부 셰르파들에게 가장 성스러운 장소는 남체·쿰중·쿤데 등 핵심 마을이 기대고 있는 산 쿰비율라다. 왈룽에서 가장 성스러운 장소는 셰르파어(티베트어)로 '녜뽀'라 불리는 산으로, 직역하면 '동굴이 있는 산'이다. 이 동굴은 캠벌룽 시바다라를 말한다. 맑게 갠 날 왈룽 마을의 일부 지역에서 계곡 안쪽을 올려다보면 만년설로 덮인 녜뽀의 흰 정상부가 보인다. 그러나 녜뽀 및 캠벌룽 시바다라는 왈룽 셰르파들의 순례 대상지는 아니다. 왈룽 셰르파들에게 가장 주요한 순례지는 도브딱의 캠벌룽이며, 이를 이해하기 위해서는 순례의 의미 심장함이 지역사회에서 생성되는 방식을 살펴야 한다. 일단 도브딱 캠벌룽은 왈룽 셰르파들이 평소에 종종 화젯거리로 삼는다. 실제로 방문하기에도 그다지 먼 거리가 아니다. 즉 누구나 한번은 가봐야 할 곳으로 지목되기에 부담되는 곳이 아니다. 도브딱의 셰르파 라마들은 셰르파 방언을 공유하고 먼 친척 관계로 연결되어 있기도 하다. 도브딱 캠벌룽과 캠벌룽 시바다라가 서로 연결되어 있다는 전설도 내려온다.[6]

이와 같은 토착적 장소성에 더불어, 순례의 의미가 생성되는 토대로서 순례의 영적 완결성도 고려해야 한다. 캠벌룽 순례 도중 두 명의 왈룽 셰르파를 만났다. 한 명은 나왕 셰르파로 그는 도브딱에 처가가 있어 자주 왕래하던 터였다. 나는 마침 그곳에 방문한 나왕의 초대로 그의 처가에서 첫날 밤을 묵었다. 함께 밤을 보낸 나왕은 이튿날 아침 왈룽으로 돌아갔다. 다른 한 명은 앙 뗌바 라마 셰르파로, 순례단의 대표 노릇을 한 뗀디 셰르파의 부친이었다. 도브딱과 멀지 않은 거리에 있는 양치기 카르까(움막과 그 터)에 올라와 지내던 중이었다. 앙 뗌바는 셋째 날 돌아가려는 순례단을 찾아와 귀환길을 동행했다. 이번 순례 기간 도중 함께 도브딱에 들른 나왕, 앙 뗌바 둘 다 언젠가 캠벌룽에 순례 가기를 원했다. 특히 라마이기도 한 앙 뗌바는 이후 몇 차례나 기회를 엿보며 캠벌룽 순례를 기획했다. 그런 그들이 캠벌룽 동 굴이 지척인 도브딱까지 왔으면서도 찾아가지 않았다는 사실은 순례의 완결성이 갖는 중요성을 잘 보여준다. 물리적으로 찾아가는 과정은 순례의 요건 중 하나일 뿐이다. 반면 왈룽을 나서는 순간부터 창으로 환송을 받고, 순례지 도착 전 깨끗이 씻어 옷을 갈아입고, 격식과 순서를 갖춘 일련의 뿌자를 전후로 동반한 총괄적 절차를 차례로 따름으로써 비로소 여행은 순례가 된다. 특히 결혼한 이라면 운명 공동체인 부부가 동반해야 복을 온전하게 받을 수 있다. 결국 캠벌룽 순례는 왈룽 셰르파들에게 '토착민'으로 거듭나는 데에 수반하는 의무이자 권리인 셈이다. 앞서 뻰 쩌 울리 뿌자의 사례처럼, 티베트 불교의 탈지역성과 지역 전설의 토착성이 마을 공동체의 사회관계를 통해 중첩되어 구현되는 양상을 보여준다.

3

경제생활

왈룽 셰르파 주민들이 생계를 해결하는 주요 경제활동은 농업이다. 왈룽에서는 연중 여러 작물이 재배되고 사람들은 철에 따라 바쁜 일과를 보낸다. 집마다 크고 작은 규모로 가축도 키운다. 지난 30여 년 동안 왈룽 마을의 생활수준은 꾸준히 향상했다. 1980년대까지만 해도 소금을 사려면 4~5일을 걸어 남쪽 단쿠타의 상업 중심지 힐레까지 가기도 했다. 그러나 도로가 개선되어 인접한 눔에 시장이 생겼고, 2000년대 이후로는 특용작물 재배와 동충하초 채취, 산악 관광산업의 부흥으로 생활수준이 눈에 띄게 개선되고 빈부 격차도 생겨났다. 다음 〈표 3〉은 왈룽 셰르파 마을 가구들이 2010년대에 일반적으로 참여한 주요 경제활동을 구분했다.

개별 가구의 수익 구조는 차이가 있다. 수수, 옥수수 등의

표3 | 왈룽 셰르파들의 경제활동 참여 시기 및 용도.

종류	시기	용도
작물		
수수	3~4월에 심어 10월에 거둔다. 밭의 김은 5월과 7월에 맨다.	창
옥수수	3~4월에 심고 9월에 거둔다.	식용, 창
카다멈(향신료용 허브)	8~9월에 거둔다. 말리고 구워 10월에 판다.	판매용
감자	12월 말~2월 초에 심어 3월 중~4월 초에 수확한다.	식용, 판매용, 창
보리	12월에 심는다.	식용, 판매용
치레따(약용 허브)	3~4월에 심는다.	판매용
콩반시 등 각종 채소	집 근처 텃밭에 연중 심는다.	식용
가축		
물소, 돼지, 닭, 염소, 황소	연중 집에서 기른다.	식용
양, 암소, 야크/젖소 교배종(조무, 충마), 야크	11월~3월은 해발고도가 낮은 겨울 카르카(롱), 4월~10월은 높은 여름 카르카(푸)를 돌며 돌본다.	판매용
기타		
동충하초	6월~7월 초 채취.	판매용
히말라야 관광산업	연중(2~5월, 8~10월이 절정).	

chapter 3 복과 돈: 셰르파 마을 문화

작물 재배와 돼지, 닭 등의 가축 사육은 거의 모든 가구에서 채택하는 경제활동이지만 카다멈, 치레따 등의 특용작물 재배와 양, 조무(야크 교배종) 등의 목축업은 가구별로 선택적으로 집중하는 역점 사업이다. 몇 가지 작물과 목축업, 동충하초 채취를 예시로 살펴보자.

작물 재배와 젊은 층의 도시 이주

마을에서 가장 많이 재배하는 작물은 수수다. 수수는 집에서 담그는 술인 창을 제조하는 데 쓰인다. 창은 모든 가구에서 매일 여러 차례 걸쳐 음용되어 가구마다 많은 양을 비축한다. 심고 거두고 통상 두 차례의 밭매기까지 많은 노동력이 소요되는데, 마을 사람 여럿이 단체로 밭을 돌아가며 일을 하는 두레와 같은 협업이 발달해 있다. 일급 300~500루피(4500~6500원) 정도의 품팔이 노동('응아락빠'라 불리며 '땅의 일손'이라는 뜻이다)도 빈번하게 이루어진다.

카다멈은 2000년대 초반 산쿠와사바 북부 지방에 도입된 특용작물로, 왈룽 셰르파 마을의 생활수준 향상에 크게 기여했다. 가파른 비탈에서도 잘 자라고 거친 잡목을 제거하는 것 외에 수확까지 별다른 관리가 필요 없어, 비탈진 숲을 소유한 가구들이 많은 위 왈룽에서 인기가 있었다. 가장 고도가 높은 누르부짜울(2200미터)을 제외하고 기후가 재배에 적절한 나머지 위 왈룽 셰르파 마을에서 대다수 가구가 카다멈 수확에 뛰어들었다. 생산된 카다멈은 중간상인을 거쳐 인도에 팔린다. 마을 사람들은 카다멈 재배로 마을의 전반적인 생활수준이 향상됐다고 입을 모은다. 2012년 당시 40킬로그램 한 바구니에 5만 루피(65만 원)를 호가할 정도로 큰 현금을 손에 쥘 수 있었다. 마을 사람들 주식이 감자·옥수수에서 쌀로 바뀐 것은 카다멈의 재배가 결정적이었다. 사람들은 야크털 외투 대신 기성품 외투를 사 입기 시작했다. 부의 상징인 파란 양철 지붕을 올린 집도 하나둘 늘어났다.

왈룽 셰르파 마을 경제활동의 중심을 차지해온 작물 재배는 히말라야 관광산업 참여가 확산하면서 큰 변동을 맞게 됐다. 히말라야 산악 관광산업의 절정기는 봄과 가을이다. 외국인 관광객은 3~4월과 9~10월에 가장 많이 입국한다. 셰르파들은 외국인이 입국하기 몇 주 전부터 카트만두의 대행사에서 원정대를 준비하는 게 일반적이다. 예를 들어 봄 시즌에 원정대에 참가하려면 늦어도 2월에는 카트만두로 나가 있어야 한다. 따라서 왈룽에 거주하면서 주기적으로 원정대에 참가하기란 쉽지 않다. 밭일을 비롯해 땔감 준비, 집수리 등 상시적인 일을 미뤄놓을 수밖에 없다. 왈룽에 경작지와 집을 소유한 셰르파들은 히말라야 원정대에 그다지 적극적으로 참여하지 못했다. 2010년을 전후하여 원정대 참여 기회가 큰 폭으로 늘어나면서 젊은 세대의 카트만두 이주가 가속화됐다.

이동 방목과 자립 생활

왈룽 셰르파 마을 전체에서 이동 방목이 필요한 가축을 기르는 가구는 열 가구 정도로 꽤 적은 편이다. 그렇지만 목재업, 대나무 벌채 등과 더불어 숲을 적극적으로 이용하는 왈룽 셰르파들의 환경 적응적 생활양식과 일 윤리를 집약적으로 보여주기 때문에 살펴볼 가치가 있다.[iii]

이동 방목이 필요한 가축은 충마(젖소 교배종)·조무(야크 교배종)·양·야크 등이다. 물소·돼지·닭 등은 마을에서 기른다. 충마와 조무는 유제품과 식육, 양은 털, 가죽과 식육, 야크는 털, 가죽과 식육 등의 경제적 가치가 있다. 충분한 목초를 공급하기 위해 여름에는 해발 3000~4000미터 지대(푸), 겨울에는 마을 뒤편의 언덕 너머의 방목지(룽)로 옮겨 다닌다. 각 방목지

---

iii 왈룽 셰르파들에게 이동 방목이 큰 인기를 끌지 못하는 이유로 일단 왈룽의 해발고도(1900~2200미터)가 상대적으로 낮은 편이라는 점을 들 수 있다. 왈룽 뒤로 이어지는 언덕은 해발 5000미터 이상까지 연결되지만, 거리가 멀고 산길이 험하다.

에는 카르까 움막의 주춧돌 등 기초가 있어 이를 개보수해 머무른다. 한 카르까에는 통상 보름씩 머무르고 다음 장소로 이동한다. 방목지에 목자는 성인 한 명이 올라와 있기도 하지만 때에 따라 아이들도 동행한다. 예컨대 충마의 경우 주로 성인 여성이나 여자아이들이 카르까에 머물며 우유를 가공해 다양한 종류의 유제품을 즉석에서 만든다.[iv] 또 마을에 내려와 식량 등을 보충할 때, 카르까를 옮기는 등 일손이 필요하면 가족 두세 명이 함께 머문다.

산의 숲에는 흑곰(발루), 늑대(솀젱) 등 가축을 해칠 수 있는 야생동물도 빈번하게 출몰한다. 이들은 먹이를 찾기 어려운 겨울에는 마을까지 내려오기도 한다. 매(홀라)는 때를 가리지 않고 집의 닭을 노려 채 가기도 한다. 따라서 야간에는 카르까나 마을에서나 모든 가축을 우리에 넣어 보호해야 한다.

야생동물은 포획해 식용으로 쓰기도 한다. 늑대는 개의 일종으로 보아 먹지 않지만, 흑곰은 포획하면 먹기도 한다. 이외에 꿩(뽐), 히말라야 비단꿩(당엔), 장설계, 고슴도치(둠시) 등은 숲에서 마주치는 흔한 사냥감으로 대개 덫 또는 새총으로 잡는다. 다만 왈룽 마을 위쪽 산지는 마칼루-바룬 국립공원 및

[iv] 세르파들이 만드는 유제품으로는 오마르(마시는 우유), 마르(버터), 오마르 챠북(굳은 우유), 타라(건더기가 있는 우유), 세르깜(건더기, 국거리로 쓴다), 추르뻬(달걀 모양으로 굳힌 세르깜), 추르콕(멀건 물, 다시 조무·충마에게 먹인다) 등이 있다.

그림 7 | 2013년 1월 왈룽 마을 사람의 양치기 카르까(롱) 전경.

보존지구로 지정돼 있어 야생동물 사냥은 법적으로 금지돼 있고, 주민들도 이를 알고는 있었다. 다만 단속이 있을 만큼 공원 관리인이 이 지역을 방문했다는 말은 들어보지 못했다. 주민들과 공원 관리인 사이에 두드러지는 갈등은 찾아볼 수 없었다.

카르까의 생활은 무척 고되다. 험한 산에서 가축을 목초지와 수원으로 몰고 다니려면 대단한 체력과 운동 능력, 판단력, 야생 생활의 기술이 필요하다. 잡목을 베어내고 카르까를 만드는 능숙한 손재주는 필수로 터득하게 된다. 단순하고 거친 식단을 감내하고 추위를 이겨내고 고독을 예사로 여겨야 한다. 산중 생활은 상당히 자립적인 셰르파들의 면모를 생생하게 보여준다.

셰르파들은 자립적이지만 독자적이지는 않다. 목자들은 꺾어진 나뭇가지, 떨어진 열매, 진흙의 발자국, 야생 똥 한 줌을 보고 "누르부짜울의 제타가 지나간 지 얼마 안 됐네," "늑대가 근처에 있다" 등을 인지한다. 또 보이지 않는 멀리 있는 목자들과 준언어적paralinguistic 의사소통도 매일같이 행한다. 한 예로 양치기 앙 뗌바 라마 셰르파는 '호오오오오오,' '휘이이이이이,' '쇼오오오옥' 등등 최소 일곱 가지 신호음으로 반 시간 정도 거리에 있는 다른 카르까의 목자와 소통하기도 했다. 가끔 목자들끼리 만날 때면 마을 얘기부터 각종 카르까 정보를 공유하고 이동 순서를 상의하기도 한다.

동충하초와 견성 보존

　동충하초冬蟲夏草는 티베트어로 '야차굼바'(혹은 '야체곰바'), 혹은 단순히 벌레라는 뜻의 네팔어 '끼라,' 셰르파어 '부'라 불린다. 네팔에서는 서부 돌파 및 루쿰 지역에서 가장 양질의 동충하초가 채취되고 또 채취량도 월등히 많다. 마칼루 베이스캠프를 향해 오르는 바룬 산골에서 채취되기 시작한 것은 2003년경부터다. 해발 4000~5500미터 사이에 자라난다.

　6~8월에는 동충하초 채취로 왈룽은 물론 근방에서 많게는 5000~6000명까지 올라와 짧게는 일주일 길게는 한 달 이상 머물며 채취한다. 한 가정에서 여러 명이 친척, 이웃과 함께 올라온다. 이동 방목지 카르까를 중심으로 텐트를 설치해 며칠씩 머물며 채취한다. 카르까는 식당으로 변해 오고 가는 사람들의 중심지가 된다. 많은 사람이 끊임없이 이동하기 때문에 어느 곳에서 많이 난다, 얼마에 팔린다 등등 다양한 소문이 매일같이 전해진다.

　2013년 기준으로 중간상인이 채취자로부터 구매하는 가격은 크기에 따라 개당 100~150루피(1300~2000원), 킬로그램당

90만 루피(1200만 원)가량이었다. 중간상인은 이를 카트만두의 보우더 지역 티베트인 시장에 판다. 실제 소매가격은 품질에 따라 다른데, 상품上品은 중국에서 킬로그램당 50만 달러를 호가했다. 동충하초가 많은 곳이라면 하루 한 명이 20~30개는 너끈히 채취한다. 물론 허탕을 치는 날도 많다.

마치 보물찾기와도 같은 셈인데, 그로 인한 부작용은 여럿 지적됐다. 중국 쓰촨성에서 동충하초 채취를 참여관찰하며 조사한 시란 리앙Siran Liang은 동충하초 채취가 마을 주민들에게 일확천금의 꿈을 주지만 생물 다양성 훼손 문제와 더불어 경제적으로 지속 가능하지 않은 속성으로 인해 생계와 지역사회 경제 건전성에 궁극적으로 악영향을 끼친다고 지적한다.[7] 이는 왈룽 및 일대의 주민들에게도 해당하는 지적이다. 왈룽 마을의 경제 환경은 카다멈과 같은 환금작물에 의존하면서 경제적 윤택함을 가져왔지만 동시에 불확실성도 증가했다. 요동치는 시장 환경에 의존할 수밖에 없다는 한계가 있다. 또 내가 동충하초 채취를 연구한 2013년은 마칼루-바룬 지역에서 이전과 비교해 채취량이 크게 줄었다고 다들 입을 모았다.

동충하초 채취 규모가 훨씬 큰 네팔 서부 지역에서는 대규모 채취자들로 인한 각종 환경 영향이 문제로 지적됐다. 땔감으로 향나무 군락 식생은 파괴되고, 무분별한 채취로 씨가 말라버리는 지속 가능성 문제까지 대두되기도 했다.[8] 바룬 산골

에서는 쓰레기 방치, 토양 훼손, 밀렵으로 인한 야생동물의 급격한 수종 감소 등이 문제로 지적됐다.[9]

동충하초 채취 관리의 필요성이 제기되자 이를 두고 갈등이 벌어졌는데, 이는 셰르파들이 타 종족 및 정부에 대해 갖는 관점을 잘 보여준다. 바룬 산골이 포함된 마칼루-바룬 국립공원에서는 완충지대위원회Buffer Zone Committee에 동충하초 채취 관리 및 허가 업무를 위임했다. 채취 허가증을 발급받기 위해 2013~2014년 당시 완충지대 거주자는 1인당 1000루피(1만 3000원), 외지인은 2500루피(3만 2000원)를 내야 했다.

그런데 마칼루 지역 셰르파들의 주민자치 조직인 마칼루 셰르파 청년위원회Makalu Sherpa Youth Club에서도 채취권을 발급했다. 2007년 왈룽의 까마 츠링 셰르파가 주도해 설립된 이 청년위원회는 왈룽과 세두와 지역 말선 및 이 지역 셰르파들의 단체 행사를 주관해왔다. 위원장 까마 츠링은 2013년 여름에도 카르까를 다니며 채취권을 판매했고 동충하초를 구매하는 중간상인에게도 사업권 허가를 2만 루피(26만 원)에 발급했다. 국립공원에서는 채취한 동충하초를 국립공원에게만 판매하거나 세금을 내도록 규제하고 있는데, 산속까지 찾아오는 중간상인이 값을 좋게 쳐주므로 대다수는 중간상인에게 판매한다. 또 중간상인 중에는 국립공원에 세금을 내지 않기 위해 검문소를 피해 아예 헬기를 불러 타고 직접 카트만두로 이동하는 이도 있었다.

2013년 7월 어느 날, 중복되는 채취권 등 동충하초 채취를 둘러싼 주도권 다툼이 급기야 터졌다. 주요 동충하초 채취 장소에서 까마 츠링과 국립공원의 담당자가 우연히 마주쳤고, 둘의 만남은 말다툼으로 이어졌다. 까마 츠링은 국립공원이 주민들의 삶은 신경 쓰지 않고 수익금을 윗선에서 다 가로챈다면서 국립공원을 오랫동안 비판해왔다. 하지만 산에서 만난 한 왈룽 셰르파는 다음과 같은 이유로 국립공원 편을 들었다. "여기는 [세두와에 사는] 체뜨리(종족명) 땅이지 청년위원회 땅이 아니다."[10] 즉 바룬 산지의 소유권을 두고 벌어진 이 갈등은 땅의 소유권이 지역민에게 있느냐 중앙 정부에 있느냐 하는 중앙-지방의 갈등이 아니라, 땅은 여전히 거주민의 관할 아래 있다는 토착성이 지배적인 원리로 통용됨을 알 수 있다.

국립공원은 채취권 판매 수익금의 75퍼센트는 정부로, 20퍼센트는 완충위원회 기금으로, 5퍼센트는 조사단 비용으로 이전된다고 밝혔다.[11] 하지만 그렇게 관료 조직으로 흡수된 돈과 세금이 구체적으로 어떻게 다시 주민들에게 돌아오는지는 의문으로 남아 있고 주민들은 전 과정이 투명하지 않다고 느끼고 있었다. 주민들은 국립공원을 허가서를 검사하고, 야생동물 포획을 감시하고, 목재·대나무 등 숲에서 나는 자원 활용을 막는, 위세가 큰 종족이 주도한 단체로만 떠올렸다.

동충하초 채취를 두고 벌어진 국립공원과 마을 자치 조직의 갈등은 댄 브로킹턴Dan Brockington이 이론화한 견성 보존堅城保存, fortress conservation의 폐해도 잘 보여준다.[12] 견성 보존이란 사람의 접근을 제거한 보존지구의 설립을 통해 '인간 없는 생태계'를 구축함으로써 생물 다양성을 가장 잘 보호할 수 있다고 보는 보존 정책을 말한다. 인간/야생, 문화/자연을 서로 명확히 구분되는 객체로 보는 그리스-히브리 세계관에서 이어진 관점이다. 아름다운 경관을 보존한다는 미국의 국립공원 설립 등을 통한 보호주의,[13] 식민지 자연 자원을 항구적으로 활용한다는 유럽식 공리주의[14] 양 갈래로 오늘날까지 내려오는 정책으로, 자연경관 속에 직접 오래 거주하며 숲을 관리해온 현지 주민을 배제하는 폭력적 결과로 이어져 꾸준히 비판받았다.[15]

네팔 국립공원의 사례는 주류-비주류 카스트 사이의 위계까지 첨가되어 복잡한 양상을 보인다. 여러 세대에 걸쳐 숲을 개척하며 살아온 왈룽 셰르파들에게는 1992년 설립된 마칼루-바룬 국립공원은 저지대 힌두 종족처럼 이질적이면서 땅에 대한 권리를 두고 경쟁하는 집단으로 비췄다. 이는 네팔의 투명하지 않고 뇌물·횡령·족벌주의 등 부패로 이름난 정부 관료 체제에 대해 사회 전반에 퍼진 종족적 집단주의의 원리를 투사하는 뿌리 깊은 불신과 상통한다.

4
새롭게 정의되는 토착성

왈룽 셰르파들의 종교생활과 경제생활은 세계화 속에서 꾸준히 새롭게 정의되는 토착성의 면모를 보여준다. '돈'과 '복'을 매개로 외부 세계와 구분되는 마을 단위의 정체성이 재생산되고 때로는 경쟁적으로 실천되는 현장이 되어왔다. 거기서 세상을 향한 '자발적이지만 독자적이지는 않은' 셰르파 특유의 개인주의도 재생산돼왔다. 함께하는 것을 즐기지만 생업의 의무는 어릴 적부터 개인별로 나누어 갖고 미래에의 투자 역시 각자의 몫으로 여긴다. 일에의 기여는 언제나 자발적이면서 집단으로 이득을 환수받았다. 일본에서 10여 년 외국인 근로자로 일한 전력이 있는 왈룽의 '자빠니' 푸르바는 이를 두고 '한 사람은 일하고 다른 두 사람은 노는데 나중에 똑같이 나누는 게 마을에서 하는 방식'이라고 표현했다.[16]

히말라야 등반 관광산업이라는 유별난 기회가 찾아오면서 지역에 대부분 근거를 두었던 생활상은 큰 변화를 맞이했다. 집과 경작지를 소유하지 않은 젊은 층은 토착성을 탈피한 다소 모험적인 새로운 종류의 생계 기회를 적극적으로 받아들였다. 젊은 셰르파들이 왈룽의 삶을 상호 모순적인 시각으로 이해하는 것도 여기에서 연유한다. 왈룽의 삶은 "힘들고" "따분하고" "바쁘다." 하지만 동시에 "배 안 아픈 창"과 "좋은 물"이 있는 일종의 '생의 원천'으로 여긴다. 전자가 개인의 영역이라면 후자는 공동의 영역으로 나누어졌다. 오늘날 왈룽 셰르파 공동체에서 함께 내다보는 세상의 구조를 이루는 토착성의 모습이다.

chapter
4

Migration

열린 미래

셰르파의 도시 생활과 이주

네팔에는 "남로 만체바라 함로 만체호"라는 말이 통용된다. 직역하면 "좋은 사람보다는 우리 사람이지"라는 뜻으로, 주로 정치가들의 정실주의·족벌주의·편애주의를 비꼬는 데에 쓰이는 말이다. 네팔 사회를 분석하는 학자들은 그렇게 '우리 사람'을 우선하는 경향을 '아프노 만체'(내, 우리 사람)라는 네팔어로 이론화하기도 했다. '아프노 만체'는 정치 영역만이 아니라 네팔의 사회 구석구석에 크고 작게 퍼져 있는 사회학적 원리다. 언어와 문화로 잘게 나뉘는 네팔에서 자신과 같은 종류의 사람에게 특혜를 베풀고 바라며 나아가 동질적인 하위문화 공동체로 응집되는 현상은, 국가로서의 네팔이 지닌 고질적인 사회 통합의 문제와 그 속에서 성공을 구가하려는 구성원의 전략을 엿보게 하는 창구다. 취약한 시민사회에서 사회 다방면에 자유로운 참여의 기회가 보장되지 못하고, 대신에 각 영역의 현실과 전망은 주도권을 잡은 집단의 크기와 힘으로 좌우되고 있다. 아프노 만체로 특징지어지는 현실은 네팔이 종족과 언어, 문화의 벽을 넘어 공존하는 시민사회를 구축할 수 있는지에 대한 중대한 도전이라 할 수 있다.

3장에서 살펴봤듯이 왈룽(그리고 유사하게 마칼루 VDC 전역)의 셰르파들이 시골에서 보여줬던 '자립적이지만 독자적이지 않은' 토착-종족-개인주의적 생활 태도는 수도 카트만두 등 이주 환경에서 더욱 심화해 실천된다. 이 장에서는 그들이 어떤 경로를 통해 이주의 기회를 맞닥뜨리며 또 어떤 미래에의 가능성을 두고 살 곳을 택하는지, 거기서 친척과 동향 사람들의 존재가 어떤 역할을 하는지 등을 살펴본다.

마칼루 셰르파들은 카트만두 북동부 외곽의 까빤(구) 아까시다라(동)를 중심으로 모여들었다. 내가 방문했던 2012~2014년과 2018년에는 2000명에 조금 못 미치는 산쿠와사바 셰르파들이 아까시다라를 중심으로 모여 살고 있었고, 그중 대다수가 마칼루 셰르파들이었다. 아까시다라 전체 인구는 수만 명 정도로 추산되어 셰르파는 여전히 소수민족이기는 하다.

이들 중 다수는 이주한 곳에 영구히 정착한다기보다는 주기적으로 고향과 친지를 방문하는 '순환 이주circular migration'를 실행하고 있어 독특하다. 미국이나 대한민국까지 국외로 이주한 이들도 계속 면밀한 사회관계를 유지하며 공동체적 결속을 유지하고, 각종 사업 또는 행사 참여 등의 기회로 순환 이주는 계속됐다. 여기서 히말라야 원정대 참가 기회는 국외 이주의 중요한 발판을 놓았다. 이외에 토지 및 주택 소유 여부 등도 이주 결정에 중요한 배경이 됐다.

1
카트만두 이주

2장에서 기술했다시피 20세기 초반에는 인도 북동부 다르질링에 거주하는 셰르파들만이 히말라야 원정대에 참가할 수 있었다. 네팔이 문호를 개빙힌 1950년 이후에는 외국인들이 '셰르파의 고향' 쿰부에도 방문했다. 쿰부의 셰르파들도 원정대에 고용되기 시작하면서, 한때 서구 산악인들은 다르질링 셰르파들보다 쿰부 셰르파들을 더 '순진'하다는 이유로 선호하기도 했다.[1] 한편 1950년대 말까지만 해도 에베레스트를 등반하는 외국인 원정대들은 카트만두를 들르지 않고 다르질링을 기점으로 하여 곧바로 쿰부 지방까지 이동해 등반하곤 했다.

쿰부 셰르파들은 카트만두가 아시아권 국제 관광의 주요 도시로 떠오른 1960년대부터 카트만두로 이주하기 시작했다.[i] 이들은 카트만두의 관광 지구 타멜의 남쪽 제타 거리에 모여 살기 시작했다.[2] 1960년 중국 공산당에 의해 티베트의 국경이 닫혔고 대신에 네팔 카트만두는 서구인에게 반문화 운동 속에 "신新예루살렘," "히피들의 성지" 등으로 인식됐다.[3] 인도, 파키스탄, 부탄에 비해 네팔의 카트만두는 빠르게 늘어나는 관광객의 수요에 맞춰 호텔과 식당 등이 들어섰고, 또 카트만두 주민들은 히피 성향의 외국인들에게 별다른 관심도 간섭도 없어 외국인들은 이를 환대하는 문화로 받아들였다.[4] 사실 카트만두 분지 일대는 2000년 이상을 티베트와 인도 사이의 지정학적 위치에 있으면서 다문화를 수용하는 사회적·문화적·경제적 성향을 갖춰왔다.[5]

1980년대 이후로는 이미 많은 셰르파가 카트만두에 정착했다. 1976년에 쿰부 전역을 포함하는 사가르마타 국립공원이 설립된 이후, 쿰부에 호텔·상점 등의 사업체가 있거나 경작지가 있어 농업을 계속하는 경우에는 두 지역을 계절에 따라 왕복하는 순환 이주가 자리 잡았다. 해외로 이주한 쿰부 셰르파도 많았다. 특히 자녀를 미국으로 유학 보내는 경우도 많

---

[i] 1965년에는 최초로 카트만두에서 쿰부를 목적지로 하는 상업적 단체 트레킹이 조직됐다. 조직자는 1963년 미국 에베레스트 원정대에 참가했던 두 대원이다.

아, 이미 1990년대에 쿰부 셰르파들 사이에는 "할아버지는 쿰부에, 아버지는 카트만두에, 아들은 뉴욕에"라는 말이 유행할 정도였다.6

이는 왈룽/마칼루 셰르파에게는 전혀 해당하지 않는 쿰부 셰르파들만의 이주사다. 히말라야 산악 관광에 훨씬 늦게 뛰어든 왈룽/마칼루 셰르파들은 이주 역시 늦게 시작했다. 종족성만이 아닌 토착성을 중요한 사회관계의 원리로 파악해야 하는 하나의 사례이기도 하다.

왈룽 셰르파의 카트만두 이주

네팔에서 근대식 농법과 의료 체계가 발달하기 이전인 1970년대까지 네팔 내 이주 유형 중의 하나는 저지대 주민들이 산악 지대로 옮겨 가는 것이었다. 19~20세기 사이 왈룽과 마칼루 지역에 사람들이 터를 잡고 살아간 과정도 그런 배경 속에서 이해할 수 있다. 그러나 1980년대 들어 인구 증가와 함께 식량 부족 등의 문제로 산악 지대 주민들이 반대로 저지대로 이주하는 '대반전'이 시작됐다.7

쿰부 셰르파들은 1950년 네팔의 문호 개방과 함께 서양인이 찾아오면서 일찍부터 관광산업에 참가하게 됐고 타 종족보다 먼저 도시로 이주하게 되었다. 반면 왈룽 셰르파들은 '대반전'의 경향에 맞추어 고된 산지 생활을 피해 이주를 고려하기 시작했는데, 타지방 셰르파들에 의해 이미 활성화되고 있는 관광산업 참가를 노리고 이주를 시도한 게 특징이다. 시골에만 있으면 오가는 마칼루산 등반 원정대에 짐꾼으로나 고용되기를 바랄 뿐이었다.

왈룽의 젊은 셰르파들은 짐꾼보다는 등반 셰르파로 고용되기를 원했다. 이들은 타지방 출신 셰르파들이 선점해 조직한 원정대와 단체 트레킹 등에 고용될 기회를 노리고 1990년대 초부터 카트만두와 다르질링으로 이주하기 시작했다. 그런데 원정대의 지속적 참가 가능성, 즉 직업의 안정성이 확보되지 못한 경우 완전 이주를 결정하지는 않고 순환 이주를 반복하다가 돌아오곤 했다. 다르질링으로의 이주가 그러했다. 왈룽 셰르파들이 대거 카트만두로 이주하게 된 복잡한 역사는 다르질링으로 나선 어느 20대 중반의 셰르파부터 시작됐다.[8]

그는 왈룽의 제일 윗마을 누르부짜울의 초등학교 옆에 있는 집에서 다섯 형제 중 첫째로 태어난 왕축 셰르파(1965년생)다. 19세기 말부터 히말라야 등반 기지로 활용되기 시작한 다르질링에는 여러 세대에 걸쳐 셰르파들이 모여 살고 있었고, 1990년대까지도 그곳에서 어느 정도 왕성하게 원정대가 조직되곤 했다. 어려서 부모를 여읜 왕축은 기회를 찾아 다르질링으로 나간 뒤 1991년 인도군-일본 합동 칸첸중가 원정대에 고소 포터로 고용됐다. 이듬해에는 마칼루 출신의 동갑내기 상게 묵뚝 셰르파와 함께 같은 인도군 장교가 대장을 맡은 인도군 에베레스트 원정대에 고용됐다. 여기서 두 셰르파 모두 정상에 올랐다. 왕축과 상게 묵뚝은 이후 인도군에 입대해 국경 수비대에 근무하게 된다.

한편 상게 묵뚝과 함께 다르질링에 온 그의 형 꾸상 도르지 셰르파(1962년생)는 1993년 인도-네팔 여성 에베레스트 원정대에 고용돼 정상에 섰다.[9] 몇 년 뒤 꾸상 도르지는 1998년 봄 영국 가이드 원정대에 합류할 때 왈룽 누르부짜울의 '보까 라마' 니마 도르지 셰르파(1967년생)를 불러 함께했고 둘은 순조롭게 정상을 올랐다. 보까 라마는 그 후 2012년까지 총 일곱 차례 에베레스트 원정대에 참가해 네 번 정상에 섰다.

같은 왈룽 누르부짜울 출신의 밍마 셰르파(1978년생)가 설립해 2011년부터 원정대를 결성하기 시작한 세븐서밋트렉에서 보까 라마를 2014년 마칼루 원정대에 팀 가이드로 고용했을 때 그는 이미 44세였다. 게다가 보까 라마는 누르부짜울에 번듯한 집을 지어 농사에 전념하던 터로, 다른 젊은이들이 카트만두 아까시다라의 세븐서밋트렉 인근으로 이주할 때 그는 시골에 남았다. 왈룽의 평론가 자빠니 푸르바의 말마따나, "여기[산쿠와사바 북부]에 땅이 있으면 돌아올 테고, 없으면 안

돌아올 수도 있"었다. 보까 라마를 비롯한 왈룽 셰르파 중에서 등반 셰르파로 활약한 1960년대생 1세대들은 카트만두 까빤보다는 다르질링 등 이미 다른 지역으로 이주했거나 아니면 왈룽 마을을 떠나지 않았다.

1990~2000년대 카트만두로 나온 왈룽의 셰르파들은 주로 카트만두 북부의 행정구역 쩐돌에 우선 자리를 잡았다. 시내 중심가의 몇몇 관광 업체 사무실과 멀지 않았고, 집 임대료도 상대적으로 저렴했으며 티베트 불교도들이 모여 사는 북동부의 보우더 지역과도 크게 멀지 않았기 때문이다. 그러다가 밍마가 세븐서밋트렉을 쩐돌보다 조금 더 외곽의, 보우더와 인접한 까빤의 아까시다라에 설립했다. 세븐서밋트렉은 2011년부터 대규모 원정대를 조직하기 시작했다. 왈룽 셰르파들이 까빤으로 모여든 것은 자연스러운 순서였다.

한편 왕축의 동생 파상 뗀지 셰르파(1975년생)는 왕축이 칸첸중가를 등정한 1991년, 당시 학교도 없던 왈룽에는 고된 생활 속에 미래가 없겠다고 판단해 다르질링으로 이주해 형과 합류했다. 그곳에서 영어를 배우며 짐꾼으로 생계를 이어나갔다. 특히 에베레스트 초등자 텐징 노르가이가 다르질링에 설립한 히말라야 등산교육원에서 전문 등반 기술을 배우고 강사 생활도 했다. 하지만 돈을 모으기 힘들어 1997년 네팔로 돌아왔는데, 재이주의 대상지로 왈룽이 아니라 카트만두를 선

그림 8 | 왈룽과 마칼루 출신 셰르파들의 모임 장소였던 카트만두 북동부 까빤 아까시다라의 일레븐 다이아몬드 식당. 세븐서밋트렉의 공동 경영자 파상 푸르바 셰르파가 식당 앞에 서 있다. 2012년.

택했다. 이곳에서 다른 왈룽 및 마칼루 출신 셰르파들과 함께 아시안트레킹, 탐세르쿠, 아일랜드 트레킹, 서미트네팔 등의 솔루쿰부 셰르파들이 설립한 원정 대행사를 통해 트레킹 가이드 등의 일을 했다.

파상은 이후 세븐서밋트렉이 문을 연 2011년, 처남인 솔루 출신의 쿵가 셰르파와 함께 아까시다라에 일레븐 다이아몬드라는 식당 겸 당구장을 개업했다. 문을 연 직후부터 이곳은 왈룽 및 마칼루 셰르파들의 사랑방처럼 운영됐다. 그러다가 2017년 새로운 원정 대행사 파이어니어어드벤처트렉을 근처에 설립했다. 식당의 동업자 쿵가는 새로운 식당을 인근에 개업해 나갔고, 파상은 다른 동업자와 함께 일레븐 다이아몬드를 계속 운영했다.

세두와 셰르파들의 이주

왈룽 셰르파들의 이주는 대체로 왈룽-까빤으로 단선적이다. 세두와 셰르파들의 이주는 이보다 다변화됐고, 이는 산악관광산업 참여 방식과 비중에 영향을 받았다. 세두와 셰르파 중에는 타지로 이주하기보다는 세두와에 정착하는 이들이 많았다. 그 이유는 세두와의 지역적 특성에서 찾을 수 있다. 세두와 셰르파 마을들 일부는 마칼루-바룬 국립공원의 중심 등산로인 마칼루 베이스캠프로 향하는 길목에 위치해, 원정대와 등산객을 대상으로 집을 개조한 호텔업·소매업이 비교적 성공적으로 운영돼왔다. 왈룽보다 지대가 덜 가파르고 언덕이 널찍해 다양한 농작물 재배로 안정적인 수입도 있다. 최근 활성화된 동충하초 채취 역시 주요 채취 장소가 세두와 셰르파들의 이동 방목지와 사실상 같아 남들보다 유리했다. 또 왈룽 셰르파들보다 먼저 등반 원정대와 단체 트레킹 등에 고용되기 시작해, 적어도 경제적으로는 시골 생활이 그다지 나쁠 까닭은 없었다. 실제로 세두와 사람들은 부자라는 인식이 근방에 퍼져 있다.

　카트만두로 이주한 세두와 셰르파들은 까빤만이 아닌 다른 곳에도 정착했다. 가장 큰 이유는 주로 참가해온 원정 대행사에 차이가 있었기 때문이다. 세두와 셰르파들은 곧 살펴볼 아시안트레킹, 세븐서밋클럽 등 타지인들이 설립한 원정 대행사에 고용되는 형태로 등반의 기회를 넓혔다. 이를 구체적 인물의 사례를 보면서 살펴보자.

　세두와의 대표적인 셰르파 마을은 30여 가구가 모여 사는 따시가옹으로, 이곳 출신의 여성 락빠 셰르파(1973년생)는 1993년 파상 라무 셰르파(1961~1993, 솔루쿰부 출신)가 여성 최초로 에베레스트를 오르며 일약 영웅이 되는 과정을 보면서 자신도 에베레스트를 오르겠다는 꿈을 키운다. 같은 해 같은 마을에 사는 사촌 오빠 옹다 치링(1970년생)도 마칼루 셰르파 최초로 에베레스트를 올라 금의환향한다.

락빠는 기어코 쿰부 셰르파 앙 체링(1953년생)이 1982년에 설립한 아시안트레킹이 2000년에 주도한 네팔 여성 밀레니엄 원정대에 포함돼 5명의 여성 중에 유일하게 등정했다. 이 원정에서 락빠는 다른 여성들보다 등반을 월등히 잘해 두각을 드러냈다. 하지만 당시 동행한 여성 대원들과 네 명의 남성 도우미 셰르파들은 모두 솔루쿰부 출신이었고, 유일한 여성 등정자인 락빠가 타지 출신인지라 갈등이 있었다.10 락빠와 아시안트레킹의 관계는 지속된다. 2001년 락빠는 아시안트레킹을 통해 온 미국 등반가 조지 디마레스쿠Gheorghe Dijmărescu와 함께 또 에베레스트를 오르고, 이듬해 둘은 결혼해 락빠는 미국으로 이주했다.

미국에서 살면서도 락빠는 계속 에베레스트를 오른다. 2003년 아시안트레킹이 대행한 루마니아 에베레스트 원정대에서 락빠 셰르파는 여동생 밍 키빠 셰르파(1987년생)와 함께 등정했다. 원정대에는 이들과 형제인 밍마 겔루 셰르파(1979년생)도 참가했다. 밍마 겔루는 이듬해인 2004년 미국인 매형 디마레스쿠가 꾸린 코네티컷 원정대에 고용돼 에베레스트를 올랐다. 락빠도 참가해 또 등정에 성공했다.

밍마 겔루는 그 이듬해인 2005년부터는 러시아 원정 대행사 세븐서밋클럽에 고용됐고 이어 이 회사 네팔 매니저로 격상됐다. 세븐서밋클럽은 러시아의 알렉산더 아브라모프Alexander Abramov(1964년생)가 1993년 설립한 원정 대행사다. 2000년부터 2019년까지 2008년을 제외하고 매년 중국 쪽 루트로 대규모 에베레스트 원정대를 조직했다. 세븐서밋클럽은 2003년까지는 셰르파 없이 원정대를 꾸렸는데 이후로는 구상을 바꿔 셰르파를 고용하기 시작했고, 이후 매년 밍마 겔루를 통해 세두와 셰르파들을 주력으로 고용하게 된다. 한 예로 2018년에는 대원이 31명, 셰르파는 29명이나 고용한 상당히 규모가 큰 에베레스트 원정대가 조직되기도 했다. 왈룽의 밍마가 설립한 세븐서밋트렉의 상호명은 세븐서밋클럽에서 착안한 것이다.

한편 락빠에게는 2006년이 미국인 남편과 함께한 마지막 등반이었다. 둘은 이혼했다. 하지만 락빠는 계속 코네티컷주 하트퍼드시에 거주하면서 세븐서밋클럽에 여러 차례 대원으로 참가해, 2018년까지 총 아홉 차례 에베레스트를 등정했다.[11] 단연 여성 최다 에베레스트 등정 기록이다.

종합하자면 세두와 셰르파들은 왈룽의 밍마가 세븐서밋트렉을 2010년 설립하기 이전부터 여러 원정 대행사를 통해 고산 등반 가이드로 참여했다. 세븐서밋트렉이 2012년부터 급속히 성장하여 왈룽·세두와 셰르파 외에도 솔루쿰부 등 출신 지역이나 셰르파·보떼·따망·라이 등 종족을 가리지 않고 많은 네팔인 청년을 원정대에 고용하자, 세두와 셰르파들은 왈룽 셰르파들과 구분 없이 '마칼루 셰르파'라 불리며 이에 기꺼이 화답했다. 그렇지만 그들에게는 이미 세븐서밋클럽 등 몇 가지 좀 더 뚜렷한 인맥이 있었다. 또 마칼루 국립공원을 찾는 관광객을 대상으로 한 호텔업 등의 사업 수단이 있었다. 까빤의 새로운 이주 공동체로 편입하기에는 복잡한 고려를 거쳐야 했다.

2
해외 이주

마칼루 셰르파들은 다르질링이나 카트만두만이 아니라 다양한 국가로의 해외 이주도 결행했다. 여기서는 각각 한국과 미국으로 이주한 셰르파의 사례를 자세히 살펴본다. 이를 통해 해외 이주를 선택하는 데 있어서 개인에게는 다분히 우연으로만 보이는 사건의 연쇄가 사실 일정한 유형을 따른다는 점을 살펴본다.

한국의 뗀징 셰르파

 2012년 5월 19일 동녘이 빨갛게 밝아 오는 새벽 5시 45분. 두꺼운 다운 원피스 등반복과 산소마스크로 무장한 등반가들이 차례로 에베레스트 정상에 섰다. 세븐서밋클럽의 베테랑 아브라모프 대장을 위시해 총 9명의 대원과 8명의 셰르파 가이드였다. 중국 방면 노스콜 루트를 따라 올랐다. 셰르파들과 대원들은 서로 축하하며 각자 사진을 찍는 등 일련의 정상 의례를 거쳤다. 이들 셰르파 중에는 세두와 따시가옹 출신의 뗀징 셰르파(1991년생)도 있었다. 세븐서밋클럽 매니저 밍마 겔루의 외사촌 동생이다. 2011년에 이어 두 번째 등정이었다.

 아직 어스름한 정상에는 네팔 방면에서 올라온 등반가들도 있었다. 그중에 어떤 이가 반가움을 표한다. 왈뭉의 누르부째울의 나 뗀지 셰르파(1980년생)였다. 나 뗀지는 함께 올라온 외국인 등반가와 함께 사진을 찍어달라고 뗀징에게 카메라를 건넸다. 그 외국인은 바로 나였다.

 당시가 첫 대면이었던 나와 뗀징은 그해 가을에도 함께 에베레스트에 있었다. 10월 13일, 에베레스트의 남쪽 루트 해발 7300미터의 3캠프 텐트에서 우리는 함께 머물렀다. 나는 한국 에베레스트-로체 원정대의 대원으로 에베레스트와 4캠프까지 루트를 공유하는 로체(8516미터)를 홀로 등반하던 중이었고,

뗀징은 폴란드 로체 원정대에 고용된 두 명의 셰르파 가이드 중 하나로 역시 옆 텐트의 폴란드 대원들과 로체를 오르던 중이었다.

당시 로체 등반 상황은 꽤 어려웠다. 이튿날 강풍 속에 4캠프(7850미터)까지만 전진한 뒤 나는 하산했다. 밤새 눈사태로 쓸려 내려가는 불편한 4캠프 텐트에서 밤을 보내니 이튿날 아침 등정을 계속할 엄두가 나지 않았다.

강풍에도 불구하고 폴란드 원정대는 16일 정상 등정을 노리고 이날 밤 캠프를 출발했다. 하지만 모두 등정에 실패하고 캠프로 내려왔다. 그런데 동행했던 셰르파 가이드 두 명 중 한 명인 뗌바가 보이지 않았다. 고된 등정 시도가 실패로 끝나고 한밤중에 가파른 사면을 각기 내려오다가 추락하여 2000미터를 떨어져 사망하고 말았다. 당시 2캠프(6450미터)에 내려와 있던 나는 셰르파들과 함께 뗌바의 시신을 확인하고 수습했다.

한편 뗀징은 양손에 심한 동상을 입어 더는 등반을 진행할 수 없었다. 동상은 치료가 시급했다. 로체 등반이 끝났다고 판단한 나와 함께 뗌바의 시신을 거두어 헬리콥터를 타고 베이스캠프를 떠났다.

카트만두의 병원에서 뗀징은 손가락 여덟 개를 모두 절단해야 한다는 청천벽력 같은 소식을 들었다. 더 나은 치료를 받기 위해 뗀징은 대한민국으로의 의료 관광을 추진했다. 나는 영사

그림 9 | 2012년 가을 로체 등반 중에 양손에 심한 동상을 입은 뗀징 셰르파. 2012년 10월.

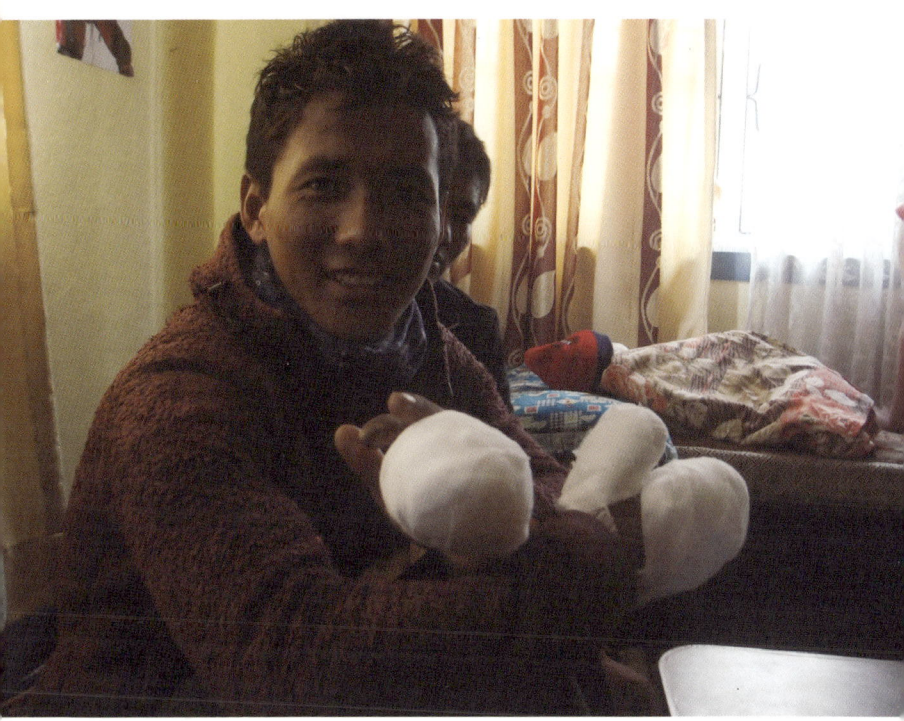

관에 추천서를 써주는 등 비자 발급을 위한 서류 준비를 도왔다. 마침내 관광 비자를 발급받은 뗀징은 한국에서 무사히 치료받을 수 있었다. 마침 대전에는 뗀징의 누이가 국제결혼으로 이주해 있었고, 대전에는 손 치료를 전문으로 하는 병원도 있었다. 손가락 마디 네 개만을 절단하는 정도로 마무리됐다.

그런데 뗀징은 관광 비자 체류 기간이 지났는데도 귀국하지 않고 의정부, 청주 등에서 정유 공장, 목재소, 건설 현장 등에 취직해 노동을 계속했다. 불법체류자 신세였지만 큰 어려움은 없었다. 임금도 괜찮았고, 고용주들도 잘생기고 붙임성 좋고 성실하게 일하는 젊은 네팔인 청년을 잘 돌봐줬다. 또 국제결혼으로 이주한 여러 친척과 고향 친지들이 전국에 흩어져 있었다. 두 살 아래 여동생도 국제결혼으로 한국으로 이주했다가 이혼한 뒤 불법체류 노동자로 거주하고 있었다. 비슷한 신세의 다른 셰르파, 네팔인과도 만나고 연락하며 지냈다. 쉽게 만나지는 못해도 자주 통화하며 정보를 공유하고 사정 얘기를 나눴다. 2020년 코로나19가 한창인 와중에 뗀징은 한국에서 만난 타 종족 네팔인 여성과 경기도의 어느 곳에서 조촐한 결혼식을 올렸다.

나와 뗀징은 2015년 가을 서울에서, 2018년 여름 청주에서 또 만났다. 청주에서는 3개월 관광 비자로 와서 짧게 일하고 가려는 다른 셰르파와 그의 아들과 함께였다. 2018년의 만남에서 뗀징은 돈을 조금 더 모은 뒤 카트만두로 돌아가 네팔 최초의 찜질방을 개업할 구상을 밝히기도 했다. 불법체류자 신세를 벗어나는 법적 절차를 추진하고 있다고도 했다.

뗀징의 한국 생활과 이어진 만남은 등반의 스펙터클과 맞물려 대단한 우연과도 같은 느낌을 준다. 그러나 역사적 배경과 기존의 사회관계를 자세히 살펴보면 뗀징의 사례는 결코 극적이기만 한 우연은 아니라는 점을 알 수 있다.

일단 한국에는 적지 않은 수(50~200명 추산)의 마칼루 출신 셰르파가 합법적·불법적으로 체류해 살고 있다. 다양한 경로를 통해 친분을 쌓은 한국인이 후원자가 되어 관광 비자로 입국한 뒤 관광 또는 (불법) 노동을 하는 경우, 비자 기간이 만료되었지만 귀국하지 않고 불법으로 체류하며 노동하는 경우, 한국 남성과 혼인하여 체류하는 경우, 자매의 한국인 남편이 후원자가 되어 외국인 취업 비자를 발급받아 합법적으로 체류하는 경우, 브로커를 통해 비자를 발급받아 체류하는 경우 등등 다양하다.

2010년대 마칼루 셰르파들에게 한국은 많은 나라 중에 손꼽히는 선호 이주 대상지였다. 일본은 "일자리도 없고 세금도 너무 많"고, 미국은 "비자 받기가 너무 어렵"고, 말레이시아와 중동은 임금이 적다. 그에 반해 한국은 "취업하기 쉽고 돈을 많이 준다"는 등의 이유로 선호됐다.

뗸징의 한국행의 발단이 등반으로 인한 사고였다는 점은 숙고할 필요가 있다. 당시 원정대 피고용인들은 네팔 정부 보험에 가입된 상태였지만 보험 급여는 미미한 수준이었다. 사망한 뗌바의 가족에게는 보험금 외에 폴란드 원정대와 대행사였던 세븐서밋트렉이 각각 소정의 금액을 지급했다. 그러나 뗸징은 아무런 보험금을 받지 못했다. "그러나 우리에겐 친구가 있죠." 아까시다라 셰르파들의 사랑방 일레븐 다이아몬드의 공동 사장 쿵가의 말이다. "친척도 있고요. 병에 걸리거나 힘든 일을 당해도 서로가 도움을 주니까요." 이주의 국면에서 긴밀한 관계로 재탄생하는 마칼루 셰르파의 종족성은 셰르파 각자가 개인의 성공을 위해 저마다의 독특한 방식으로 자립하여 살아가는 데에 다양한 자원을 제공한다.

미국 캘리포니아의 앙 다와 셰르파

네팔과 인도(다르질링)를 제외하고 가장 많은 셰르파 인구가 사는 국가는 미국이다. 솔루쿰부 등 관광산업에 일찍 뛰어든 지역 셰르파들이 일찍감치 이주를 시작해 뉴욕과 콜로라도에 각각 수천 명에서 1만 명에 이르는 큰 공동체를 이루고 산다.

마칼루 셰르파들은 이들과 이주 경로가 같지 않다. 미국에서 마칼루 셰르파가 가장 많이 사는 곳은 캘리포니아 북부의 와인 관광지 소노마 카운티다. 대부분이 세두와 셰르파들로, 2020년 현재 100여 명이 거주한다. 그리고 동부 보스턴에 약 50명 정도가 산다. 이들이 왜, 어떻게 이주하여 정착했는지, 또 어떤 문화 속에 살며 고국을 어떻게 생각하는지 살펴보려면 먼저 이주의 역사를 짚어봐야 한다. 그 후 내가 면담한 한 셰르파의 사례를 보자.

이 장의 앞부분에서 1990년대 초 다르질링으로 이주해 히말라야 원정대에 참가한 몇몇 셰르파들을 소개했다. 왕축, 상게 묵뚝, 꾸상 도르지 등은 처음 고용됐던 인도군 산악 부대에 입대했고 그렇게 다르질링에 정착했다. 세두와 셰르파들이 기억하는 마칼루 셰르파 중 최초 에베레스트 등정자는 1992년의 왕축과 상게 묵뚝이 아닌 1993년 인도-네팔 합동 여성 에베레스트 원정대에 고용됐던 세두와 출신의 옹다 '깔레' 치링 셰르파(1970년생)다. 그는 네 차례 에베레스트 원정대에 고용됐는데, 마지막이었던 1995년 미국 원정대를 성공적으로 마치고는 미국 초청 비자를 발급받아 미국으로 이주했다. 오늘날 마칼루 셰르파들의 미국 이주 유형의 첫 사례다.

깔레 치링은 우여곡절 끝에 소노마 카운티로 이주했다. 그곳에서 2012년 택시업을 개업해 열심히 일하며 저축했다. 은퇴 후 25년의 미국 생활을 접고 네팔로 돌아갔다. 카트만두에 집 두 채가 있는 데다 이곳에 마칼루 셰르파들이 많기 때문이었다. 현재 카트만두 북부 나란탄에서 식당을 운영하고 있다. 깔레 치링에게는 딸이 셋 있는데 둘은 소노마, 하나는 뉴욕에서 지내고 있다. 아래 소개하는 인물은 깔레 치링과 택시업을 함께 개업해 2020년 현재까지 운영 중인 앙 다와 셰르파(1982년생)다.

앙 다와는 깔레 치링의 사촌 동생이다. 깔레 치링이 1995년 이후 미국으로 이주할 때 그의 동생 묵뚝 락빠(1972년생)는 카트만두에서 여러 원정 대행사와 연결돼 고산 등반을 이어가던 중이었다(2010년대에는 세븐서밋클럽에 주로 고용됐다). 앙 다와는 1997년 묵뚝 락빠의 소개로 트레킹 가이드 일을 시작하게 됐다. 이후 아시안트레킹과 연결돼 2001년부터 에베레스트 원정대에 고용되기 시작해, 2009년까지 총 여섯 차례 에베레스트 원정대에 참가했다. 위 코네티컷에 사는 여성 등반가 락빠 셰르파와는 할아버지들이 형제인 육촌 관계로, 2004년 코네티컷 에베레스트 원정대에 가이드로도 고용됐었다. 2009년을 마지막으로 고산 등반을 그만두고, 깔레 치링의 비자 신청 도움을 받아 미국으로 이주했다.

앙 다와는 미국 생활을 만족스러워한다. "사람들이 다들 좋고 교육, 병원 등도 최고입니다. 네팔은 '시스템'이 좋지 않지요." 소노마는 일자리가 많은 게 장점이라고 한다. 앙 다와는

2012년 깔레 치링과 함께 시작한 택시업을 9년째 계속하고 있다. 2017년까지는 많은 돈을 벌 수 있었는데 우버·리프트 등의 경쟁 업체가 등장하면서 규모가 축소되기 시작했다. 관광객이 많은 봄부터 가을에는 택시 운전으로 여전히 바쁘다(〈그림 10〉).

뉴욕에서 소노마로 이주해 오는 셰르파들도 꽤 있다. 앙 다와는 육촌 형 텐진 셰르파(45세)과 함께 살고 있었다. 코네티컷에 사는 락빠의 도움으로 미국에 와서 살다가 2015년 소노마로 왔다. 현재 앙 다와와 택시업을 함께 하고 있다. 뉴욕과 소노마를 비교해달라는 질문에 텐진은 이렇게 답했다. "뉴욕에선 핸드폰을 차에 놔두고 가면 창문을 깨고 가져가요. 밤에 거리로 나가면 주먹에 얼굴을 얻어맞기도 하고요. 여긴 그런 게 없어요. 흑인이 별로 없고, 있어도 다 괜찮은 사람들이에요." 텐진은 2~3년 뒤에는 네팔로 완전히 돌아갈 생각을 하고 있다.

셰르파들에게 소노마가 마냥 천국은 아니다. 관광지인 탓에 생필품 등 소매가는 비싼 편이다. 집 임대료도 비싸다. 따라서 상대적으로 물가가 저렴한 인근의 소도시 페탈루마, 산타로사에 집을 구하는 셰르파도 있다.

소노마의 셰르파들은 식당 종업원, 우버 운전자 등으로 일한다. 소노마에는 중심가에서 걸어서 갈 수 있는 거리에 셰르

그림 10 | 미국 캘리포니아 관광도시 소노마에서 택시 사업을 하는 앙 다와 셰르파. 2020년 1월.

파들이 운영하거나 근무하는 식당이 세 곳 있었다. "영어만 하면 일자리는 아주 많아요." 옆에서 앙 다와의 처가 거든다. 식당 종업원으로 일하는 처는 왈룽 앵루와 마을 출신으로, 여섯 자매 중 첫째다. 대화 도중 나와도 잘 아는 사이인 카트만두 아까시다라의 셋째 동생과 화상 통화를 하기도 했다. 다섯째는 한국 남성과 국제결혼 후 줄곧 부산에 거주한다.

앙 다와의 여동생 파상 셰르파(1989년생)도 2011년 한국 남성과 국제결혼 해 2014년 한국 시민권을 얻었고 2020년 현재 두 아이를 기르며 강원도 고성에 살고 있다. 그와도 대화 도중 화상 통화로 연결했다. 한국인 '언니'들이 잘해준다고는 하지만 주변에 셰르파들이 없어 적적하고 기후가 너무 추워 힘들다고 한다.

앙 다와는 매년 네팔을 방문한다. 2019년 말에는 아까시다라에 번듯한 이층집을 매입했다. 곧 다가오는 티베트력 구정인 로사르 축제(2020년 2월)에는 가족 모두가 카트만두를 방문할 예정이다. 나와 만난 이후 이들은 네팔을 방문한 뒤 코로나19 확산이 겹쳐 바로 미국으로 돌아오지 않고 네팔에서 약 6개월을 더 머물다가 돌아왔다.

앙 다와에게는 초등학교에 다니는 아들 니마(12세)와 딸 락빠(11세)가 있다. 장래 희망을 물으니 락빠는 고고학자가 되고 싶다고 한다. 니마는 태블릿으로 유튜브 영상을 보는데 가옥

설계하는 캐드 시뮬레이션에 정신이 팔려 있었다. 부모는 자녀에게 셰르파어를 가르쳐보려 했으나 이해만 하는 수준이고 부모 자녀 간에는 네팔어로 대화한다. 남매끼리는 네팔어와 영어 모두 사용한다.

셰르파 전체로 보자면 300~400명의 셰르파가 캘리포니아 북부 셰르파 협회Northern California Sherpa Association의 연례 모임 격인 로사르 축제에 참석한다. 대체로 솔루쿰부 셰르파 위주로, 대개 한 시간 거리에 있는 샌프란시스코 베이 지역에 거주한다. 로사르 축제에서는 회관을 빌려 모든 이들이 모인 가운데 음식을 나누고 문화 행사 및 춤을 즐긴다. 장소 선정이 항시 애매한데, 샌프란시스코 베이 지역과 소노마를 번갈아 개최하여 양쪽에서 불평이 있다고 한다. 셰르파 협회는 앙 다와에게 무척 중요한 사회적 토대다. 인근에 티베트 불교 사원이 없어서 문제가 없냐고 물으니 이렇게 대답한다. "라마가 가끔 멀리서 오면 뿌자를 하기도 하지만 없어도 괜찮아요. 협회가 있으니까요."

나를 대접한 저녁 식사는 쌀밥에 닭고기 조림이었다. 전형적인 현대식 셰르파 식사였다. 집의 실내장식도 카트만두의 일반 셰르파 가정에서 보는 것과 흡사했다. 각 방은 모두 방문을 열어놓고 전통 발을 쳐놨다. 거실 한쪽 면의 장에는 소박하지만 잘 진열된 네팔식 전통 찻잔, 그릇, 주전자 등이 있고,

탱화 및 라마의 사진들과 함께 카타로 정성 들여 꾸며놓았다. 앙 다와의 처는 모두 네팔에서 직접 가져온 것이라면서 "남로차"(네팔어로 '보기 좋다')라고 한다. 3장의 다자 뿌자 뒤 새로 단장한 집을 보며 대견스레 표현하는 평가와 같은 느낌으로 들렸다.

앙 다와의 집에 머문 이틀 동안 앙 다와는 나를 소노마 중심부의 셰르파들이 일하는 여러 식당으로 안내했다. 도보로 이동할 만한 거리의 여러 음식점에서 셰르파들이 지배인, 주방장, 종업원 등으로 근무하고 있었다.

미국의 서비스업 노동은 최저임금과 큰 차이가 없어 미국 내에서는 빈부 격차의 상징처럼 여겨지지만, 셰르파들에게는 누구나 의지만 있으면 얻을 수 있는 고임금의 기회가 된다. 미국 주류 사회로의 편입보다는 셰르파 십난와 조국가적 긴밀한 관계를 유지하면서 셰르파의 가치관과 생활양식을 이어가려 애쓰고 있다. 특히 앙 다와 부부는 수년 내에 네팔로 돌아가는 것을 계획하고 있어서 미국의 삶은 '임시적 삶'으로 여기고 있다.

3
'열린 미래'의 시간관:
다양한 이주의 경로를 고민하다

지금까지 살펴본 것처럼 마칼루 셰르파들이 이주를 선택하기까지는 친인척과 마을 사람들 사이의 관계, 관광산업의 동향과 인적 관계, 토지·가축 및 현금 등 재산 현황 등이 주요 고려 사항이었다. 이주를 선택하는 과정은 물론 주어진 선택지 사이에서 합리적으로 장단점을 따지는 단계를 수반하지만, 실제로 그러한 선택지가 주어지는 방식, 즉 한 개인의 주변 환경이 변해가는 양상은 자신의 통제 범위를 벗어난다. 각 개인의 관점에서 이는 세상이 불확실성으로 가득 차 있다는 느낌을 받는 이유다. 이에 대한 셰르파들의 일반적인 대처 방법은 현시점의 다양한 가능성이 미래에도 모두 유지되도록, 즉 '열려 있게' 하는 것이다. 서로 모순되는 선택지일지라도 언제든 상황이 급변했을 때를 위해 실현 가능할 수 있도록 현재 할 수 있는 준비를 해둔다. 이를 '열린 미래'의 시간관이라고 부를 수 있겠다. 이러한 시간관은 몇 년을 사이에 두고 종적으로 조사한 다음 한 개인의 사례에서 잘 드러난다.

2012년 24세의 뗀디 셰르파(1987년생)는 시골에 세 곳의 조그만 밭을 소유하고 있었다. 각각 왈룽의 마윰, 왈룽의 앵루와, 눔에 있다. 마윰의 땅은 어느 마을 사람이 자신에게 팔라고 여러 번 권했지만 뗀디는 거절했다고 한다. "마윰 한가운데에 있기 때문"이다. 당시 왈룽 마을을 관통해 마칼루 베이스캠프까지 이르는 등산로를 만든다는 계획을 마칼루 셰르파 청년위원회가 추진 중이었다. 이 계획이 성사된다면 보행로 주변의 땅은 호텔을 짓거나 적어도 더 비싼 가격에 팔 수 있을 터였다. 앵루와에 있는 땅도 마윰의 땅과 비슷한 상황이다. 다만 동생인 락빠와 함께 매입했고 아직 땅 주인에게 대금을 완전히 치르지 않은 상태다.

눔의 땅도 락빠와 공동 소유다. 눔은 왈룽에서 도보로 여섯 시간 정도 걸리는 산쿠와사바 북부의 중심지다. 1980년대 중반까지만 해도 눔은 집이 대여섯 채에 불과한 먹촌이있다. 그러나 아룬강에 대형 수력발전소를 짓는 개발계획이 확정되면서 눔은 급성장을 거듭했다. 눔을 관통해 남북을 잇는 도로가 가설되기 시작했다. 비록 2010년대 후반까지 몬순 철에는 차량 통행이 어려운 '계절형 도로'였지만, 이 도로를 통해 사람들의 이동이 훨씬 수월해졌고 인도와 중국에서 들여온 각종 기성품을 눔의 시장에서 구매할 수 있게 되었다. 특용작물의 판매도 눔에서 가능하게 되었다. 2014년에는 여기에 더해 수력발전소 한 곳을 왈룽 마을 바로 옆의 계곡에 건설하는 계획이 통과되어 2020년 현재 아룬강에 차량이 다닐 수 있는 교량을 가설하고 왈룽까지 도로를 잇는 공사가 한창이다.

뗀디와 락빠가 소유한 늡의 토지는 크지 않았지만 마침 2층 규모의 병원 신축이 예정된 부지의 바로 옆이었다. 이 땅에 관해 뗀디는 여러 계획을 떠올리고 있었다. "병원이 지어지면 땅값이 오를 거예요. 그러면 팔려고요." "병원이 지어지면 주차장이 있을 텐데, 그러면 짐을 내리기도 편한 널찍한 공간이 되고, 그 땅에 호텔을 지으면 잘될 것 같아요."

뗀디는 2012년 당시 여름과 겨울에만 왈룽에 머물고 한 해의 대부분을 카트만두 아까시다라에 외삼촌과 함께 주택 한 층을 빌려 살고 있었다. 처와 두 살배기 아들은 왈룽 앵루와에서 머물고 있었다(이 처가 앞의 앙 다와 처의 셋째 동생이다). 세븐서밋트렉의 대표 밍마도 뗀디의 외삼촌이었다. 뗀디는 세븐서밋트렉 사무실에 매일같이 나와 원정대 준비를 돕는 등 불확실하지만 앞으로 있을 원정대 참가를 준비하던 차였다. 그런데 동시에 뗀디는 한국으로의 노동 이주도 고려하고 있었다. 한 친구가 함께 한국에 가자는 제안을 했다는 것이다. 그 친구는 한국행 관광 비자 발급을 도와주는 중개인을 알고 있어 한 명은 4000달러, 두 명은 6000달러에 비자를 받을 수 있다며 뗀디의 의견을 물어봤다.

사실 뗀디는 2010~2011년 사이 1년 반 동안 한국을 방문했다. 한국 산악인이 자신의 등반을 도와준 뗀디 친척 셰르파를 관광 차 초대했는데, 뗀디도 함께 초대됐다. 한국을 방문한 뗀디는 정해진 때에 귀국하지 않고 '도주'하여 한국 내 다른 셰르파 친구를 찾아 몇몇 일터를 오가며 돈을 모으다가 추방되고 말았다. "에베레스트를 두세 달 등반해서 2000~3000달러 벌지만, 한국 가면 쉬는 달 없이 매달 1000~2000달러는 벌 수 있어요. 그럼 아내에게 돈도 보낼 수도 있고요. 또 여권에 한국 비자가 찍혀 있으면 나중에 미국 비자 얻기가 더 쉬워요."

종합하면 2012년 뗀디는 고향 마을의 세 곳의 땅, 카트만두로의 이주, 원정대 참가와 시골 마을 생활의 유지, 한국에서의 불법체류 노동, 장기적으로는 미국행까지 다양한 가능성을 염두에 두고 있었다. 또 이들 중에 한두 가지에 배타적으로 몰두한 것이 아니라 이들 모두의 가능성을 '널려 있게' 해두고 있었다.

30세가 된 2018년에 만난 뗀디의 상황은 달라져 있었다. 일단 한국이나 미국에는 가지 않았다. 대신 카트만두 아까시다라에서 다른 주택 1층을 세내어 살고 있었다. 처와 두 아들과 함께였다. 첫째 아들 밍마는 초등학교에 다니고 있는데 셰르파어는 하지 못했다. 카트만두에 살기를 선택한 뗀디에게 이주에 관한 생각을 물었다. "도시가 나아요. 시골은 상점도 없고 학교도 없어요. 아이들이 여기서 학교에 다니고 있으니까

시골로 갈 생각은 없어요." 크게 번창한 세븐서밋트렉에서 꾸준히 고용되면서 경제적으로 기반을 갖춘 듯했다.

뗀디만이 아니라 그의 부모, 형제자매의 삶의 모습도 많이 바뀌어 있었다. 다양한 이주의 경로가 이들 삶의 변화를 이해하는 핵심이었다.

뗀디처럼 카트만두와 왈룽을 왕복하던 첫째 남동생 락빠(1988년생)는 처와 함께 아까시다라로 나와 살고 있다. 처는 조그만 상점을 세내어 식당을 운영하고 있다. 첫째 여동생(까쌍, 1992년생)은 2011년 한국으로 이주해 살고 있다. 둘째 여동생(1995년생)은 2013년 왈룽 셰르파 청년과 결혼하면서 아까시다라로 이주하여 현재 두 아이를 키우고 있다.

왈룽에서 집안일을 돕던 셋째 여동생(따시 라무, 1998년생)은 2017년 지중해 동부의 섬나라 키프로스로 노동 이주해 식당 종업원으로 일하고 있다. 이동 방목 양치기를 하던 둘째 남동생(낭 뻬시, 1999년생)은 2018년 7월 처음으로 카트만두에 나와 둘째 여동생과 함께 지내고 있다. 학교는 가지 않고 원정대 짐꾼으로 고용되기를 희망하고 있다. 셋째 남동생(낭 뗌바)은 2011년부터 카트만두에 나와 이모와 함께 살면서 학교에 다녔다. 2018년에는 뗀디와 함께 지내며 학교에 다닌다.

왈룽에는 부모만 남아 있다. 부친 앙 뗌바 라마(1971년생)는 2018년 8월 말 카트만두에 잠시 나올 계획이다. 곧 가을 관광

시즌이 되면 트레킹 가이드로 일하기를 희망하고 있다. 왈룽의 집을 떠나지 않았던 모친 도마(1968년생)는 홀로 있는 시간이 전보다 훨씬 잦아졌다.

뗀디가 시골의 땅을 포기한 것은 아니다. 고향은 완전히 등질 수 있는 게 아니기 때문이다. 게다가 기존 수력발전소 외에 새로운 수력발전소 건설이 바로 왈룽과 세두와 사이의 계곡에 추진되면서, 잠시 사그라들었던 왈룽 마을 등산로 개발계획도 다시 고개를 들고 있다. 셰르파들은 이제는 산쿠와사바 유일의 공항이 있는 마을인 툼링따르에서 차편으로 왈룽까지 한 번에 갈 수 있게 된다면서, 접근성이 좋아져서 관광 개발이 가능해질 것을 염두에 두고 있다.

국제적 동향에 큰 영향을 받는 산악 관광산업과 함께, 중국과 인도 사이에서 활로를 모색하는 네팔의 에너지 선택 산업 등 개인의 수준에서는 통제가 불가하고 예측을 불허하는 불투명성이 셰르파들의 미래상을 특징짓는다. 셰르파들이 도출하는 가장 합리적인 전략은 활용 가능한, 때로는 상충하는 선택지들까지도 모두 '살아 있게' 만드는 것이다. 이를 통해 미래를 '열려 있게' 만들고, 셰르파들은 그에 용감하게 뛰어드는 적극적인 태도를 보여왔다.

4

인도주의 셰르파 공동체

　　　　　　이렇듯 마칼루 셰르파들이 가능성이 보이는 새로운 영역이라면 도전적으로 뛰어드는 낙관적인 기질을 지닌 것은, 그에 따르는 불확실성의 부담을 복잡하면서도 견고하게 다져가는 공동체적 결속 관계를 통해 극복할 수 있기 때문이다. 이러한 전략을 집중적으로 보여주는 사례는 카트만두 이주의 현장에서 마칼루 셰르파들이 결성한 조직 산쿠와사바 셰르파회Sankhuwasabha Kiduk Sherpa다. 얽히고설킨 인간관계 사이에서 중심을 잡아 결속 관계의 효율을 높인 성공적인 시도이면서, 조직적인 활동으로 셰르파의 위상을 타 종족에게 전시하는 효과도 거뒀다. 특히 2020년 상반기 코로나19가 닥치면서 셰르파회 등을 통한 마칼루 셰르파들의 조직적 활동은 카트만두 이주 생활의 성공적인 적응을 보여준다.

　산쿠와사바 셰르파회를 창립한 초대 회장은 왈룽 마을 출신의 파상 셰르파(앞에 나오는 파상 뗀지와는 다른 인물)다. 그의 우여곡절 넘치는 인생 경로도 마칼루 셰르파의 전형적인 경험 구조를 보여준다. 어린 나이에 부모를 잃은 파상은 툼링따르의 식당에서 시중드는 아이로 일했다. 그러다가 벨기에인 관광객의 눈에 띄어 벨기에로 입양됐다. 어린 시절을 벨기에에서 보낸 파상은 벨기에의 산악인이자 인도주의 활동가인 로저 드 그로엔Roger De Groen과 함께 1990년 카트만두에서 그린로터스트레킹이라는 관광 업체를 설립했다. 이는 마칼루 출신 셰르파가 설립한 최초의 산악 관광 업체다. 다만 중점 대행업은 고산 등반이 아닌 개인·단체 트레킹으로, 다른 셰르파들에게 많은 취업 기회를 주지는 못했다.

파상은 벨기에의 국제 인도주의 비영리단체 쿠니나Cunina를 도와 2000년대 초부터 네팔 산쿠와사바 지역에서 교육 사업도 벌였다. 산쿠와사바 북부의 다섯 지역(칸드바리, 세카, 눔, 하띠야, 체뿌와)에 유치원부터 고등학교까지 기숙학교를 건립했고, 이후에도 이를 육성·확장하는 사업을 벌였다. 인도주의 활동의 공로를 인정받은 그로엔은 2011년 벨기에의 네팔 명예 대사로 위촉되기도 했다. 파상은 네팔 정계로 진출하여 국회의원으로도 선출된 바 있고, 이후에도 왕성한 정치 활동을 펼치고 있다.

산쿠와사바 셰르파회는 2002년 파상의 주도로 결성됐다. 이 조직의 목적은 홈페이지에 따르면 "소멸해가는 언어, 문화, 전통을 보존해 셰르파 카스트를 국가에서 존중받게 확립"하고 이들이 "네팔 사회에서 더 잘 드러나도록" 하는 것이다. 갖가지 문화 프로그램, 단체 행사, 연회, 교육, 사원 청소 및 관리, 회원 건강관리, 사회적 약자에 대한 도움 등을 구체적 활

동으로 명시하고 있다.[12]

2010년대 이후 이 셰르파회의 활동은 점차 두각을 드러낸다. 중심에는 2016년부터 5, 6대 회장을 연임(2022년까지)하고 있는 파상 푸르바 셰르파(1986년생)가 있다. 파상 푸르바는 세븐서밋트렉의 공동 경영자이자 창립자 밍마의 동생이다. 파상 푸르바는 셰르파회의 운영 원칙을 수정하여 회원들의 참여를 독려했고 이는 성공을 거두었다. 이는 홈페이지 개편을 중심으로 이뤄졌다.

> 기부금 내면 얼마 냈는지 홈페이지를 통해 다 볼 수 있게 해 놨어요. 돈을 조금씩 내면 내 것이라는 생각이 들고, 애착이 생기기 마련이죠. 조직이란 게, 특히 조직의 재산은 눈에 보이는 게 아니잖아요. 하지만 외국이나 다른 지역에 있는 셰르파들 모두 인터넷으로 연결돼 있잖아요. 웹사이트를 확실하게 해놓으면 사람들이 돈을 얼마나 냈는지 다 알 수 있겠죠. 우리 재산이 어디 있지? 인터넷으로 보면 다 알 수 있죠.[13]

실제로 2018년과 2020년을 비교했을 때 기부금 출연자 수가 크게 늘었다. 5만 루피(60만 원) 이상 출연한 사람은 2020년 6월 현재 59명이고 이 중 외국에 거주하는 이는 17명이다.

출연한 기금의 용처 중 가장 큰 사업은 셰르파회 회관 건축이다. 카트만두 까빤에서 북동쪽으로 차량으로 30분가량 떨어진 탈리에 부지를 매입해 시공에 착수했다. 향후 이곳에서 결혼식, 연회, 문화 행사, 교육 사업 등을 치를 계획이다.

한편 2020년 코로나19 대유행의 시련은 네팔에도 예외 없이 찾아왔다. 2020년 상반기 네팔의 코로나19 확진자는 다른 나라보다는 적은 편이었고 대개 인도와 면한 남부 국경도시에 집중됐다. 그러나 경제적 여파는 매우 컸다. 네팔 정부는 3월 중순 히말라야 등반 허가를 모두 취소한다고 발표했고, 3월 말에는 자택 대피령을 내렸다. 관광업 종사자 약 100만 명은 졸지에 실업자가 됐다.

산쿠와사바 셰르파회는 코로나19가 가져온 위기에 단체 행동으로 나섰다. 산쿠와사바 셰르파 중에 생계가 어려운 이들에게 식료품과 현금을 지급해 4~5월 사이 94개 가구를 도왔다. 홈페이지는 개인과 단체 모두 여덟 곳에서 19만 5600루피를 기부했고 94명의 자원봉사자가 활동했다고 기록했다.

불우 이웃 돕기는 앞서 보았듯이 셰르파회의 정관에 규정된 사항이다. 2018년 파상 푸르바는 이렇게 말했다. 셰르파회를 통해 "어려움에 빠진 서로를 도울 수 있는 거죠. 특히 가난한 사람들과 병든 사람들을 도울 수 있습니다. 셰르파들은 그렇게 미래를 생각하고, 그러면서 다른 사람들, 나아가 네팔 전체가 근본부터 바뀔 수 있어요."

파상 푸르바의 산쿠와사바를 넘어서는 불우 이웃 돕기의 인도주의적 비전은 코로나19 국면에서 펼친 다른 활동에서도 드러났다. 세븐서밋트렉은 셰르파회보다 훨씬 큰 규모로 구호 활동을 펼쳤다. 셰르파회는 지역과 종족에 국한돼 있지만 세븐서밋트렉은 피고용인이 지역과 종족을 가리지 않고 구성되어 있기 때문이다. 또 현재 네팔에서 가장 규모가 큰 원정 대행 업체로서 구호 활동을 대국민 사업을 벌이는 개념으로 접근했다. 세븐서밋트렉은 공동 경영자 5형제의 명의로 자체 기금을 활용해 5~6월 사이 산쿠와사바 출신 1154개 가구, 다른 지역 출신 421개 가구에 쌀·콩·식용유·설탕·소금 등 식료품과 현금을 지급했다.[14]

벨기에의 쿠니나와 파상 푸르바의 산쿠와사바 셰르파회, 밍마 형제의 세븐서밋트렉이 보여준 인도주의 활동의 사례는 셰르파들에게 특이하기는 하지만 이질적이지는 않다. 환대와 지원, 협조는 셰르파들이 역경을 거치며 체득했고 또 매일같이 효과를 체험하는 개인의 도덕적 기준이다. 따라서 저들처럼 조직적인 역량을 통하기도 하지만 개인적으로 인도주의적 활동을 벌이는 것은 어색하지 않다. 앞에 나온 앙 다와는 미국에서 지내는 동안 꾸준히 각종 셰르파 관련 조직에 기부해왔고, 그와 별도로 매년 네팔의 불우한 이웃 여러 명에게 100~200달러씩 전해주고 있었다. 2020년 2월 로사르 축제 참가를 위해 카트만두를 찾았던 그는 코로나19로 발이 묶이자 네팔에 머물면서 각종 자선사업을 이어나갔다. 까빤의 고아원을 찾아 현금과 물품 도합 4만 5000루피를 기부했다. 두 손이 없는 시각장애인에게도 1만 루피를 전달했다.

이들의 자선 활동은 '오른손이 하는 일을 왼손이 모르게 하라'는 식의 '마음속 선행 쌓기'와는 다르다. 셰르파들은 자신들의 자선 활동을 홍보하는 데에 거리낌이 없다. 앙 다와는 본인의 선행을 모두 사진으로 남겨 유튜브 영상으로 제작하기도 했다. 세븐서밋트렉은 자선 활동을 사진과 영상으로 촬영해 매일같이 페이스북에 알렸다. 주변 셰르파들은 수많은 '좋아요'와 댓글 등으로 이에 긍정적이고 적극적으로 화답했다. 원정대를 성공적으로 마쳤을 때, 정부에서 표창을 받을 때, 아름답게 치장한 모습의 사진까지 셰르파들과 지인들은 수님없이 호응했다.

마지막으로 이와 같은 자선 활동에서는 정부의 역할 또는 그에 대한 기대는 찾아볼 수 없었다. 파상 푸르바의 다음의 말은 정부에 대한 일반적인 불신을 잘 보여준다. "정부 사람들은 잘하는 게 없어요. 급여는 많이 받지만, 마땅히 해야 하는 일에 최선을 다하지 않습니다. 집권자들은 매번 바뀌고, 그들은 바뀔 때마다 자기네 사람들만 우선시해요. 물론 그들이 결국엔 잘해서 나라가 발전하기를 바라죠. 하지만 그러기에는 시간이 너무 많이 걸릴 거예요."

5
관계의 사슬

　　　　　　서두에 언급한 아프노 만체의 사회 원리는 학계에서 부정부패의 한 유형으로 다뤄져왔다. 뇌물, 청탁(짜까리) 등과 함께 정치가들부터 시작해 도덕적·문화적 병폐로 사회 구석구석에 뿌리내린 근절해야 할 문화로 인식된다.[15] 그러나 지금까지 살펴보았듯이, 아프노 만체는 부정적으로 이해되기 전에 지역과 종족이라는 두 기본 단위로 특징지어지는 네팔 사회에서 자생한 일종의 생존 전략으로 봐야 한다. 한때 세계 최빈국 중의 하나였던 나라에서 시골 마을에서 자란 청년들에게 세상의 문물과 기회는 호기심과 두려움의 대상이 아닐 수 없었다. 튼튼한 관계의 사슬은 세계 어느 곳을 삶의 터전으로 삼더라도 서로를 지탱하는 든든한 자원임을 셰르파들은 나날의 경험을 통해 확인하고 있다.

　국제적 시각을 갖춰나가는 셰르파 중에는 세븐서밋트렉의 형제 경영주들처럼 셰르파만이 아니라 네팔의 모든 국민을 아프노 만체의 대상으로 보는 이도 있다. 적어도 이런 면모에서는 아프노 만체의 원리가 사회 일반에서 긍정적으로 활용될 수도 있는 셈이다. 물론 불법체류 노동이나 중개인을 통한 불법 이민 등 '비정상의 정상화'는 네팔 사회의 또 다른 아프노 만체 비술이라고도 할 수 있을 텐데, 역시 네팔이 풀어야 할 숙제임은 분명하다. 이 또한 자민족 중심적 사고의 지평을 지구적 공동체로 넓히는 데에 해결책이 있을 것이다.

chapter
5

Mountaineering

등반은 천직

히말라야 등반의 떠오르는 주역 세르파

"라이는 짐 나르고, 구르카는 군대 가고, 셰르파는 산에 간다네!"

산쿠와사바의 시골길을 걸으며 뗀디가 즉흥시를 흥얼거린다. 공화정이 확립된 2008년까지 네팔은 공식적으로 힌두 왕국이었다. 직업과 종족 정체성을 동일시하는 카스트 관습은 종교를 막론하고 네팔 전역에 뿌리내렸다. 종족 정체성으로의 회귀는 단순히 사람들의 사고 체계에서 비롯한 게 아니라, 4장에서 봤듯이 네팔의 다종족 사회 속에서 자생해 공유되어 내려온 일종의 삶의 전략이다. 구르카라는 이름은 19세기 영국의 모병이 이루어졌던 네팔 중부 지명 고르카에서 왔을 뿐이고, 모든 셰르파나 모든 라이가 고산 등반과 짐꾼으로 생계를 연명하는 것도 아니지만, 이와 같은 종족별 특성화는 오늘날 네팔 전역에서 실천되고 있다.

그렇게 2010년대의 마칼루 셰르파들은 히말라야 고산 등반을 종족적 천직으로 받아들이고 있다. 물론 통계적·역사적으로 보면 전혀 그렇지 않다. 여전히 농업은 마칼루 셰르파들이 압도적으로 가장 많은 노동력을 기울이는 생계 수단이다. 하지만 셰르파들은 등반 셰르파 직종을 자신들만의 전유물로 여기고, 또 그래야 한다고 주장한다. 셰르파만이 아니다. 네팔 내 언론이나 상업광고 등에서도 산악 관광 업계의 주력은 셰르파 종족과 동일시된다. 즉 뗀디의 즉흥시는 셰르파족에게 새롭게 고정된 카스트 담론을 수용하고 그 합당함을 설파함으로써 네팔 사회의 정당한 경제적·문화적 일원임을 주장하는 국민적 담론이다.

이 장에서는 뗀디와 같은 마칼루 셰르파들이 히말라야 등반 셰르파를 천직으로 여기게 된 구체적인 맥락을 살펴본다. 최근 수십 년 사이 히말라야 원정대의 변해가는 지평 속에서 셰르파들이 자체적으로 모객한 원정대가 에베레스트를 비롯한 8000미터 고산 등반의 주류로 떠오르게 된 경과를 분석한다. 이런 새로운 변화를 주도한 몇몇 셰르파들이 히말라야 등반에서 서구인과의 관계에 대해 가진 인식을 살펴보고, 또 그러한 인식이 셰르파 주도 원정대의 조직 과정에 미치는 영향도 살펴본다. 즉 이 장은 2010년대 셰르파 주도 원정대의 거시적인 현상을 다룸으로써, 미시적인 구조와 경험 측면을 다루는 6장과 7장을 위한 기초 배경을 제시한다.

1
히말라야 가이드 원정대

1996년 5월 10~11일에 에베레스트 정상부에 폭풍이 닥치면서 8명이 사망하는 대형 사고가 벌어졌다. 현장에 있던 미국인 존 크라카우어Jon Krakauer는 이듬해 『희박한 공기 속으로Into Thin Air』를 출간했고 이는 금세 베스트셀러가 되어 큰 반향을 일으켰다. 책은 미숙한 초보자를 무리하게 등반시킨 가이드 원정대를 에둘러 비판한다.[1] 이때부터 대행사가 모객한 가이드 원정대는 "상업 원정대commercial expedition"로 불리며 '초보자가 돈으로 정상을 산다'는 나쁜 이미지가 붙었다.

'상업 원정대'라는 말은 히말라야 등반을 논할 때 거의 예외 없이 비판적인 용도로 자주 사용되긴 하지만 분석적인 용도로는 적절치 않은 표현이다. 엄격히 말해 이윤 추구의 목적을 동반하지 않는 원정대란 사실 찾아보기 힘들기 때문이다. 서구 근대 등반의 효시로 꼽히는, 소쉬르가 내건 현상금을 노리고 이룬 1786년의 몽블랑 초등은 상업적이지 않은가? 기업체 협찬을 받고 등반복의 협찬사 로고를 촬영하며 오르는 등반은 상업적이지 않은가? 에베레스트의 가파른 남서벽에 어려운 루트를 개척하며 등정에 성공한 1975년 영국 에베레스트 원정대를 본격적으로 상업성이 가미된 시초라고 보는 히말라야 등반 역사가도 있다.[2] 등정 성공에 따른 추가금까지 계약 사항에 포함된 대규모 기업 후원을 받았기 때문이다. 나는 '상업 원정대'보다는 '가이드 원정대,' '모객 원정대' 등이 더 적절한 표현이라고 본다.

히말라야 가이드 원정대는 네팔에서 1960년대부터 시작한 가이드 주도 트레킹 관광산업에서 점차 발전해나갔다. 7000미터 이상의 산에서 처음으로 가이드가 고객을 이끌고 등반한 사례는 1977년에 미국인 두 명이 13명의 고객을 대동하고 인도 눈쿤(7077미터)을 오른 등반이다. 8000미터 산에서는 1985년 미국의 부호 딕 배스Dick Bass가 숙련 등반가 데이비드 브레셔스David Breashears를 고용해 에베레스트를 오른 게 최초다. 이후 가이드 원정대는 꾸준히 증가해 오늘날 고산 등반을 실질적으로 주도하고 있다.

서양의 숙련된 등반가나 전문가 들은 일반적으로 가이드 원정대를 등반의 '순수성'을 해치는 주범으로 지목한다. 가이드를 고용해 불확실성과 위험을 줄임으로써 고객들은 "더 많은 모험이 아니라 더 적은 모험을 위해 돈을 지불한다"고 비판한다.[3] 등반에 있어서 타인의 간여 없이 오로지 자신만의 능력과 판단으로 산을 오르는 데에 등반의 '본질'이 있다고 보기 때문이다. 8000미터 14좌를 처음으로 오르며 산악계의 영웅으로 떠오른 메스너는 이러한 초개인주의적 등반관의 전도사다. 니체의 '초인Übermensch' 개념은 여기에서 핵심이다. 메스너는 1978년 낭가파르바트(8126미터), 1980년 에베레스트 등을 베이스캠프부터 단독으로 오르면서 '진정한 산을 만나는 길은 혼자 가는 것'이라고 주장했다.[4] 반면 메스너는 오늘날 셰르파들의 도움을 받아 많은 이들이 몰려 오르는 에베레스트

표4 | 1981년~2019년 네팔 내 8000미터 봉 등반에 셰르파들이 참여한 횟수 현황. 1990년대 중반 이전까지의 증가는 히말라야 원정대의 단순 증가와 비례하며, 그 뒤의 점진적인 증가는 셰르파 가이드에 적극적으로 의존하는 방식의 원정대가 증가했음을 보여준다. 파키스탄, 중국의 등반 자료는 포함되지 않았다(자료: 〈히말라야 데이터베이스The Himalayan Database〉).

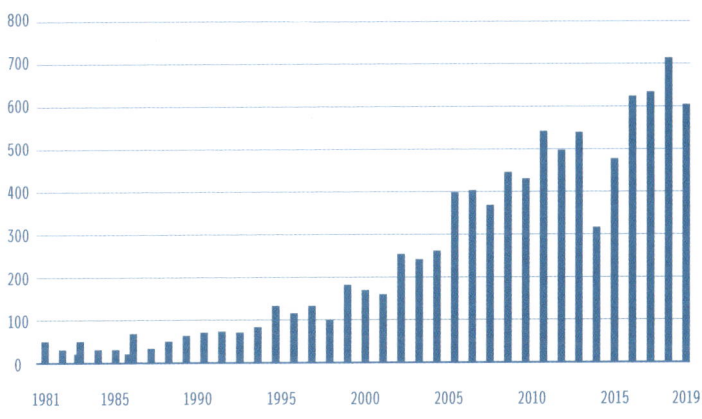

chapter 5 등반은 천직: 히말라야 등반의 떠오르는 주역 셰르파

의 등반을 두고 "등반이 아니"라고 평가절하한다. "그건 사업이자 관광이다. 등반과는 아무 관련이 없다. 등반이란 전적으로 자기 책임 아래 스스로 하는 것, 그러다 죽을 수 있다는 것도 아는 채로 나서는 것이다. 하지만 요즘 에베레스트는 스키 관광과 비슷하다."[5]

가이드 원정대가 성행한 실질적인 원동력은 셰르파들의 참여다. 〈표 4〉는 셰르파들의 고산 등반 참여가 1990년대부터 점진적으로 증가하기 시작했음을 보여준다. 2장에서 살펴봤다시피 1907년 노르웨이 원정대에 짐꾼으로 참가한 뒤 서방세계에 알려지기 시작한 셰르파족은 이후 100여 년 동안 꾸준히 히말라야 원정대에 참가하면서 히말라야 산악 관광산업 전반에서 지위를 격상해나갔다. 특히 대원들의 짐을 수송하는 것에서 대원을 도와 안전하게 등반을 마칠 수 있도록 돕는 방식으로 발전했다. 사고율이 높은 정상 등정 기간에는 등반 셰르파와 대원이 일대일 혹은 적어도 한 무리로 구성돼 함께 등반하는 관행이 자리 잡았다.

2

**히말라야 등반의 노동 분업과
대행사의 등장**

시간이 지날수록 히말라야 등반에서 셰르파들이 중요한 위치를 점유해나갈 수 있었던 까닭은 원정 등반이 계속되면서 전문화·세분화를 통한 노동 분업이 정착했기 때문이다. 구체적으로 다음 세 가지 요건이 히말라야 등반의 노동 분업을 가능하게 했다. 첫째, 산을 성공적으로 오르기 위한 시기·루트·방식·조직·장비 등등에서 충분한 지식과 기술이 축적됐다. 둘째, 네팔을 비롯해 인도·중국·파키스탄 등 히말라야 등반이 본격적으로 이루어지는 국가에서 행정·준비·통관·수송·인력 관리 등 등반 이외의 제반 사항에 현지인의 도움이 절대적으로 필요했다. 예컨대 네팔의 경우 현지 대행사를 통해서만 등반 허가를 발급받을 수 있다.

셋째, 개인주의적 등반 개념의 확산이다. 오늘날 세계의 주류 산악 매체에서 등반이란 '개인이 산을 오르는 것'으로 인식된다. 그에 반하는 19세기 말 콘웨이식 대규모 탐사형 원정대, 전후 8000미터 초등 시대의 군대식 업무 분담형 원정대, 최근까지도 있었던 3~4명씩 조를 나누어 번갈아 루트 개척에 나서는 러시아식 팀워크 원정대 등은 모두 '등반의 본질을 호도

한 사례' 정도로 취급된다. 이러한 개인주의적 등반관은 등반을 '산과 개인 사이에 벌어지는 일'로 간주하여, 산에 오르기까지 현지에서 벌어지는 온갖 복잡다단한 일과를 등반의 의미 구조 밖으로 놓는다. 그럼으로써 개인주의적 등반관은 등반가가 더욱 자신의 몸과 마음에만 집중하도록 돕는 산업을 구축하는 데 일조했다. 오늘날 '산악계의 오스카상'이라고도 불리는 황금피켈상 등이 찬양하는 히말라야에서 고도의 알파인 스타일 등반이 가능한 이유는, 바로 풍부한 경험과 노하우를 바탕으로 산을 오르는 것 이외의 모든 업무를 도맡아 처리해주고 모든 물자와 편의를 깊은 산중까지 운반해 제때 공급해줄 수 있는 종합적 산악 관광 대행 산업이 성공적으로 정착했기 때문이다.

셰르파들은 이 세 가지 히말라야 등반의 노동 분업 요건—원정 전 과정의 충분한 노하우, 현지 용무 전담, 개인주의 등반 사조—을 간파하고 이를 적극적으로 진작함으로써 독점적 위치를 차지해갔다. 20세기 전반에 셰르파들이 '고소 포터'라는 역할을 자임할 수 있었던 것은, 산에서 텐트 따위의 짐을 나르는 것은 등반을 위해 꼭 필요하긴 하지만 가치 있는 등반의 영역은 아니라는 외국인 등반가들 사이의 암묵적인 합의가 없었다면 불가능했을 것이다. 셰르파들 사이에서 생겨난 지휘 계층 사다도 마찬가지다. 사다는 원정대가 도착하기 전에 셰르파들을 모집해놓을 뿐 아니라 필요한 장비와 식량 구매도 책임졌는데, 이 역시 외국인들의 등반관에서 그다지 가치 있는 등반 행위가 아닌 것들로 치부된 셈이다. 사다의 업무는 이후 팀 가이드와 대행사 사무 업무로 갈라졌다.

  대행사는 히말라야 현지와 서양 양쪽에서 형성돼갔다. 1955년에는 영국 여행사(Thos. Cook & Son)가 주도해 네팔 최초의 단체 트레킹 관광이 있었고, 1965년에는 최초의 쿰부 단체 트레킹이 1963년 미국 에베레스트 원정대 대원들에 의해 조직됐다. 1970년대에 들어서는 서양에서 히말라야 등반대를 모집하는 모객 업체가 생겼다. 8000미터 봉우리 등반 모객업은 1980년대 중반부터 본격화됐다. 외국의 대행사는 자국 가이드 파견, 등반 세부 내용 지원 등의 업무를 담당하고, 그 외 행정, 숙박, 수송, 물품 조달, 현지 안내 등의 업무는 네팔 대행사에 위탁하는 방식으로 대행사의 이원화가 정착됐다.

  개인주의적 등반관의 확산과 함께 원정 대행사가 담당하는 역할은 계속 커져서 마침내 대원을 직접 모객하는 수준까지 이르렀다. 이는 1990년대 이후로 히말라야 8000미터 봉 등반의 형식을 분류할 때의 유의미한 기준이기도 하다. 대행사가 대원을 직접 모집하느냐의 여부에 따라 '대원 주도 원정대'와 '모객 원정대'로 나눌 수 있다. 전자는 산악 단체 등 등반가들이 서로 먼저 대를 구성한 뒤 원정의 제반 사항 또는 가이드까지 포함하여 대행사에 의뢰하는 방식이다.

2010년대 들어 대원 주도 원정대는 등반의 실질적인 내용에서 점차 대행사 원정대를 닮아갔다. 네팔 대행사에 축적된 원정 전반에 대한 경험과 지식, 네트워크, 그리고 이미 최적의 등반 방법론을 갖춘 팀 가이드나 등반 셰르파 앞에서 외국인 '대장'이 갖는 권위는 유명무실해졌다. '대장'은 자국의 산에서는 경험이 풍부할지 몰라도 히말라야에서는 등반 결정을 내리기 위해 셰르파들에게 의견을 물어봐야 하는 처지가 됐다. 예컨대 2013년 봄 한국 에베레스트 원정대는 본국의 기상 전문가를 통해 기상정보를 주기적으로 전달받고 있었다. 반면 셰르파들은 당시 베이스캠프의 다른 원정대들의 고용인들과 형성한 인적 관계를 바탕으로 4~5가지 종류의 기상정보를 동시에 접하고 있었다. 다른 원정대들의 정상 등반 일정 또한 셰르파들이 먼저 알고 있어서, 한국 원정대가 등반 일정을 결정하기 위해서는 셰르파들이 공유한 정보만이 아니라 경험 많은 그들의 조언까지 중요하게 받아들이지 않을 수가 없었다.

에베레스트 등반은 이 변화의 선두에 있었다. 히말라야 고산 중에서 가장 많은 국가에서 가장 많은 등반가가 모여들고, 대행사들 또한 경쟁적으로 원정대를 유치했다. 〈표 5〉는 2002년부터 2020년까지 에베레스트 등정자/사망자 수 현황을 보여준다. 등정자 수가 적은 2005년(이상기후), 2008년(올림픽에 따른

표 5 | 2002년부터 2020년까지 에베레스트 등정자(청색)/사망자(적색) 현황. 등정자 수는 2000년대 들어 꾸준하고 급격한 증가세를 보였다. 몇몇 감소를 보인 경우는 다음과 같다. 2005년은 날씨 문제, 2008년에는 중국이 베이징 올림픽 당시 에베레스트 정상의 성화 봉송을 위해 중국 방면의 등반을 금지하고 네팔 방면 등반에도 제재를 가했다. 2009년 중국 측 규정 변경으로 인한 혼란, 2014년 쿰부 빙하 눈사태로 17명의 셰르파 사망, 2015년 네팔 대지진, 2020년 코로나19로 등반 금지 등의 경우다(자료: 에베레스트 등반 기록가 앨런 아네트 홈페이지 alanarnette.com 참조)

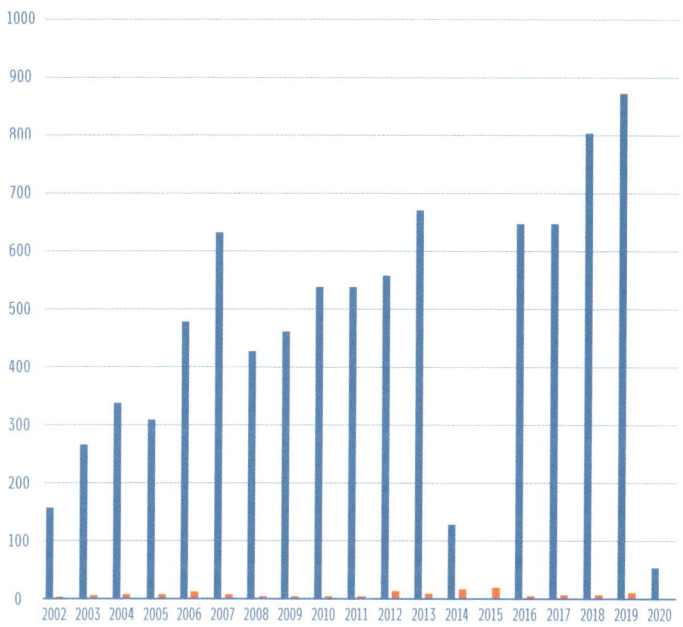

중국 규제), 2009년(중국 규정 혼란), 2014년(눈사태로 인한 대규모 사고), 2015년(네팔 대지진), 2020년(코로나19 확산) 등은 등반 내·외적으로 등반가들이 통제하기 어려운 상황이 발생해 등반이 영향을 받았음을 보여준다. 이를 감안하면 등정자 수는 꾸준히 급증하고 있음을 쉽게 알 수 있다.

3

밍마 셰르파와 세븐서밋트렉

이러한 최근 변화의 양상들―모객 원정대의 폭발적 증가와 셰르파의 핵심적 역할―은 물론 셰르파들도 잘 안다. 세븐서밋트렉의 설립자이자 대표인 밍마는 이러한 변화를 주도한 인물 중 하나다.

밍마 셰르파(1978년생, 마을에서 불리는 별명은 '앙 마일라')는 왈룽의 누르부짜울에서 태어났다. 그의 모친은 첫째 아들을 낳은 뒤 남편이 사망하자 재혼해 두 딸과 다섯 아들을 낳았다. 밍마는 다섯 아들 중 첫째다. 부친은 2004년에 병으로 사망했다. 밍마는 동네 학교에도 다녔지만 3년을 다니고 그만뒀다. 14세 되던 1992년 처음 마을을 벗어나 이모와 함께 카트만두 북부 마하르건즈로 이주했다. 작은 식당에서 이모와 함께 일하고 건설 노무자로도 일했다. 이후 지인의 도움을 받아 개별 단체 트레킹에 짐꾼으로 고용되어 일하기 시작했다. 점차 여러 대행사로 인맥을 넓히며 짐꾼으로 일했다. 그러다가 탐세르쿠 대행사를 통해 고산 등반 가이드로 일하기 시작했다. 한편 2000년 봄 마나슬루(8163미터) 등반 중에 한국의 산악인 한왕용을 우연히 만났고, 이후 그의 원정대에 고용되어 한왕용이 8000미터 14좌를 완등하던 2003년까지 8000미터 4개 봉을 함께 올랐다. 2004년까지 밍마는 등반 셰르파로 고용되어 총 9개 봉을 올랐다.

이후 밍마는 매형인 자빠니 푸르바와 함께 일본에서 2004~2009년 사이 외국인 노동자로 근무했다. 처를 포함해 다른 셰르파들과 함께였다. 그러나 불법체류가 발각되어 모두 추방당했다. 네팔로 돌아온 밍마는 한왕용의 사례를 떠올리며 14좌 중 남은 8000미터 봉우리를 완등하겠다고 결심했다. 일본에서 모은 자금으로 피고용인으로서가 아닌 대원으로 하나씩 등반하여 2011년 5월 칸첸중가(8586미터)를 마지막으로 완등을 이루었다.

'네팔인 최초 8000미터 14좌 완등'은 이후 그에게 항상 붙는 꼬리표가 됐다. 인도와 경쟁 관계에 있는 네팔에서는 항상 그를 '남아시아 최초의 14좌 완등자'로 소개한다. 이 업적은 그의 원정 대행사 세븐서밋트렉의 사업적 성공에 크게 기여했다.

2013년에는 그의 동생 창 다와 셰르파(1982년생)도 14좌를 완등했다. 에베레스트를 7회 오른 전력이 있는 다른 동생 따시 락빠 셰르파(1985년생)와 카트만두에 나와 10학년까지 교육받은 막내 파상 푸르바 셰르파(1986년생) 등 네 명의 형제는 세븐서밋트렉의 공동 경영자가 되어 적극적으로 사업을 펼쳐갔다.

세븐서밋트렉은 왈룽 및 마칼루 출신 셰르파들을 대거 고용했다. 곧 수주한 원정대 용역이 고용 가능한 마칼루 셰르파들보다 많아졌기 때문에, 솔루쿰부 등 타지방 출신 셰르파들과 보떼, 따망 등 타 종족 등반가들도 소개를 받고 고용했다. 다른 대행사의 원정대로 예약이 되어 있는 셰르파들을 웃돈을 주고 고용하는 사례도 있었다. 〈표 6〉은 네팔 내 8000미터 봉 등반 원정대에 참가한 전체 셰르파와 마칼루-바룬 출신 셰르파의 참가 횟수를 연도별로 나타낸 도표다. 〈표 7〉은 비율을 그래프로 표시했다. 〈히말라야 데이터베이스〉의 자료를 사용한 이 수치에는 파키스탄, 중국의 등반 자료는 포함되지 않았고, 각종 사정으로 집계에 누락된 등반이 있을 수 있다. 하지만 적어도 2010년도를 전후로 마칼루 출신 셰르파들이 고산 등반 원정대에 참가하는 경우가 증가했다는 사실은 확인할 수 있다. 2013년부터 네팔의 압도적인 최대 규모 대행사로 떠오른 세븐서밋트렉은 이 증가에 중요한 역할을 했다.

표 6 | 1988~2019년 네팔 내 8000미터 봉 등반에 셰르파 전체(청색) 및 마칼루-바룬 지역 셰르파(적색)들이 참가한 횟수 현황. 파키스탄, 중국의 등반 자료는 포함되지 않았다(자료: 〈히말라야 데이터베이스〉).

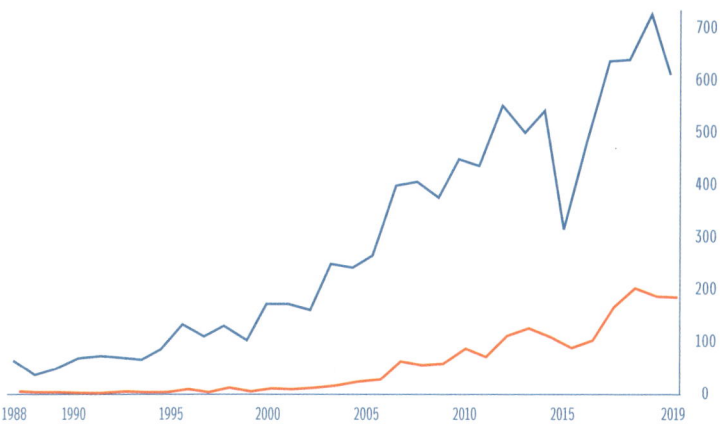

표 7 | 1988~2019년 네팔 내 8000미터 봉 등반에 참가한 전체 셰르파 대비 마칼루-바룬 출신 셰르파 비율 변화 추이. 파키스탄, 중국의 등반 자료는 포함되지 않았다(자료: 〈히말라야 데이터베이스〉).

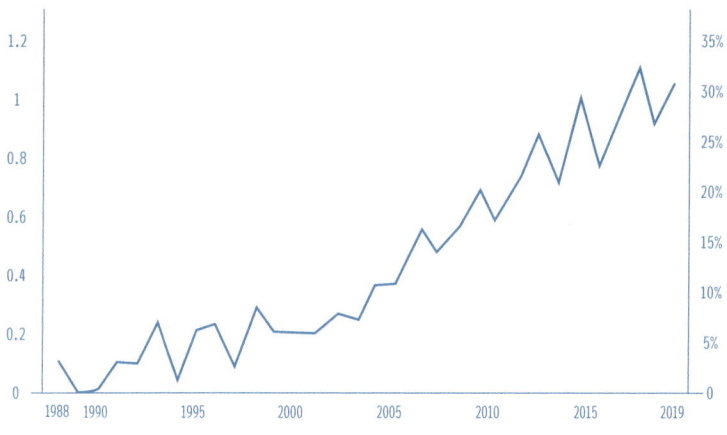

4

히말라야 등반의 탈식민주의적 비판

2012년 5월 12일, 에베레스트 베이스캠프의 한 대형 텐트에서 긴급회의가 열렸다. 회의는 13개 대형 원정대의 대표가 모인 자리로, 4캠프부터 정상까지의 로프 설치 및 원정대별 등반 일자를 상의하는 목적이었다. 예년의 경우 5월 중순이면 어느 정도의 사람들이 이미 정상에 올랐을 때였다. 날씨는 좋았다. 맑게 갠 하늘을 가리키며 어떤 이는 "이렇게 좋은 날씨를 왜 그냥 보고만 있어야 하지?"라고 한탄하기도 했다.

정상까지 로프 설치는 하이멕스(HiMex 또는 Himalayan Experience) 원정대가 주관하기로 되어 있었다. 뉴질랜드의 산악인 러셀 브라이스Russell Brice가 운영하는 대행사로, 그는 서양에서는 10여 년 동안 '에베레스트 패밀리의 지도자'로 꼽히던 인물이다. 4월 초, 각 원정대 대표를 모아놓고 홀로 앞에 서서 로프 설치 등등에 관한 회의를 주관하던 브라이스의 모습은 영락없는 '대장'의 이미지였다. 몇몇 백인 가이드들이 발언하며 회의에 주도적으로 참여했다.

그런데 4월 중 에베레스트의 2캠프와 4캠프 사이의 가파른 '로체 페이스' 구간에서 낙석과 떨어지는 얼음으로 몇 명의 등반가가 부상당하는 사건이 발생했다. 브라이스는 로체 페이스 구간과 함께 1캠프까지 오르는 쿰부 아이스폴 구간도 예년에 비해 위험하다고 판단하고 5월 초 등반을 포기하고 철수했다. 문제는 그들이 맡기로 되어 있던 로프 설치 작업이다. "말 한 마디 없이 가버렸어요." 어느 셰르파 대장은 이렇게 불평했다.

이날 회의는 러셀 브라이스가 주관하던 회의와는 사뭇 분위기가 달랐다. 셰르파들을 포함해 유색인종 대장들은 탁자를 사이에 두고 둘러앉아 자유롭게 자신의 의견을 얘기했다. 최신 날씨 정보를 공유했고 정상 구간 로프 설치 대원을 차출하고 물자 수송을 협의했다.

결국 새로 편성된 로프 설치조가 정상에 오른 '시즌 초등'은 예년보다 일주일 정도 늦은 5월 17일이었다. 6월에 들어서면 기온이 오르고 몬순이 닥치기 때문에 원정대늘은 일제히 등반을 서둘렀다. 이후 며칠 동안 세계 각국의 언론에 회자된 풍경이 펼쳐졌다. 로체 페이스에 수백 명의 사람이 다닥다닥 줄지어 오르는 광경이었다. 당시 인파 속에 있던 이탈리아의 등반가 시모네 모로는 기다림에 지쳐 산소통을 쓰지 않는 '무산소' 등반을 포기하고 내려왔다. 이후 언론 인터뷰에서 에베레스트가 "놀이공원"처럼 변했다고 강하게 비판했다.[6] 나도 그 인파 속에 있었는데, 정체 현상으로 원하는 속도로 등반할 수 없어 상당히 힘들었다. 4캠프에 도착해서는 인파에 섞이지 않기 위해 남들보다 이른 시각에 먼저 출발해 무사히 정상에 오를 수 있었다. 그러나 내 뒤로는 몰려 올라간 사람들로 인해 정상 구간에서도 정체 현상이 발생했고, 직간접적인 영향 속에 5월 19~21일 사이에 여섯 명이 사망했다.

원정을 마치고 귀국한 뒤 국내 모 일간지가 나에게 당시 에베레스트에 등반 인파가 몰린 사진을 요청해 1면에 실었다. 의견을 묻는 기자에게 당시의 정황을 설명했다. 그러나 막상 신문에 실린 내용은 정반대였다. 「해발 8000미터서 정체 사태 '예고된 에베레스트 인재'」라는 기사는 등반 사고를 줄이기 위해서 "에베레스트 입산 허가를 제한해야" 한다고 주장하며, 다만 "문제는 입산 허가를 통해 막대한 돈을 버는 네팔 정부가 태도를 바꿀지 여부"라면서, "많은 사람이 에베레스트를 오르려고 할수록 사고의 잠재성은 더 커질 수밖에 없다"는 다른 국내 산악인 인터뷰를 인용했다.[7] 인명을 무시하고 에베레스트를 앞다퉈 오르려는 등반가들, 돈에 눈이 멀어 이를 방치하는 네팔 정부는 현대사회의 모순이 낳은 탐욕과 이기심의 상징처럼 그려졌다. 순수한 등반이 아닌 비속한 관광으로 치부되며 규제만이 해결책인 일탈적 상황으로 비쳤다.

현장의 셰르파들은 그렇게 생각하지 않았다. 내가 만난 네팔인들 중에 누구도 에베레스트 입산 인원 제한을 바람직한 해결책으로 보는 이는 없었다. 2012년 봄 당시 세븐서밋트렉의 베이스캠프 매니저였던 따시는 당시 이어진 사고들은 "러셀 브라이스가 상황을 그렇게 만든 것"이라고 지적한다.[8] 2013년 봄에도 에베레스트의 베이스캠프 매니저로 일한 따시는 당시를 돌아보며 아래와 같이 말했다.

> 지난해 러셀 브라이스의 원정대가 [에베레스트에서] 가장 컸고 마치 본인이 대장인 것처럼 행세했죠. 하지만 올해는 완전히 다릅니다. 대원과 셰르파의 관계는 변했어요. 이들은 이제 함께 일하고 서로 좋은 친구입니다. 우린 모두 산악인이에요. 저는 가장 크게 되는 것을 원하지 않아요. 대장이 되는 걸 원하지 않습니다.[9]

따시가 말한 "가장 크게 되는 것"은 집단 내에서 선망받는 권력자인 네팔어 '툴로 만체'(큰사람)를 뜻하는 것으로, 그의 원정대가 규모로는 가장 큼에도 불구하고 자신은 그러한 개인적 지위를 노리지 않겠다는 발언이다. 2013년 봄, 세븐서밋트렉은 사상 처음으로 네팔인이 설립한 대행사 중에서 에베레스트에서 가장 큰 규모의 원정대를 조직한 대행사가 됐다. 외국인 등반가(대원) 72명에 등반 가이드는 82명에 달했다. 이 중 60명은 마칼루 셰르파였다. 이외에 7명의 베이스캠프 매니저, 약 50명의 주방장과 주방 보조가 고용됐다. 외국인 등반가 중 약 50명은 다섯 개의 대원 주도 원정대 방식이었고 나머지 20여 명은 느슨한 하나의 원정대를 형성한 자체 모객 대원들이었다. 당시 네팔 방면 에베레스트 베이스캠프에는 20여 개의 대행사에 총 315명의 외국인 등반가가 있었다.[10] 따시의 지적은 단순히 당시 상황에만 해당하는 것은 아니었다. 히말라야 등반에서 고질적인 서양인과 비서양인/셰르파 사이의 위계적 관계에 대한 탈식민주의적 비판이었다.

> 요즘 셰르파들은 아주 똑똑해요. 뭘 해야 할지 압니다. 경험이 많아요. 서양인 대장들이 자신들이 '크다'고 생각하면 그건 잘못이에요. 여긴 셰르파 영역입니다. 유럽인 하나가 셰르파 스무 명에게 고함치며 명령하던 시절이 있었죠. 지금은 절대 그럴 수 없습니다. 학교에 가면 선생님께 돈을 내잖아요. 그렇다고 선생님께 '내가 원하는 걸 다 해라'라고 하지는 않잖아요. 마찬가지예요.[11]

따시의 말 속의 '크다'(툴로)라는 개념은 단순히 상급자를 가리키는 개념이 아니다. 이는 남아시아와 티베트 문화권에서 범접할 수 없는 신성 혹은 업보를 지닌 존재에게 쓰이기도 하는 형용사다. 그런 존재는 그만큼의 자비와 선행을 실천할 것을 기대받는다. 부당하게 위계적인 태도는 자칫 심한 반감을 불러일으킬 수 있다.

셰르파에 대한 서양인의 차별적 태도는 밍마가 네팔인 최초로 8000미터 14좌를 완등하려는 동기가 되기도 했다. 밍마는 이렇게 말했다.

> 산에서는 셰르파가 뭐든지 다 합니다. 그런데 하나[외국인]는 '등반가climber'라 하고, 다른 하나[셰르파]는 '짐꾼porter'이라 합니다. 이건 불공평하죠. 우리도 할 수 있다는 걸 보여주려고 저는 14좌를 완등하기로 결심했습니다. 당시까지는 등반 셰르파를 부르는 공식 명칭이 고소 포터High-altitude Porter였죠. 저는 회사를 연 뒤 이를 고산 가이드High-altitude Guide로 바꿨습니다.[12]

세븐서밋트렉의 커지는 규모에 대해 여러 서양 산악인과 언론은 이들 신흥 대행사들이 저렴한 가격으로 시장을 선점한다면서, 그럴 수 있는 이유로 주로 비숙련 가이드를 고용하여 안전에 무심하고 질 낮은 서비스를 제공하기 때문이라고 비판했다. 2013년 봄 에베레스트 원정이 끝난 직후 러셀 브라이스는 영국등반협회British Mountaineering Council와의 인터뷰에서 부정확한 정보에 근거한 추정으로 세븐서밋트렉과 마칼루 셰르파들을 비난했다. 터무니없이 싼 가격(1만 8500달러)으로 많은 고객을 유치했고, 고용된 등반 셰르파는 대개 어리고 미숙하며, 이들이 받는 임금은 다른 대행사 셰르파들 임금보다 낮고(800달러), 마칼루 셰르파들은 마오주의자 영향을 받아 폭력적이고 교육을 받지 않았으며, 4캠프에 물자들을 내버려둔 채 내려오고, 서양 원정대에 대한 불신을 어린 셰르파들에게 주입하고 있다는 원색적인 비난이었다.[13] 모두 사실과 다른 주장이다. 어쨌든 이후 각국의 언론에서 저가 원정대는 끊임없이 히말라야 대행사 등반 사고의 원흉으로 지목돼왔다.[14]

  셰르파들의 생각은 달랐다. 밍마는 "다른 원정대는 너무 비쌉니다"라면서, 저렴한 가격으로 "가능한 많은 사람이 산을 오를 수 있도록 돕는 것"을 목적으로 내세웠다. 실제로 세븐서밋트렉은 1인당 원정 대행 비용이 다른 대행사에 비해 저렴하기도 하지만, 잠재 고객이 터무니없이 더 낮은 금액을 제시하면 그에 맞추어 할인해주는 경우를 나는 여러 차례 목격했다.[15] 내가 보기에 낮은 대행료가 가능한 까닭은, 피고용인들의 임금이 몇몇 타 대행사에 비해 낮은 편이긴 하지만 이는 전체 비용의 일부에 불과하며, 그보다는 정찰제가 정착되지 않은 네팔에서 수송·장비·행정 등등 다양한 분야에서 밍마 등 경영진이 확보한 인적 관계와 신용으로 단가를 줄인 효과가 컸기 때문으로 보인다.

  2017년 설립한 파이어니어어드벤처트렉의 대표 파상 뗀지 셰르파는 다음과 같이 반문하며 기존의 이원화된 관행을 비판한다. "오래된 대행사들은 대행료가 비쌉니다. 연결된 서양 사업자들이 많이 가져가고 네팔 업체에는 돈을 적게 주거든요. 네팔에서는 네팔 대행사와 가이드가 모든 일을 다 하고, 서양인들은 베이스캠프까지만 가서 말만 하고 일은 안 해요. 그들에게 왜 돈을 줘야 합니까?"[16]

또 원정대의 규모가 클수록 네팔 경제에도 도움이 된다는 사실을 밍마와 형제 경영진은 인식하고 있었다. 큰 원정대를 조직함으로써 많은 일자리를 창출할 수 있다. 여기서 밍마는 관광산업으로 국가 경제를 선도한다는 생각을 하고 있었다. "네팔인과 한국인, 일본인은 원래 같아요. 모두 몽고점이 있죠. 60~70년 전에는 별 차이가 없었어요. 그런데 한국인, 일본인은 열심히 일해서 발전했어요. 네팔인들은 그러지 않았죠."[17] 따시는 에베레스트의 중국 쪽 원정대를 추진할 생각이 없느냐는 질문에 다음과 같이 대답하기도 했다. "저는 네팔 사람입니다. 네팔 쪽에서 원정대를 하는 게 네팔 경제에 이롭지요."[18]

5
고객 중심의 대행사 경영 전략

세븐서밋트렉과 파이어니스어드벤처트렉, 세븐서밋트렉의 자회사로 2014년 따시가 설립한 포틴픽스엑스페디션 등의 마칼루 셰르파 위주의 신흥 원정 대행사들은 기존 히말라야 원정 대행사 업계를 지배한 '안전'의 패러다임에서 한 걸음 더 나아가 고객 중심의 '편의'를 추구했다. 베이스캠프에는 바와 빵집, 영화관이 들어섰고, 휴식일에는 댄스파티 등을 열었다. 대원들을 위한 텐트와 매트리스는 최상급 제품이 제공됐다. 등반 거리가 긴 구간에는 중간에 임시 '찻집'도 설치했다.[19]

신흥 원정 대행사들은 고객의 기호를 고려한 맞춤형 원정대도 조직해왔다. 예컨대 급증하는 중국인 수요에 맞춰 여름에 중국령 무즈타그아타(7509미터), 가을에 8000미터 봉 중 상대적으로 쉽다고 평가받는 마나슬루(8163미터), 이듬해 봄 에베레스트를 오르는 연속 등반 패키지가 2010년대 중반부터 유행하기도 했다.[20] 4장에서 언급했던 바레인 왕실 경비대는 에베레스트 등정을 기획한 뒤 세븐서밋트렉에 문의했다. 세븐서밋트렉은 에베레스트 등반에 앞서 로부체 동봉(6119미터)과 마나슬루(8156미터)를 몇 개월의 시차를 두고 오르는 단계적 등반 프로그램을 제안했다. 에베레스트를 정점에 두고 여러 봉우리를 연속으로 오르는 단계적 등반 프로그램은 네팔 내에서 종종 제기된 산악 관광산업 진흥 방안이기도 하다.[21] 이들은 원정 등반의 복잡한 일과를 단순히 대행하기를 넘어 등반 대상 산과 원정 일정, 장기적 계획까지도 설정해준다.

고객 중심적이면서 적극적인 사업 확장을 두려워하지 않는 이 셰르파 기업가들은 네팔만이 아니라 중국과 파키스탄의 산들까지 원정대를 대행·기획하는 이른바 '히말라야 벨트 초국가 산악 스포츠 관광산업'의 지평을 열고 있다. 정치적으로 긴장된 티베트의 산을 등반하려면 중국티베트산악연맹에 등반 허가 발급만이 아니라 이동, 수송과 관련한 모든 제반 사항을 위탁해야 하는데, 연맹은 매끄럽지 못한 소통과 실망스러운 서비스로 외국 산악인들 사이에 악명이 높다. 오늘날 심지어 중국인을 포함하여 많은 이들이 연맹과의 소통은 셰르파 대행사에게 맡기고 라싸가 아닌 카트만두로 향한 뒤 버스를 타고 국경을 넘어 등반하는 방식을 택한다. 파키스탄에서도 등반 허가 발급 등의 답답한 행정과 만족스럽지 못한 현지 대행사의 일 처리는 마치 등반의 난관처럼 인식되는 형편이다. 파키스탄에도 네팔 대행사들이 원정대를 대행해 셰르파를 파견하고 있다. 세븐서밋트렉 등은 파키스탄 북부 카라코람의 산어귀 마을인 스카르두나 길기트에 창고를 임대해 텐트 등

장비를 보관해놓기도 했다.[22]

　대행사 원정대가 쉬운 산만 오르는 것은 아니다. 8000미터급 고봉 중에 세계 2위 봉인 K2가 2020~2021년 동계 기간에 8000미터 봉우리 중에서 마지막으로 동계 초등을 했다. 이때 세븐서밋트렉은 모객 원정대를 결성해, 다른 원정대의 네팔인들과 함께 힘을 합쳐 동계 초등에 일조하기도 했다.

6
8000미터 등반 산업을 주도하다

　　　　　　　마칼루 셰르파가 주도하는 2010년대 8000미터 등반 관광산업의 현황은 지난 100여 년을 지속해온 서양인 주도적 경향에서 네팔인 중심적 형태로 선회하는 경향의 일부로 볼 수 있다. 이에 대한 서구 산악계와 언론의 시선은 곱지 않았다. 이들은 등반의 자율성과 안전성이 위협받는다고 비판해왔다. 2020년 6월, 영국산악회는 영국등반협회, 국제산악연맹, 국제등산가이드협회연맹과 공조하여 「네팔 등산 규정 변경 제안에 관한 성명서」를 발표했다. 이 성명서는 최근 에베레스트에 있었던 "등반객 과밀, 쓰레기와 인분, 경험 미숙한 등반가들, 현지 고소 근무자의 안전" 관련 보도에 우려를 표했다. 구체적으로 당시 화제가 되었던 일부 대행사의 과도한 구조 논란, 원정대 정부 연락관의 태만한 근무, 근로자 임금 착취 등을 비롯해 지속 가능한 관광을 위한 여러 가지 사항에 원론적인 가치들을 재확인하는 내용을 담았다. 특히 네팔의 한 관료가 향후 네팔의 산을 오르려는 모든 등반가는 가이드를 의무적으로 고용해야 할 것이라고 발언한 데 대해서도 "등반가들은 자신의 등산 결정을 스스로 내릴 수 있어야 한다"면서 우회적으로 비판했다.

그러나 이와 같은 등반의 자율성과 안전성을 근거로 하는 비판 모두 새로이 정착하는 경향을 막지는 못했다. 자율성을 수호하려는 엘리트주의는 개인주의 등반관을 설파함으로써 오히려 고객 중심의 종합적 등반 관광 대행업을 키워온 주요 요인이 되었다. 안전성에 대한 지적 또한 일부 젊은 마칼루 셰르파 개인의 경험 부족이 등반가의 안전에 직접적인 위협이 된다는 근거는 누구도 제시하지 못했고, 이는 오히려 러셀 브라이스의 사례에서 보았다시피 경쟁 업체 간의 갈등으로 인해 신흥 세력에 대한 견제 등에서 비롯된 비판일 수도 있다. 이런 비판들이 있다는 사실에서 알 수 있는 것은, 히말라야 등반에 뿌리 깊은 서양 중심적 사고가 등반의 의미와 가치까지 규정하고, 나아가 네팔 행정부의 정책 결정에까지 영향을 끼친다는 점이다.

"세상을 정복하려는 것은 인간의 본능이다"라는 맬러리의 정복자·승리자의 메타포는 여전히 히말라야 등반에 깃들어 열망의 대상이 되고 있음을 확인할 수 있다. 에베레스트의 1996년 참사, 2012년 로체 페이스에 늘어선 행렬은 그러한 승리에의 환상이 여전히 유효하며, 특히 그런 승리 맞은편의 패배와 그 쓴맛이 각자가 바라보는 사회에 대한 편견에 기대고 있음을 상징적으로 드러낸다. 등반의 엘리트주의와 서양 중심적 사관은 그에 반하는 태도를 지닌 이들을 무언가에 현혹된 '나쁜 행위자'로 인식하도록 유도했다. 마칼루 셰르파들이 2010년대에 보여준 사업적 성공은 절반의 성공이다. 여전히 이들의 원정대는 맬러리의 승리자 메타포에 기대고 있기 때문이다. 하지만 절반의 성공이야말로 최선의 성공일지도 모를 일이다.

chapter
6

Experience

독점과 착복
셰르파의 히말라야 등반 경험

2013년의 어느 여름날, 왈룽 니샤르의 앙 뗌바 라마의 집에 윗마을 누르부짜울에서 까르마가 찾아왔다. 집에 있던 앙 뗌바 라마는 사진첩을 꺼내 보여주며 대화를 나눴다. 화제는 히말라야 등반이었다. 앙 뗌바 라마는 수십 번도 더 얘기했을 지난봄 본인의 에베레스트 무산소 등정을 여러 장 인화한 사진을 보여주며 자랑한다. 이어 보름쯤 전에 있었던 파키스탄 가셔브룸2봉(8035미터)에서 폴란드인 대장이 사망한 사건부터 파키스탄에서 가장 등반이 어려운 산은 K2라는 얘기로 이어졌다. 폴란드인 대장은 최근 몇 차례 히말라야 8000미터 등반에 나서면서 셰르파들 사이에 종종 언급되던 인물이었다. 한편 근처에 있던 앙 뗌바 라마의 둘째 아들 락빠가 대화에 끼어들어서는 K2가 어떻게 어려운지에 대한 자세한 묘사를 곁들인다. 락빠는 K2는커녕 파키스탄에 가본 적도 없지만 최근 카트만두에 자주 왕래하며 원정대에 여럿 참가해 들은 이야기는 많다. 화제는 곧 몇 달 뒤에 있을 까르마의 첫째 아들의 결혼으로 옮겨 갔다.

이튿날은 윗마을 춤사레의 꾸쌍 셰르파를 락빠와 함께 방문했다. 꾸쌍은 락빠의 장인이다. 꾸쌍이 락빠와 나에게 들려준 이야기는 주로 그의 지난봄 마칼루 등반에 대한 회고였다. 어느 나라의 대원들이 몇 명 참가했는지, 꾸쌍이 담당한 대원은 누구였는지, 어느 캠프까지 올랐다가 내려왔는지, 팁은 얼마나 받았는지 등을 얘기했다. 이어 나도 지난봄 에베레스트에서 있었던 일들을 들려줬다. 대원이 몇 명이었는지, 사망 사고가 어떻게 발생했는지, 사고 수습이 어떻게 이뤄졌는지 등이다. 이어 비슷한 시기 칸첸중가에서 있었던 한국 원정대의 사고 소식도 서로 아는 대로 나누었다.

이상은 왈룽의 셰르파들이 히말라야 원정 등반을 일상적으로 화제에 올리는 전형적인 모습이다. 주로 성인 남성들 사이에 이루어지고, 명백한 사실들 위주의 회고로 이야기가 전개된다. 등정, 사고, 다툼, 거액의 팁 등 특별한 일화들이 주목을 받는다. 언뜻 보면 별다른 특색이 없고 대수롭지 않아 보이지만, 셰르파들이 히말라야 원정대 참가를 회고하는 이러한 방식들은 셰르파들의 삶의 몇몇 중요한 특징들을 드러내고 또 강화한다. 원정이 종료된 이후 일상으로 돌아와 갖는 회고들은 사회관계의 연쇄로 실천되는 원정대 참가의 한 단면이 아닐 수 없다. 나아가 '등반은 천직'이라는 카스트 종족성의 확인이기도 하다. 또 만연한 불확실성에 대한 체념의 긍정이면서, 궁극적으로 '좋은 사람'을 위한 도덕관념도 재확립된다.

셰르파의 관점에서 원정대 참가를 이해하기 위해 이 장에서는 먼저 셰르파들이 참여하는 산악 관광산업의 세분된 업무 영역을 살펴본다. 이어 등반 셰르파의 임금체계를 살펴본다. 이를 통해 셰르파들의 독점 전략의 구체적 내용을 알아보고, 위계와 착복, 기만 등의 숨겨진 행위 전략들과 그 의미를 숙고한다. 이어 이러한 숨겨진 기형적 면모들이 셰르파의 남성성과 윤리 구조에도 일정한 왜곡과 함께 뿌리내려 있음을 등반이라는 스포츠에 담긴 서구 제국주의적 의미체계와의 연관 속에서 살펴본다.

1
히말라야 관광산업의 여러 직무

히말라야 원정대와 단체 트레킹에 고용되는 직무에는 다음의 종류가 있다. 이들의 위계는 업무의 중요성과 포괄성, 숙련도를 반영할 뿐만 아니라 대행사 경영진과의 신뢰 관계도 반영한다.

1) 팀 가이드(업계에서 통상적으로 불리는 명칭은 '그룹 리더')

등반 원정대에서는 통상 등반 셰르파 중에 리더가 선임된다. 원정대를 현장에서 총괄하는 역할이다. 전체적인 운행을 결정하고 재정을 관장한다. 짐꾼을 고용하고 숙박비·식비·임금·팁 등을 흥정하고 결제한다. 사회 기반 시설과 경제 공공성이 취약한 네팔에서 인정과 신용의 대인 관계 기술은 중요한 자산[1]으로, 현장에서 원정대를 대표하는 팀 가이드의 필수적인 자질이기도 하다. 팀 가이드는 외국인 대원들과의 소통도 일원화하여 담당한다. 대행사로부터 수천 달러에 이르는 현찰을 경비로 받아 사용하고 그중엔 영수증도 없는 지출이 클 수밖에 없어서, 경험이 많고 가장 깊은 신뢰를 받는 인물이 선임된다.

2) 베이스캠프 매니저

팀 가이드는 통상 등반이 시작되면 등반 물자 수송과 대원 관리에 집중하고 본인도 등반에 나선다. 적당히 큰 규모의 원정대는 베이스캠프 매니저를 별도로 두어 캠프 관리·식량 수급·피고용인 관리 등을 책임진다. 짐꾼·야크·헬기·위성 전화 등을 통해 원정 중에도 카트만두와 소통이 원활해지면서 매니저의 역할은 점차 비중이 커졌다. 한편 팀 가이드와 베이스캠프 매니저 사이의 역할은 서로 충돌할 수도 있다.

3) 등반 셰르파('고소 포터' 또는 '등반 가이드')

이들이 맡는 역할은 상황 및 대행사별 지침에 따라 조금씩 다르다. 에베레스트의 경우 물자 수송·캠프 설치·루트 설치를 등반 셰르파가 전담하고, 마지막 정상 등정을 위한 등반에만 2캠프부터 대원과 동행하는 게 일반적이다. 베이스캠프까지 이동하는 트레킹 구간에 이들은 동행하지 않는다. 평상시 대원들과의 동행은 팀 가이드만 나서고, 나머지 등반 셰르파들은 고소 포터의 역할만을 맡는다.

대원들의 정상 등정에 동행한 등반 셰르파들은 하산하면서 동시에 캠프를 모두 철수하는 임무도 맡는다. 정상 등반으로 체력이 소진된 상태에서 무거운 짐을 지고 내려가기란 쉽지 않다. 이를 비롯해 발생할 수 있는 만일의 사태에 대비해 대규모 원정대들은 대원을 배당받지 않는 '엑스트라 셰르파'를 몇 명씩 더 두기도 한다.

4) 트레킹 셰르파('트레킹 가이드')

단체 트레킹 또는 등반 원정대의 트레킹 구간에서 대원들과 동행하며 각종 편의를 봐주는 역할이다. 1~3명 정도의 소규모 트레킹 집단은 트레킹 가이드가 전담해 동행한다. 등반 원정대보다 기간도 짧고 체력적으로 부담도 덜하면서, 외국인들과 관계를 맺는 좋은 기회로 여긴다. 등반 셰르파 경험이 없는 나이 어린(10대 후반) 셰르파 청소년들은 종종 트레킹 셰르파로 고용되어 짐꾼과 구별되는 본격적인 관광산업 경력을 쌓는다.

트레킹 가이드는 셰르파족의 독점 직업군은 아니며 종족을 가리지 않고 영어 능력 및 학위 등으로 취업할 수 있는 일반 직종으로 분류된다.

5) 요리사('쿡')

주방 텐트가 별도로 설치되어 베이스캠프에 머무는 모든 원정대 소속원에게 음식을 공급한다. 규모가 큰 원정대(대개 대원 10명 이상)는 대원 요리사와 고용인 요리사가 구분돼 있다. 고객의 기호에 따라 베이스캠프까지 오르는 트레킹 기간에도 숙박하는 호텔에서 매식하지 않고 전담 요리사가 매끼 식사를 제공하기도 한다. 중국인, 한국인 등 국가별 전담 요리사도 있다. 에베레스트의 경우 안정적인 생활이 가능하고 왕래가 잦은 2캠프(북면의 경우 전진 캠프, 해발 6400미터)에도 별도 요리사를 둔다.

6) 주방 보조('키친 헬퍼' 또는 '키친 보이')

요리사 1명 당 대개 2~3명이 고용된다. 식수 준비·식재료 손질·식사 시중·차 제공 등을 담당한다. 2013년 봄 에베레스

그림 11 | 에베레스트 2캠프의 주방을 담당하는 요리사(왼쪽)와 주방 보조(오른쪽). 둘 다 보메족으로, 셰르파는 주방 업무를 천시한다. 2013년 5월.

chapter 6　독점과 착복: 셰르파의 히말라야 등반 경험

트 2캠프에 고용된 주방 보조는 업무의 내용을 나에게 이렇게 묘사했다. "등반 셰르파는 하는 일은 힘들어도 돈은 많이 받아요. [2캠프] 주방에는 할 일이 아주 많아요. 얼음 깨 나르고, 얼음 녹여 물 만들고, 라면 요리하고 차 끓이고 물도 끓이고요. 그런데 돈은 적게 받아요." 요리사와 주방 보조에는 비非셰르파 종족이 고용되는 경우가 많다.

7) 짐꾼('포터')

베이스캠프까지 도보로만 이동이 가능한 구간은 짐꾼을 고용한다. 등산로 기점이 되는 마을마다 주변에서 몰려든 많은 짐꾼 희망자들이 있어, 개별 여행자의 경우 이들 중에서 짐꾼을 고용하기도 한다. 원정대나 단체 트레킹처럼 카트만두의 대행사를 통하면 이보다 조직적이다. 해당 마을에는 대행사와 연결된 호텔 등이 있고, 호텔 업주는 신용으로 연결된 지역 짐꾼들을 미리 섭외해놓는다. 혹은 짐꾼 리더와 연결돼 고용을 일원화하기도 한다.

짐꾼 일급은 원정대의 다른 피고용인보다 높은 편이다. 다만 짐꾼의 식사는 원정대에서 제공하지 않아 숙박지에서 매식으로 해결해야 한다. 짐꾼은 보험·장비 등에서도 사각지대에 있어 합당한 대우의 필요성이 줄곧 제기되어왔다.[2]

야크를 이용해 짐을 나를 수도 있다. 야크를 한 번에 2~8마리가량 모는 야크 몰이꾼과 계약한다. 야크를 이용하면 짐꾼보다 운송비는 저렴하다. 하지만 야크 몰이꾼 섭외가 항상 쉬운 것은 아니고, 짐이 훼손될 가능성이 있으며, 운행 일정이 바뀌는 경우 등에 유연하게 대처하기 어렵다는 단점이 있다.

2
관계로 결속된 개인의 미래

노동 희망자가 각 직무에 배속되는 과정은 대행사에서 항시 벌어지는 일이다. 히말라야 산악 관광 노동자 모두에게 중요한 일이 아닐 수 없다. 대행사는 많고 노봉 희망사도 많다. 1장에서 살펴봤듯이 네팔에서 같은 종족·같은 마을 출신·친한 사람을 선호하는 아프노 만체의 원리는 히말라야 산악 관광 고용계약 관행에 핵심을 이루는 사회 원리다. 이를 활용하는 구체적 방식은 1장에서 살펴봤다. 아프노 만체에는 인간관계의 신뢰와 의무가 중요한 고리가 되지만, 그렇다고 아프노 만체가 계약 등의 결속을 결정짓는 인자는 아니다. 이는 다양하게 활용되는 일종의 사회관계 전략일 뿐이다.

4장에서 살펴본 '열린 미래'의 시간관은 히말라야 원정대의 계약관계를 이해하는 데에도 적용된다. 세계인을 잠재적 고객으로 삼는 2010년대 네팔의 신흥 원정 대행사들은 모든 성향의 사람들을 받을 수 있기 위해 복잡한 국제 산악 관광 관계망의 '가장 뒤에 위치'한다. 예컨대 고객 중에는 몇 개월 전부터 계약을 완료한 이들이 있는가 하면 카트만두행 항공기 탑승 직전 계약을 포기하는 이도 있다. 실제로 어느 산, 몇 명의 대원, 몇 개의 원정대가 출발하게 될지는 외국인이 카트만두에 도착하기 전까지는 확정되었다고 볼 수 없다. 대행사 경영자들도 구체적인 계약 진행 상황을 모두와 공유하기란 불가능하다.

원정대에 참가할 의향이 있는 잠재적 노동자들은 일찌감치 대행사 사무실로 나온다. 대행사 대표와 친분이 없는 경우 지인을 통해 소개를 부탁할 수도 있다. 봄 시즌 원정대에는 3월 말부터 외국인 대원들이 입국하기 시작한다. 대행사는 2월 초부터 잠재적 피고용인 셰르파들로 붐비기 시작한다. 겨우내 창고에 있던 장비들을 꺼내 점검하고 말리고, 새로 구매한 장비를 확인하고, 짐을 포장한다. 이들 대부분은 실제로 누가 참가할지 모르는 원정대를 준비하는 셈이다. 이와 같은 '열린 미래'의 방정식은 도시와 시골 사이의 순환 이주를 하며 사는 이들에게는 더욱 모험적일 수밖에 없다.

아프노 만체 원리는 이처럼 열려 있는 계약관계에서 후견인

그림 12 | 카트만두 북동쪽 까빤 아까시다라에 새로 지은 밍마 셰르파의 집. 1층은 세븐 서밋트렉의 사무실이다. 2013년 2월 초, 셰르파들이 마당에 모여 봄에 있을 원정대 장비를 점검하고 있다.

을 둔 일종의 보험 기능도 한다. 2012년 가을 한국 에베레스트 원정대가 베이스캠프를 향해 9일의 도보 이동을 하던 중이었다. 한국 원정 대원들은 주방 보조로 고용됐던 21세의 A 셰르파를 해임하고 베이스캠프까지 짐꾼으로 고용된 B 셰르파를 고용하도록 팀 가이드 C 셰르파에게 요청했다. 한국인들이 보기에 A는 "지저분"하고 "게으르"고 "예의가 없었"다. 반면 B는 "활동적"이고 "유쾌"하고 "일을 열심히" 했다. C는 한국인들의 요청을 받아들여 B를 한국 원정대 주방 보조로 고용했다. 하지만 A를 해고하지는 않고 함께 대행하고 동행했던 폴란드 에베레스트 원정대의 주방 보조로 이전했다. A는 카트만두의 연락을 받고 왈룽에서 직접 쿰부로 7일을 걸어와 원정대와 합류했었다. A와 동향인 팀 가이드 C는 후견인으로서 A의 고용에 대한 의무를 저버리지 않은 셈이다.[3]

히말라야 등반에서 대인 관계로 결속된 고용계약의 '열린 미래'의 원리는 일회적이지 않고 반복적이며, 따라서 개인의 미래에 대한 만성적인 불확실함으로 이어진다. 각 개인으로서는 가까운 이들과 분리된 새로운 변화를 추구하거나 확고한 미래 목표를 두고 집중하기란 어려운 일이 된다. 2013년 봄 에베레스트의 4캠프에서 한 대원이 사망하는 사건이 벌어졌다. 시신 후송을 위한 인력이 올라오기를 기다리며 나는 나 뗀지와 텐트에 마주 앉아 인공 산소를 나눠 마시며 대화를 나눴다. 에베레스트를 7회나 등정했음에도 나뗀지는 낙담하고 실의에 빠진 모습으로 등반 셰르파로서의 삶에 대한 자조적인 혼란을 얘기했다. "함께 등반을 시작했던 이들 몇몇은 등반을 그만두고 다른 나라에 가서 일하곤 해요. 나도 여러 번 그런 생각을 했지만 계속 등반을 하게 되네요. 에베레스트가 아닌 다른 산에도 가고 싶었는데 여기에 또 왔어요."

셰르파들에게 '등반이 천직'이라는 말은 그들의 종족성에 내재한 특수한 생물학적 또는 심리학적 성질을 일컫는 게 아니다. 대인 관계의 기술로 맺어가는 인간관계가 삶의 핵심 전략이 된 네팔 혹은 남아시아 전반에서, 역사의 굴곡이 건넨 기회를 공동으로 환영한 결과다. 카스트 관습의 종족 본질주의는 그로 인한 일상적 연상이자 정치적 기술이다.

3
등반 셰르파의 임금

등반 셰르파가 통상 기대하는 임금은 단선적·획정적이지 않고 다양한 원천과 유동적인 계산법을 따른다. 주된 임금원으로는 장비비·일급·수송 상여금·등정 상여금·대원 팁 등이 있다. 히말라야 산악 관광의 임금체계에서 중요한 특징은 공식de jure 임금과 실질de facto 임금 사이의 확연한 차이가 정착됐다는 점이다. 착복·착취·기만이 만연한 경제적 관행의 피할 수 없는 결과로, 인적 관계에 의존한 관광산업 계약관계의 단면이다. 짐꾼 등 현장에서 단기간 고용하는 인원을 제외한 주요 피고용인들은 자신들이 받을 구체적 급여 액수를 원정이 모두 종료된 후 실제로 받기 전까진 알 수 없다.

등반 셰르파의 임금 총액은 네팔의 다른 직종들과 비교해 평균적으로 월등히 높은 수준이다. 2013년 당시 네팔의 한 원정 대행사 사무직원 네 명 중 최저 월 급여가 9000루피(100달러), 최고 급여는 1만 4000루피(160달러)였다. 같은 해 에베레스트 원정대에 고용된 등반 셰르파가 2~3개월 동안 일해 받는 급여 총액은 2000~7000달러로 추정됐다. 급여 총액에 이렇게 큰 차이가 있는 까닭은 개인의 자발적 노력에 따른 각종 상여금이 있고, 대행사별로 임금 규모에 많은 차이가 있으며, 타 직종에 비해 월등히 높은 급여 수준에 대한 착복·착취·기만 또한 작지 않은 규모로 종종 벌어지기 때문이다. 아래에서 등반 셰르파의 주된 임금원을 나열하고 간략히 설명하겠다.

1) 장비비 Equipment Fee

장비비는 셰르파들이 최초로 조직적으로 고용됐던 1920년대 영국 에베레스트 원정대 당시, 셰르파들에게 등반 의류와 신발 등의 장비를 원정대 측에서 지급한 데에서 연유한다. 원정이 해마다 이어지면서 장비를 보유했거나 빌려 오는 등반 셰르파들에게는 물품 대신 현금으로 지급했다. 오늘날 장비비는 장비와 직접적인 연관 없이 정해진 기본 급여 정도로 인식된다.[i] 등반이 처음인 등반 셰르파도 고가의 장비를 처음부터 직접 구매하는 경우는 거의 없고 주변에서 빌려 사용한다. 2012년 세븐서밋트렉의 에베레스트 원정대 각 셰르파에게 지급된 장비비는 1500달러였다. 장비비는 대행사마다 차이가 있어, 당시 최저 800달러까지 지급하는 대행사도 있었다.

2) 일급 Daily Wage

일급은 모든 고용인에게 카트만두를 출발해 돌아오는 날까지 일수로 계산해 합산 지급된다. 에베레스트 등반의 경우 통상 50~60일 정도가 소요된다. 일급 역시 대행사별로 많은 차이가 있다. 2012~2013년 세븐서밋트렉의 등반 셰르파 일급은 500~800루피로 다양했다. 요리사, 주방 보조 등 다른 고용인들도 일급은 큰 차이가 없다. 짐꾼들의 일급은 일반적

---

[i] 8000미터 고산 등반에서 등반 셰르파에게 필요한 장비로는 방풍 재킷, 방풍 바지, 보온(우모) 원피스 등의 고성능 의류, 고산 등반화, 장갑, 안전벨트, 카라비너, 헬멧, 피켈, 크램폰, 대형 배낭, 스틱, 선글라스 등등이다.

으로 더 많다. 현지 짐꾼 수급 상황에 따라 크게 차이가 있어 1000~2000루피 사이에서 결정된다. 다만 짐꾼은 원정대에서 식사를 제공받지 않기 때문에 일일 식비로 300루피에서 많게는 1500루피를 써야 한다.

3) 수송 상여금 Carry Bonus

수송 상여금 및 다음에 설명하는 등정 상여금은 노동량에 비례해 받는 급여이기 때문에 실질적으로는 '상여금bonus'이라 할 수 없다. 다만 상여금이라는 이름이 붙은 이유는 이 두 가지 급여가 이전에는 존재하지 않았다가 등반 셰르파들의 노력을 장려하기 위한 취지로 생겨났음을 짐작하게 한다.

수송 상여금이란 등반 기간 중 고소 캠프 사이에 개인이 수송한 물자의 무게를 합산하여 계산해 지급하는 급여다. 15킬로그램의 짐을 한 단위(짐이라는 뜻의 '바리')로 보고, 에베레스트에서 세븐서밋트렉은 2012~2019년에 베이스캠프~2캠프 구간은 55달러/바리, 2캠프~4캠프 구간은 120달러/바리로 계산해 지급했다. 수송 상여금은 내가 조사한 바로는 대행사별로 베이스캠프~4캠프에 80~500달러/바리로 큰 차이가 있었다. 두 배의 임금을 노리고 '더블 바리,' 즉 30킬로그램을 한 번에 나르는 것도 가능하다.

수송 상여금은 등반 셰르파에게만 한정된 것은 아니다. 한

그림 13 | 에베레스트 2캠프에서 4캠프로 수송하는 각 등반 셰르파의 짐의 양을 중간 매니저(가운데 붉은색 옷)가 공책에 기입하고 있다. 2013년 5월.

예로 2013년에는 에베레스트 2캠프의 주방 보조가 2캠프~4캠프 구간의 물자 수송에 나선 적도 있다. 이는 다른 주방 고용인들과의 사이에서 갈등의 원인이 되기도 했다.

수송 상여금은 봄 시즌의 에베레스트와 같이 여러 원정대가 몰려 있고 노동 현장의 불확실성이 제거된 경우, 즉 일감이 한쪽에 있고 다른 쪽에 노동력이 있어서 각자의 달성량에 따라 보상받는 '미시적 자유주의 경제활동'이 보장될 때 적용된다. 한편 2010년대의 히말라야 원정대 전체를 보면 수송 상여금 제도는 일반적이라기보다는 봄 시즌 에베레스트, 가을 시즌 마나슬루 등 특별히 많은 이들로 붐비는 상황에서만 전반적으로 시행됐다. 예컨대 2012년 가을 시즌 에베레스트를 등반한 원정대는 네 개에 지나지 않았다. 20명의 외국인 대원과 6명의 등반 셰르파가 공동으로 루트를 설치하고 짐을 수송했다. 당시 각 등반 셰르파는 각자의 노동량에 대한 차별적 보상 없이 팀 가이드의 지휘 아래 일괄적으로 같은 양의 짐을 수송해야 했다.

흥미로운 점은 수송 상여금처럼 완연하게 합리적인 방식이 정착한 임금체계에서도 아프노 만체 등의 인적 관계가 긴밀하게 작용할 수 있다는 것이다. 각 등반 셰르파별로 수송하는 짐의 양은 현장에서 팀 가이드(또는 중간 관리자)가 기록하는데, 이때 팀 가이드와 원정 대행사 본부 양쪽에서 기만행위가 종종 펼쳐진다. 먼저 대행사는 때때로 기록된 만큼에 해당하는 수송 상여금을 전액 지급하지 않고 착복해 줄여 지급하기도 한다. 어떤 등반 셰르파는 이를 두고 대행사 경영진과 등반 셰르파들이 같은 마을 출신이기 때문이라고 꼬집었다. '가까운 이'에게 일자리를 주는 대신 고용의 대가를 급여에서 공제한 다는 뜻이다. 한편 이러한 상황을 미루어 짐작하는 팀 가이드는 등반 셰르파들이 수송하는 짐의 양을 임의로 '더블'로 기록하는 등의 방법으로 등반 셰르파들을 기쁘게 하기도 한다.

즉 기만행위는 권력을 가진 자만의 특권은 아니다. 이러한 쌍방의 기만은 모든 종류의 사회관계에 자리할 수 있는데, 주로 합리화·명문화·수치화된 영역에 대해 암묵적·추정적·관계적인 영역이 긴장되게 맞물려 있는 상황에서, 쌍방이 각자에게 가능한 전략들을 사용해 두 영역 사이의 경계를 넘나드는 방식으로 실천된다.

4) 등정 상여금 Summit Bonus

등반 셰르파가 대원과 함께 목표한 산의 정상에 올랐을 경우 등정 상여금이 대행사로부터 지급된다. 이 역시 대행사별로 차이가 크다. 에베레스트의 등정 상여금은 세븐서밋트렉에서 2012년에 1000달러, 2019년에 1500달러였다. 마나슬루의 등정 상여금은 2012년에 500달러였다. 다른 항목과 마찬가지로 등정 상여금 역시 대행사의 조직적 착복 등을 통해 실지급액은 줄어들 수 있다. 마나슬루 정상에 오르고 등정 상여금으로 300달러를 받았다고 불평하는 셰르파도 있었다.

등정 상여금 수령 등 등정 여부 자체는 등반 셰르파의 체력·등반력·의지 등 개인적 자질보다는 등반 셰르파가 등정 당시 동반해야 하는 대원 고객의 능력에 좌우된다. 그런데 등반 셰르파와 대원을 짝지어주는 것은 대개 팀 가이드의 권한이다. 즉 셰르파의 등정 여부 및 등정 상여금의 수령은 셰르파들 사이의 권력관계를 반영한다. 2012~2013년 사이 나 뗀지는 에베레스트 원정대에 세 차례 참가해서 두 번 정상에 올랐다. 당시 그는 세 원정대 모두에서 연인원 16명의 등반 셰르파 중에 팀 가이드(세 차례) 직책을 맡았고, 총 18명의 대원 중 등정하지 못한 13명의 대원과 그가 짝을 이뤘던 경우는 없었다.

5) 팁 Tip

팁 주고받기는 관광 현장만이 아니라 네팔의 다른 대인 관계 경제활동 국면에서도 허용되는 관행이다. 관광객이든 네팔인이든 며칠 동안 짐꾼을 부려 일을 시켰을 경우, 모든 일이 끝난 뒤 임금을 지급할 때 팁도 함께 주는 게 기대된다. 이런 점에서 팁은 진정한 의미의 상여금이라 할 수 있다. 예를 들어 닷새에 걸쳐 짐을 날랐을 경우 기대되는 팁의 크기는 하루

치의 일급, 많게는 그의 두세 배 정도다. 한편 히말라야 등반 원정대에서 등반 셰르파가 일반적으로 기대하는 팁의 액수는 에베레스트의 경우 300~1000달러 정도로 비관광 국면에서의 팁보다 월등히 크다. 내가 연구하던 기간에는 2000달러 이상을 팁으로 받는 사례도 있었다. 요리사, 주방 보조 등에게도 100~500달러씩 팁을 주기도 한다.

네팔의 팁 관행은 '단'(영어 donation과 같은 어원)이라 불리는 남아시아 전반의 자선적 기부와 연관돼 인식된다. 단은 적어도 표면적 이유로는 받을 권리가 없는 이에게 무상으로 선물을 주는 관행을 일컫는다.[5] 이는 예를 들면 미국 식당에서 종업원이 식당 내의 자신만의 구역을 분명히 하여 손님에게 제공한 시중의 양과 질에 상응하는 팁을 기대하는 '공격적인 개인주의'[6]와는 딴판이다. 단 관행은 일방적으로 주는 이의 너그러움만을 인정하는 게 아니라, 받음으로써 주는 이가 덕을 쌓을 기회를 얻게 되기 때문에 받는 이 또한 너그럽다고 인식되는 윤리 구조를 내포하고 있다. 즉 서로 선행을 실천함으로써 관계를 돈독하게 하는 기술이다.

등반 셰르파들이 일반적으로 외국인 대원으로부터 많은 팁을 받기 위해 좋은 모습을 보여주려는 것 같지는 않다. 물론 많은 팁을 선호하지 않는 네팔인 피고용인은 없을 것이다. 다만 팁 액수의 크고 작음이 제공된 노동의 질과 상응한다는 시각은 찾아보기 어려웠다. 대신에 팁 액수의 크고 작음은 팁 주는 이의 문화적·개인적 성향에서 비롯된다고 보는 시각이 많았다. 예컨대 어떤 셰르파는 2012년 에베레스트를 함께 등반했던 중국인 여성으로부터 4캠프가 최종 도달 지점이었는데도 2500달러라는 거액의 팁을 받았다. 이 소식을 들은 다른 셰르파들은 그 여성을 하나같이 '좋은 사람'이라고 칭찬했다. 다시 말하면 셰르파들에게 큰 액수의 팁은 단순히 돈의 액수가 커서 좋다는 것이 아니라, '쌍방'의 선함을 그만큼 인정하는 것, 결국 둘 사이의 관계가 좋은 관계였음을 확증하는 행위이기 때문에 칭찬받을 만한 행동이 된다. 셰르파들이 보기에 그 중국인 등반가는 문화적·언어적 차이에도 불구하고 등반 셰르파를 신뢰하고 의지했음을 팁으로써 증명한 것이다. 유사한 사례가 반복되면서 중국 원정대에 합류하고 싶다는 셰르파들도 많았다. 셰르파들이 느끼기에 중국인들은 셰르파들에 대한 인종주의적 태도가 없다는 점도 선호의 이유로 언급됐다.

6) 부업: 산소통, 쓰레기, 구조, 시신 후송

8000미터 고산에서 사용하고 빈 산소통을 수거해 베이스캠프 매니저에게 가져오면 일정한 금액을 환산해준다. 2010년대에는 대다수 원정대가 러시아의 포이스크POISK사 제품을 사용했다. 완충 상태의 산소통 무게는 4.4킬로그램, 빈 통의 무게는 2.9킬로그램이다. 에베레스트 4캠프에서 많게는 20개까지 수거해 내려오는 등반 셰르파도 있었다.

    그런데 대행사에서 구매하는 산소통 금액에는 차이가 있어, 산소통을 수거해 내려온 등반 셰르파는 베이스캠프에서 더 높은 가격을 쳐주는 대행사, 혹은 카트만두로 가져가 더 높은 가격에 판매하기도 한다. 그런 경우 등반 셰르파 본인이 소속된 대행사에 발각되지 않으려 조심한다. 가격은 2013년 봄 에베레스트 베이스캠프에서 1000~8000루피(11~89달러)로 다양했다. 2018년 봄 세븐서밋트렉의 공식 매입가는 50달러였다. 카트만두에서는 빈 산소통을 개당 150달러까지 쳐주기도 한다. 수거된 산소통은 카트만두에서 다시 산소를 충전해 유통된다. 완충된 산소통은 350달러 정도다. 신품처럼 보이는 산소통은 400달러를 받기도 한다. 일부 대형 원정 대행사들은 산소통 충전 사업체를 직접 운영해 산소통을 자체 조달한다. 카트만두의 산소통 재충전은 본사로부터 인증받지 않았다.[7]

    고소 캠프에서 쓰레기를 수거해 내려오면 베이스캠프에서 현금으로 환산 받는 사례도 있다. 예컨대 2013년 인도 정부는 에베레스트 쓰레기 수거 캠페인을 벌였다. 4캠프에서 2캠프까지 가지고 내려온 쓰레기 1킬로그램당 1000루피(11달러)를 환산해주었다. 당시 세븐서밋트렉에서 같은 구간 1바리(15킬로그램) 수송에 100달러였다. 따라서 "쓰레기가 장비보다 비싸다"

는 어떤 셰르파의 지적은 일리가 있는 비판이었다. 캠프 설비를 고소에 남겨두고 내려오는 경우가 발생할 수 있는 셈이다. 쓰레기 수거 '판매'에는 2캠프 요리사, 주방 보조 등이 참여하기도 한다.

시신 후송 작업도 고액의 상여금이 따르는 추가 활동이다. 2013년 4캠프에서 사망한 등반가의 시신을 들것에 담아 헬기로 수송 가능한 2캠프까지 후송하는 데에 총 9명이 작업하여 1인당 900달러가 지급됐다.

히말라야 등반의 자유주의 경제구조가 극한에 이르면 급기야 시신만이 아니라 아직 생명이 붙은 사람도 상여금으로 후송을 유도해야 하는 화물로 취급되게 된다. 2013년 봄 로체 4캠프에 어느 외국인 대원이 고산병으로 움직일 수 없었다. 당시 전담 셰르파는 구조에 나설 수 있는 처지가 아니었다. 헬기 구조도 높은 고도로 인해 실패했다. 베이스캠프의 매니저는 원정대 구분 없이 네팔인들 및 원정대 대장들 사이에 소통할 수 있는 무전기 채널을 통해 "구조해 오는 이에게 1500달러를 지급한다"고 네팔어로 홍보에 나섰다. 그러나 정상 등정이 이루어진 직후 다들 무거운 짐을 한가득 들고 지친 발걸음으로 내려오던 차였다. 해당 외국인은 사망하고 말았다.

7) 규제 없는 자유 시장경제

아래는 세븐서밋트렉에 고용돼 에베레스트에서 성공적인 활동을 펼친 등반 셰르파가 2010년대에 기대할 수 있었던 가상의 급여 내역이다. 2018년 밍마 대표와 면담할 때 등반 셰르파들은 에베레스트 원정을 통해 "보통 4000달러씩 받습니다"라고 한 언급과 거의 일치한다.

장비비 1500달러

일급 600루피×50일=3만 루피(333달러)

수송 상여금 55달러×5바리(베이스캠프~2캠프)+120달러×2바리(2캠프~4캠프)=515달러

등정 상여금 1500달러

팁 500달러

산소통 2통×50달러=100달러

소계 4448.3달러[ii]

착복 10퍼센트[iii]

총계 4003.47달러

[ii] 1달러=90루피로 환산.

[iii] 착복 비율은 훨씬 더 커질 수도 있고 아예 없을 수도 있다. 셰르파들 사이에는 상여금 절반을 착복하거나 아예 지급하지 않았다는 대행사에 대한 소문이 무성하다.

이 모든 급여 지급 과정에서 착복이 발생할 수 있다. 히말라야 원정대는 등정이 끝나면 대원들은 서둘러 카트만두로 돌아가곤 한다. 그때 피고용인들에게 팁을 미처 주지 못하는 경우가 있고, 이런 경우 대원들과 동행한 팀 가이드, 대행사 직원 등에게 팁 전달을 부탁하기도 한다. 그럴 때 일부를 떼어먹는 경우가 잦다.

시신 후송 상여금의 사례에서도 착복이 발생했다. 후송 작업에 참여했던 어떤 이는 나중에 상여금을 처음 지급한 외국인에게 물어보고는, 중간 전달자가 300달러를 착복하고 자신은 나머지 600달러만을 받았음을 확인하고 분통을 터뜨리기도 했다.

착복 행위를 비롯해 산소통 재충전 등의 불법행위가 만연하는 상황은 히말라야 산악 관광의 치외법권적 시장 의존 경제의 폐해를 고스란히 보여준다. 등반가의 위태로운 생명이 수백 달러의 차이 혹은 매니저의 씀씀이로 바뀌는 경제적 선택에 좌우되도록 놔둔다면 히말라야 산악 관광산업 전체가 윤리적 비판을 피할 수 없을 것이다.

착복·착취·기만 등의 기형적 관행은 원정대나 관광산업만이 아니라 네팔의 대부분 경제활동에 만연한 고질적인 문제다. 4장에서 보았다시피 아프노 만체는 카스트와 종족으로 분열된 네팔 사회에서 기회의 불균등을 이겨내는 집단적 생존 전략이다. 하지만 아프노 만체는 바로 그 기회의 불균등을 다른 방식으로 재생산하기도 한다. 친족 관계, 동향, 동족을 선호하는 태도는 불평등과 집단주의를 타파하기보다는 자신에게 유리한 쪽으로 활용함으로써 촉진할 뿐인 단기 처방 고육책이다.

지구적 경제로 출범한 네팔의 산악 관광산업은 네팔의 고질적인 집단주의와 맞물려 비합리적 경제 관행, 기회와 경제의 불평등, 규제 없는 자유 시장경제의 폐해 등으로 이어지고 있다. 지난 100여 년 동안 서양 등반가들의 경제적 가치 기준이 적절한 완충과 분산 없이 적용되면서 네팔의 경제구조는 각종 독점 행태가 만연한 방식으로 발전했다. 같은 음식 한 접시의 가격, 같은 양의 노동에 대한 급여가 장소에 따라 100배 이상 차이가 나는 상황은 독점적 카르텔을 방치한 자유주의 시장 경쟁의 폐해를 보여준다. 그 피해는 다양한 권력관계의 아래쪽에 위치한 행위자에게 돌아간다. 이들의 반격은 판도 자체의 개혁으로 이어지기보다는 오히려 이의 재생산에 머무르고 만다.

최근 히말라야 8000미터 원정에서 새로운 경향을 주도하고 있는 세븐서밋트렉은 물론 이와 같은 고질적인 문제를 대부분 포괄하고 또 이용하여 성장했다. 하지만 이 회사의 형제 경영진이 보여준 태도를 통해 현장 지도자들에 의한 개선의 여지를 조금은 엿볼 수 있다. 한편으로 엘리트주의적 등반관에 대항하면서 다른 한편으로 네팔에 해로운 기존 산악 관광산업의 폐단들을 극복하려는 시도가 정부 기관이나 비정부기구 또는 구호단체가 아니라 히말라야 산악 관광을 바닥부터 체험한 당사자들로부터 시작됐다는 것은 고무적이다.

4
히말라야 등반과 셰르파 남성성

남성성 지표로서의 등반 경력

셰르파들이 보기에 사람들이 고산을 오르는 목표는 정상 등정이다. 등정을 원하는 이유는 유명해지고 또 그럼으로써 돈을 벌기 위해서다.[8] 이런 '속된' 동기에 셰르파들은 어떤 부정적 가치 평가도 내리지 않는 것 같다. "산은 우리를 유명하게 해줍니다." 밍마 대표의 말이다.[9] 사람들 사이에서 관심받고 인정받아서 '유명해지기'는 셰르파 사회에서 당연시되는 삶의 지향 중 하나다.

등정으로 인해 유명해질 수 있는 까닭은 셰르파들 사이에서 등정이 남성성을 표상하는 핵심적인 지표로 사용되기 때문이다. 하나의 관행을 예로 들면 많은 셰르파 남성이 본인의 명함 뒷면에 자신이 등정한 8000미터 봉우리 이름과 등정 횟수를 인쇄해놓았다. 셰르파들의 험난한 시골 생활에서 종합적 의미로서의 체력은 사람을 평가하는 데 중요한 가치 기준이었다. 이의 연장으로서 셰르파들이 경험하는 고산 등반은 사실상 수많은 종류의 고된 노동으로 가득하고, 셰르파들 역시 등반을 그런 식으로 이해한다. 예컨대 셰르파들은 어떤 산의 등반이 얼마나 어려운가에 대해 서로 논쟁을 벌일 수 있다. 근거로 드는 지표는 루트가 얼마나 길고 가파른가, 적설량과 바람의 세기는 어떠한가, 타 원정대가 많아서 협조 가능성이 있는가 등등이다. 이러한 '노동의 고됨'이라는 관점에서 등정 여부 및 등정 횟수는 셰르파 개인의 월등함을 표상하는 지표로 일상적으로 사용된다.

그러나 앞서 등정 상여금 항목에서 보았듯이, 등반 셰르파들의 등정 여부는 개인의 체력만을 반영한다기보다는 대원 배정의 배경에 깔린 셰르파들 사이의 정치적 역학에 더 크게 좌우된다. 즉 셰르파들에게 히말라야 등반의 성취는 체력과 경험, 담력 등의 지표로 사용되지만, 등정 성과는 이들 지표를 직접 반영하지는 않으며, 대인 관계의 수완과 사회적 지위를 통해 쌓아 올리는 일종의 사회적 자본으로 축적된다. 사회적 자본으로서의 히말라야 등반 경력은 명함이나 액자에 담은 등정 증명서 등으로 물화物化되어 존재하며, 이는 나아가 추가 고용의 기회, 외국인으로부터 받는 선망과 신뢰의 단초, 나아가 자신만의 원정 대행사/관광 업체 설립으로 이어지는 초석으로 활용되곤 한다.

위험의 소거로서의 남성성

유럽 중심주의적 인간관과 서구적 남성성에 바탕을 둔 히말라야 등반에서 셰르파들의 남성성 주장은 일종의 왜곡을 동반한다. 등정에 절대적 의미를 부여하는 것 역시 '등정보다는 등반 자체를 위한 등반'이라는 엘리트 등반관과 끊임없는 긴장 관계에 있을 수밖에 없다. 이 긴장 관계는 식민주의적 관계의 소산으로 대등하지 않고 불공평하다. 등반 참여를 자유롭게 선택할 수 있는 고객 등반가에게는 위험이 자신의 선택권 아래에 있다. 반면 고용계약된 셰르파들에게는 위험이란 주어지는 것이다. 전자(고객)가 위험을 스스로 무릅씀으로써 남성성을 주장한다면, 후자(등반 셰르파)는 위험을 선택할 권리가 없으며 다만 극복해내거나 무시함으로써 남성성을 주장할 수밖에 없다.

셰르파들에게 산소통을 쓰지 않고 오르는 '무산소 등반'은 준비된 선택인 경우도 있지만, 상황에 따른 주어진 임무가 될 때도 있다. 2013년 봄, 앙 뗌바 라마 셰르파의 에베레스트 무산소 등정이 그와 같은 사례다. 이는 그의 첫 히말라야 등반이었다. 그의 역할은 담당 대원 없이 짐만 나르는 '엑스트라 셰르파'였으나 뒤늦게 도착한 에콰도르 등반가의 담당 셰르파로 지정돼 정상 등정에 나서게 됐다. 이 등반가는 무산소 등반을 시도했다. 당시 원정대에는 산소통과 산소마스크가 부족해, 앙 뗌바 라마는 본인 혹은 에콰도르 대원이 비상시에 사용할 산소 장비 한 조를 넣은 배낭을 짊어지고 함께 정상을 향했다. 정상이 가까울 무렵 지친 에콰도르인은 위성 전화로 베이스캠프의 여자 친구와 통화했다. 여자 친구의 간곡한 권유로 그는 산소 장비를 사용했다. 다행히 앙 뗌바 라마는 무산소로 에베레스트 정상에 오르고 무사히 하산했다.

통상 에베레스트 등반에서 인공 산소는 4캠프, 이른 경우 3캠프부터 사용한다. 메스너가 동료와 함께 1978년 최초로 인공 산소 흡입 없이 '무산소'로 에베레스트를 오른 뒤 가장 높은 5개 봉—에베레스트, K2, 칸첸중가, 로체, 마나슬루—의 무산소 등반은 초인적인 등반의 상징으로 인식돼왔다. 에베레스트에서는 전체 등정자의 3퍼센트만이 시도하는 어렵고 위험한 등반 방식이다.

앙 뗌바 라마의 에베레스트 무산소 등정의 일화는 세 가지 서사로 사람들 사이에서 이야기됐다. 셋 모두에서 앙 뗌바 라마가 겪은 위험은 무시됐다. 먼저 에콰도르인이 주인공인 '무대 앞면'의 서사가 있다. 이 일화를 전해 들은 베이스캠프의 여러 외국인이 '등반가의 생명을 구한 사랑'이라며 감탄했던 것처럼, 여기서 경쟁하는 모티브는 개인의 업적 대 이를 승화시킨 로맨스다. 반면 앙 뗌바 라마는 이 서사에서 그저 보이지 않는 존재로 취급됐다. 의료용 산소통을 휴대하는 것조차 무산소 등반의 기준을 충족시키지 못한다고 보는 이도 있으므로, 동행한 등반 셰르파가 응급용 산소 세트를 가져갔다는 사실은 재구성된 등반 서사에서 굳이 드러내지 않는 부분이 된다.

둘째로 앙 뗌바 라마 본인이 주인공인 '무대 뒷면'의 서사도 있다. 여기서도 그가 처한 무산소 등반의 위험은 소거됐다. 앙 뗌바 라마가 산소 세트를 가져간 것은 사실이지만, 이는 그와 함께한 대원이 사용했고 본인은 어쨌든 무산소 등정에 성공했다. 나중에 만난 앙 뗌바 라마는 본인의 무산소 등정을 무척이나 자랑스러워했다. 그의 입을 통해 묘사된 당시 등반에는 무산소로 인한 고통이나 두려움 따위는 전혀 없었다. 위험은 닥치지 않았고 결국 애당초 존재하지 않았던 게 됐다. '열린 미래'의 갖가지 가능성은 결과론의 '닫힌 과거'로 화석화되어 남은 셈이다. 이러한 위험 소거의 태도는 21세기 초 셰르파들이 선호하는 남성성, 궁극적으로 '좋은 사람'이 되기 위한 가치 규준에 포함돼 있다.

'무대 앞에서 뒤를 넘겨보는' 세 번째 서사도 가능하다. 셰르파들의 세계를 보는 외국인 등반가의 시선을 통해서다. 여기서 앙 뗌바 라마는 자신의 첫 고산 등반에 무산소로 에베레스트를 오른 대단한 인물로 선망된다. 산소통을 사이에 두고 대원 고객과의 사이에 존재했던 불균등한 생존의 기회는 당연하거나 적어도 어쩔 수 없는, 현존하는 히말라야 등반의 조건으로 비판 없이 받아들여진다. 즉 셰르파를 존중하는 듯한 이 서사에서조차 위험은 인식되지만 당연시된다.[10] 결국 앙 뗌바 라마가 처했던 위험은 외국인 등반가, 등반 셰르파, 언론 등의 관찰자 어느 관점에서도 드러나지 않는다.

5

다층적인 등반 경험

셰르파들이 히말라야 원정대에 참가하는 방식과 이를 회고하는 방식 모두 특유의 역동적인 사회관계를 반영한다. 세밀하게는 식구와 친지, 동료 간의 일상적인 대화와 협력으로부터 소개와 후견, 암묵적 계약 협의 등 신중하고 전략적인 관계 설정, 그리고 대중매체와 지구적 산업 관계 저변에 깔린 유럽 중심주의적 의미체계에 이르기까지, 셰르파들의 등반 경험은 다층적 맥락 속에서 구성된다.

네팔 사회 전반에 뿌리내려 문제시되는 사기·기만·횡령·착복·뇌물·족벌주의 등의 부패 문제는 이러한 다층적 맥락 속에서 이해돼야 한다. 밍마 등의 민족지적 사례에서 볼 수 있듯이, 각 갈등 상황에서 나는 아프노 만체의 테두리를 한 단계씩 넓히려는 노력에 해결책이 있다고 본다. 개인 간의 갈등은 마을 혹은 집단 정체성으로, 마을 간의 갈등이라면 지역 전체의 정체성으로, 종족 간의 갈등은 국가의 정체성으로, 그리고 히말라야 등반의 초국가적 갈등은 세계시민적 태도로 맥락을 확장해 재인식하는 것이다.

그러한 국제 관광의 전반적인 국면에 대한 사고로 이어지기 전에 아직 남은 '히말라야 등반의 모순'을 살펴보아야 한다. 네팔의 대행사들은 관광산업 연쇄의 가장 뒤에 위치하고도 이를 어떻게 감내할 수 있는가. 쌍방에서 착복과 기만을 낳는 불만들은 왜 구조적인 개혁으로 이어지지 못하는가. 강요된 무산소 등정의 위험이 누구의 기억에도 남아 있지 않다고 해서, 어떻게 위험 자체가 실재하지 않았던 것처럼 받아들여질 수 있는가. 초국가적 영웅주의에 참여하려 부단히 애를 쓰는 셰르파 남성들의 열망들이 외면하고 마는 삶의 단면들은 무엇이 있는가. 최종적으로는, 죽음의 위협이 사실상 근간이 되는 스포츠에서 셰르파들은 어떻게 그 위협을 외면함으로써 성공을 구가할 수 있었는지를 다음 장에서 살펴본다.

chapter
7
Unliving

안살이

셰르파 웃음의 인류학

"시체가 빙하 위에 있어요!"

2012년 10월 16일 아침, 에베레스트의 2캠프에 머물던 나는 고소 캠프로 향하던 셰르파들로부터 다급한 무전을 받았다. 4캠프 위쪽에서는 폴란드 원정대가 로체 정상에 오르려고 시도하던 중이었다. 그들과 동행했던 뗌바 셰르파가 밤새 강풍 속에 하산하다가 추락사한 것으로 드러났다. 2캠프에서 멀지 않은 설원까지, 4캠프 위에서 가파른 로체 페이스를 2000미터나 굴러떨어졌다.

2캠프에 있던 나를 포함해 한국인 4명, 셰르파 4명은 시신을 수습해 후송하려고 빙하로 접근했다. 참혹한 광경이었다. 가장 연장자였던 나는 마음을 추스르고 가져간 천과 매트리스로 시신을 포장하기 시작했다. 다른 한국인 대원들도 나섰다. 그런데 동행한 셰르파들은 큰 충격을 받은 듯 가까이 접근하지 않았다. 작업이 끝날 때쯤에야 나서서 돕기 시작했다.

몇 달 뒤 서울에서 당시 한국인 원정 대원 중 한 명과 재회했다. 시신 수습 과정을 떠올리며 그는 이렇게 말했다. "정말 끔찍했어요. 계속 생각나더라고요." 그러면서 당시 옆에 있던 셰르파들에 대해서도 이렇게 기억했다. "셰르파들은 너무 놀라서 꼼짝도 못 하더라고요."

이처럼 우리 두 한국인의 당시 셰르파들의 태도에 대한 회고는 침착함, 냉철함 및 연령 서열에 따른 동료 의식 등을 선호하는 전형적인 한국식 유교 윤리에 입각한 가치관을 보여준다. 어떠한 연유로든 이러한 자민족 중심주의적인 의미로 사건을 경험하고 과거를 회고한다는 사실 자체는, 한국인과 셰르파들이 지닌 감정과 윤리와 사회관계의 문화에 분명한 차이가 있다는 점을 부정할 수 없게 한다.

이 사고가 일어나고 며칠 뒤 모든 대원과 셰르파는 베이스캠프에 내려와 있었다. 낙담해 있을 셰르파 대표를 달래러 한국인 대원 한 명이 술 한 병과 과자를 들고 그의 텐트로 찾아갔다. 한국인 대원을 반갑게 맞이한 셰르파는 자신의 카메라로 촬영한 뗌바의 끔찍한 시신 모습을 보여주었다. '재미있다는 듯한' 환한 웃음과 함께였다. 슬픔, 불안, 착잡한 심정 등을 기대했던 한국인 대원은 깜짝 놀라고 말았다. 그는 마침 셰르파 문화 연구로 네팔에 오래 체류하던 나에게 이 일화를 설명하며 그 웃음에 관해 물었다. 셰르파 문화에서 웃음은 어떤 의

그림 14 | 에베레스트 아이스폴 구간의 크레바스를 사다리를 이용해 넘는 셰르파들. 2013년 5월.

미인가? 죽음이 우스울 리는 없을 테다. 그렇다면 그는 왜 웃었을까?

셰르파의 쾌활한 웃음에 외국인이 놀랐던 경우는 숱한 전례가 있다. 2장에서 언급한 1907년 노르웨이 산악인의 셰르파에 대한 첫 언급부터가 바로 그들이 보인 긍정적인 태도에 관해서였다. 1950년 네팔이 개방된 이후 쿰부 셰르파들을 찾아 현장 연구를 진행한 첫 세 명은 모두 '셰르파 낙관주의의 신비'를 파헤치려는 동기를 지녔다.[1] 쾌활하고 잘 웃고 항상 긍정적이라는 셰르파의 특성은 등반가들과 관광객들에 의해 끊이지 않고 보고됐다.

이 장에서는 이와 같은 셰르파들의 웃음, 나아가 환대와 기쁨, 소멸과 슬픔이라는 감정 및 그와 연결된 가치 규준을 살펴봄으로써, 히말라야 등반이 그들의 전통과 현대 속에 접목해 들어온 과정을 분석한다. 감정·정동·가치 부여의 현상들을 관찰하고 분석하기 위해 나는 '드러난 그대로'를 파악하려 노력하는 현상학적 방법론과 역사학적·사회학적 맥락 재구성의 방법론을 병행해 사용한다.

1

셰르파 웃음에 관한 기존 연구

퍼스의 현상학

웃음을 현상학적으로 분석한다는 것은 웃음의 행위로 인해 발생하는 모든 의미 작용에 주목한다는 뜻이다. 여기서 나는 혼잣말이나 '쓴웃음' 등, 자아와 구별되는 청자가 없는 경우는 제외하고 대인 관계 의사소통에서 벌어지는 웃음에만 한정한다. 의사소통 수단으로서의 웃음에는 진지함을 재미나 진지하지 못함으로 바꾸는 기능이 있다. 앙리 베르그송Henri Bergson은 웃김이란 "살아 있음 속의 기계적임"이라고도 표현한 바 있다. 또는 "삶의 굴절"로서 "터무니없음"으로 규정하기도 했다.[2] 냉철하고 합리적이고 통제 아래 있는 상황을 무의미하고 앞뒤가 맞지 않거나 말도 안 되게 만들어버림으로써, 웃음은 의사소통의 특정 목적을 달성하도록 돕는 잠재력이 있다. 다시 말해 웃음은 언어적·개념적 의미를 무효로 처리함으로써 상대방을 기쁘게 하거나 실의에 빠진 이를 위로하는 등 '긍정적인' 소통 결과를 유도하는 수단으로 사용된다는 것이다. 앞의 (무효화되는) 좁은 범주의 의미를 언어학자 페르디낭 드 소쉬르Ferdinand de Saussure(1857~1913)를 따라 '의미

signification'라 하고, 뒤의 (의사소통의 목적을 달성하는) 넓은 범주의 의미를 프래그머티즘의 창시자 찰스 샌더스 퍼스Charles Sanders Peirce(1839~1914)를 따라 '의미 작용semiosis'이라고 구분할 수 있겠다.

다음의 간단한 예시를 보자. 2012년 봄 에베레스트 2캠프에서 나는 한 등반 셰르파에게 이렇게 물었다. "제가 에베레스트를 오른 뒤에 곧바로 로체도 올라갈 수 있을 것 같나요?" 그러자 그는 당연하다는 듯이 대답했다. "그럼요! 에베레스트를 올라간 뒤에 2캠프까지 내려와요. 이틀 동안 여기서 쉰 다음에, [머리 위로 재빠르게 손짓하며] '쉭' 로체 4캠프, 정상, 그리고 내려오는 거죠."

그의 말이 끝나기 무섭게 우리 둘 모두는 웃음을 터트렸다. 그의 의성어와 손짓은 마치 등반이 그처럼 쉽게 될 수 있다는 듯한 인상을 준다. 물론 실제 등반은 전혀 그렇게 될 수 없으며(누구도 손짓처럼 빨리 달려갈 수는 없다), 둘 다 이를 잘 알고 있다. 하지만 그는 내게 등반에 대한 자신감을 심어준다는 목적을 달성했다. 등반 방식이나 내 신체적 능력을 고려한 등반 가능성을 묻는 소쉬르적 '의미'는 거의 전달되지 못했지만, 등반 자신감이라는 퍼스적 '의미 작용'은 성공적으로 전달됐다. 질문에 사전적인 답변이 아닌 질문의 맥락을 문제 삼고 그에 따른 답변을 내놓음으로써, 질문 자체를 무력화하면서 동시에 질문이 발생한 상이한 관점을 상황에 유리한 쪽으로 변형하는 미시정치학이다.

퍼스의 현상학으로 볼 때, 이 장의 서두에 나오는 셰르파의 웃음은 한국인 대원과 함께 서로를 위로하려는 표현이었다고 짐작할 수 있다. 가까운 이의 죽음에 수반하는 전적인 절망감을 긍정적인 무엇으로 바꾸려는 시도다. 그렇다면 왜 위로의 방법이 웃음이어야 했을까? 이에 답하기 위해서는 셰르파 감정의 역사학적·사회학적 맥락을 살펴보아야 한다.

셰르파 특유의 낙관주의

네팔인 인류학자 도르 바하두르 비스다Dor Bahadur Bista는 '카스트가 없는' 티베트-버마 어족의 종족 집단에게는 있지만 '상류 카스트' 인도-아리아 어족 집단에서는 찾아볼 수 없는 성격적 특질 중 하나로 유머 감각을 꼽았다.[3] 하지만 네팔의 모든 비非카스트 종족 집단이 유머 감각이 다분한 것은 아니다. 예컨대 저명한 불교학자 데이비드 스넬그로브David Snellgrove는 1956년 네팔 서부 마낭에서 마주친 티베트 고산족들이 "자신들의 땅을 찾아오는 외지인들에게 불친절한 성향"이 있고 "우리가 마주친 사람 중에 가장 불친절"했다고 기록했다.[4] 2000년대의 사례로 프랜시스 켁 기 림Francis Khek Gee Lim은 카트만두 북쪽의 랑탕 산군에 거주하는 티베트 고산족 사회에서는 공공연한 비방, 분노 표출, 거친 험담 등등이 일상적이라고 보고하기도 했다.[5]

나는 산쿠와사바 북부에서 보떼, 라이, 따망, 체뜨리 등 다른 종족들과도 자주 마주치고 함께 지내기도 했다. 이들도 일반적으로 친절하고 화목한 성향을 지녔다고 말할 수 있다. 적극적 환대가 셰르파들만의 독특한 문화는 아니다. 관광업이 외화벌이의 주요 수단이라는 명제 아래 오늘날 네팔에서 환대와 친절은 적극적으로 교육되고 재생산된다.[6] 그래도 미세하지만 분명한 차이는 있어 보인다. 타 종족에게서 셰르파들의 전적인 쾌활함은 찾아볼 수 없었다. 특히 셰르파와 유사한 티베트 고산족인 보떼족과 비교해보면 흥미롭다. 나는 왈룽에서 북쪽으로 이틀 거리에 있는 꽤 큰 규모의 보떼 마을 하띠야, 홍구옹, 끼마탕가를 방문했는데, 쾌활하고 명랑한 분위기는 유사했지만 셰르파들보다 농담하려는 노력은 적고 더 규율 잡힌 태도를 볼 수 있었다. 아이들에 대한 부친의 엄격한 훈육은 일상적인 듯했다. 가축들마저 담을 촘촘히 쌓아 옆집의 밭을 허물지 않도록 막아놓았다.

셰르파들의 낙관주의에 대해 인류학자들은 다양하게 분석해왔다. 피셔는 서양인들이 셰르파를 칭찬해온 까닭은 단지 서양인들에게 없는 성향을 저들에게서 발견했기 때문이며, 셰르파들 역시 때때로 서양인들 앞에서 "낙관주의의 가면"을 써왔다고 봤다.[7] 애덤스는 셰르파들과 어울리기를 원하는 서양인들로 인해 셰르파들은 점점 "가상의 셰르파"들이 되어간다고까지 지적했다.[8] 오트너는 애덤스의 지적이 너무 추상적이라 비판하고 대신에 셰르파들의 쾌활함은 서양인과의 불평등한 관계와 또 셰르파 사회 내부의 불평등한 관계 둘을 모두 반영한다고 주장했다.[9]

한편 나는 2장에서 오트너의 분석을 여전히 유럽 중심주의적 인간관에 바탕을 두고 있는 인류낭만주의적 사고라고 비판했다. 이 사고에는 몸·마음·집단의 삼원론적 존재론에 위계·평등·무질서라는 서양식 관계론이 모든 인간 사회의 기본 원리라고 보는 무비판적 가정이 깃들어 있다. 오트너는 솔루와 쿰부 두 지역의 셰르파 집단에서 각각 조사를 수행했는데, 쿰부 지역의 셰르파들이 솔루 지역 셰르파들보다 더 협조적이고 공동체적이라는 다른 학자들의 관찰을 마지못해 수긍했다.[10] 하지만 오트너는 개인적 경쟁심이 셰르파 사회를 설명하는 근본 원리라는 자신의 기존 관점을 고수하면서, 이와 같은 지역적 차이에 큰 의미를 두지 않고 무시한다. 그러나 일찍이 퓌러 하이멘도르프는 쿰부 셰르파들이 "강한 사람보다는 유능한 중재자, 화평한 사람을 선호"한다고 지적했다.[11] 쿰부의 서쪽인 롤발링 지역에서 40여 년간 연구를 이어온 루에디 바움가트너Ruedi Baumgartner 역시 의사 결정 능력과 갈등 조정 기술이야말로 셰르파 사회에서 가장 중요하게 여기는 성향이라고 관찰한 바 있다.[12] 즉 셰르파 사회에 갈등이 존재하며 이를 해소하려는 방법의 하나로 웃음이 사용된 것은 사실일진대, 그것이 과연 오트너의 분석처럼 불평등을 평등으로 되돌리려는 욕구에서 비롯된 것인지에는 의문이 따른다. 나아가 오트너처럼 서양인 등반가와 셰르파 사이의 관계를 불평등으로 규정해버리면 그에 부합하지 않는 다양한 국면들을 외면하게 되기 마련이다.

나는 본맨John Borneman과 하무디Abdellah Hammoudi의 다음 주장에 동의한다. "오리엔탈리즘 이론이 하나의 신념으로 굳어지면 인간관계를 권력과 지배에 단순히 결정되거나 아니면 아예 권력과 지배가 없는 것처럼 보는 양자택일로 흐르고 만다."[13] '분투하는 개인'이냐 '문화적 구성원'이냐 가운데 하나를 선택하게 된 상황은 대개 부족한 관찰만으로 비약적 결론을 도출해내려는 경우 맞닥뜨리는 이분법이기 쉽다. 오히려 이는 서구 관찰자들의 인간에 대한 신념을 엿보게 해줄 뿐이라고도 생각한다. 충분한 민족지적 관찰과 역사적 맥락의 재구성 위에 그들의 생활 세계와 인간관을 이해하면 그 속에 살아가는 이들의 관점을 이해할 수 있다고 본다.

2
부정적 감정에 대한 혐오

긍정적 현상에 대한 강조는 부정적 현상에 대한 축소·은폐·망각·외면 등과 짝을 이룬다. 나는 왈룽 셰르파 방언에서 자주 쓰이는 단어 600여 개를 수집했는데, 이 어휘 목록에는 나이 듦·죽음·슬픔·고통스러움·헤어짐 따위의 부정적인 상황을 묘사하는 단어가 극도로 제한돼 있다. 예컨대 한국어나 영어에서처럼 '죽음'을 '운명'·'작고'·'타계'·'떠남' 등등으로 대체하는 완곡한 표현 같은 것은 아예 없었다.

셰르파들이 불평하는 상황도 무척 보기 드문 광경이다. 나는 산악 지대에 단련된 셰르파들의 험난한 이동 방목 생활을 따라다니다가 여러 번 완전히 녹초가 되기도 했다. 그때마다 동행한 이들은 나를 지극히 돌봤다. 그러나 돌봄을 직설적으로 표현한 경우는 거의 없었다. 예컨대 "얼굴에서 땀이 나네요. 물 마시고 싶어요?" 정도가 그나마 가장 직설적인 표현이었다. 히말라야 등반에서도 마찬가지다. 등반 셰르파들은 고된 짐 수송과 나쁜 날씨 등을 때로는 과장되게 표현하며 등반을 꺼리는 감정을 표시하곤 한다. 하지만 누구도 자신이 '피곤하다,' '지쳤다,' '하기 싫다'고 말하는 경우는 찾기 어려웠다.

대신에 "식량에 고기가 떨어졌다," "바람이 너무 세다," "너무 춥다" 등의 상황을 묘사하는 언급이 노동 중단을 요구하는 이유가 된다.

다툼, 분노 등 적대적 기질은 셰르파들이 공동으로 혐오하는 태도다. 어떤 이가 마을에서 누군가를 나에게 소개하며 다음과 같이 덧붙였다. "이 사람은 좋은 사람이에요. 다투지도 않고 화내지도 않아요." 평상시 대상자를 앞에 두고 칭찬을 하는 경우는 드문 까닭에 이는 일상적인 상황에서 할 수 있는 대단한 찬사에 속한다. 다만 이는 반대로 말하면 셰르파들이 화를 내고 다투기도 한다는 말이기도 하다. 실제로 그런 경우를 여러 번 목격했다. 그런데 분출된 화를 적절히, 즉 화로 맞받아주는 이는 의외로 드물어 화는 사회적으로 그다지 효율적인 행위가 되지 못한다. 셰르파들은 화를 내고 싸우는 이를 일러 잠시 "미쳤다"고도 묘사한다. 싸웠던 본인도 자신을 "미쳤었다"고 얘기하기까지 했다.

동충하초 채취 인파에 끼어 마칼루-바룬 산골의 식당으로 쓰이던 움막에서 있었던 일이다. 술에 취한 어느 비셰르파 노인이 분명한 이유 없이 내 머리를 가볍게 때렸다. 이를 본 움막의 주인이자 나의 비셰르파 친구는 그 노인에게 즉시 다가가 험상궂은 얼굴로 그의 목을 움켜쥐고 움막 밖으로 밀쳐냈다. 이 두 가지 즉각적 폭력, 특히 맨정신의 움막 주인이 보인 행위는 셰르파들 사이에서는 거의 볼 수 없는 종류였다.

원정대에서 싸움이나 다툼은 종종 벌어진다. 셰르파들은 원정대를 기억하는 간결한 목록에서 목격했던 싸움을 절대 빼놓지 않는다. 이는 그만큼 싸움과 분쟁이 셰르파들 사이에서 유별난 행위라는 점을 보여준다. 다음의 예를 보자. 원정 등반 경험이 꽤 많은 사누 셰르파(1977년생)는 2011년 참가했던 한국 원정대에서 벌어진 다툼을 이렇게 묘사했다.

> 락빠, 따시하고 제가 짐을 지고 아랫마을 옆의 헬기장에 도착했을 때였어요. 딱 5분 정도 늦었을 거예요. 그런데 대장님이 저희에게 돌을 던지며 소리를 질렀어요. "왜 이렇게 늦게 왔어!" 그래서 대장님하고 따시하고 조금 '키치키시' 했어요.

사누의 즉흥적인 의성어 "키치키시"는 이 다툼이 말 그대로 아주 작은 것에 지나지 않는다는 느낌을 준다. 왈룽 셰르파 방언에 말싸움에 해당하는 단어는 없다. 셰르파들은 논쟁, 토론을 뜻하는 네팔어 '비바드,' '바스,' '짜빨 가르누' 등도 거의 사용하지 않는다. 모든 종류의 말싸움은 대개 '토크talk' 등의 표현으로 마치 작은 일처럼 표현된다. 그러나 이는 두고두고 기억할 일화 중의 하나로 남는다. 싸움에 깃든 분노와 불만, 불화에는 공감하지 않은 채 싸움의 전모를 기억하는 방식인 셈이다.

사누는 셰르파 중에서 꽤 점잖은 축에 든다. 많은 셰르파는 사누보다 싸움을 더 부정적으로 평가한다. 어느 셰르파는 한국 산악인 세 명을 이렇게 비교했다.

> 셰르파들은 미스터 김(가명)을 싫어합니다. 그는 약간 미쳤어요. 언제나 셰르파들과 싸웁니다. 미스터 리(가명)도 비슷하지요. 미스터 최(가명)는 다릅니다. 셰르파들은 다 그를 좋아해요. 예전에 함께 등반했던 셰르파가 죽었다는 얘길 듣고 미스터 최는 죽은 셰르파 가족에게 돈도 계속 주면서 도와줬습니다. 게다가 그는 네팔에 올 때마다 예전에 함께 등반했던 셰르파들을 만나서 옷이나 장비를 주곤 합니다. 셰르파들도 이건 다 알아요.[14]

셰르파들에게 원정대는 항시 문화 간 만남이며 오해의 근원이다. 군대식 기강과 권위주의적 복종으로 지탱해온 한국 원정대 문화는 명령과 폭력을 합당한 규율로 인식해왔다.[15] 물론 이를 거부하고 극복하려는 한국 산악인도 종종 있지만, 그렇다고 권위적인 이들을 셰르파들처럼 '미쳤다'고까지 평가하지는 않는다. 셰르파들은 부정적 감정 상태를 혐오할 뿐만 아니라 이해하거나 감내하기 어려운 이질적인 상태로 보고 거리를 둔다.

3

종교학적·생태학적 가설

나는 셰르파의 쾌활함은 단순히 사교의 기술이 아니라 독특한 존재론과 인식론에 바탕을 둔 종족적 성향이라고 주장한다. 이들 세계관의 성립과 존속에 영향을 미친 정신적·물질적·사회적 환경을 살펴보자. 종교적 교리나 신화를 근거로 심성을 유추하는 '문화학'이라든가 고전적인 정신분석학 따위를 전개하려는 것은 아니다. 그 대신 종교가 구체적으로 일상에서 실천되는 생활의 측면을 들여다본다. 마찬가지로 생태적 환경 역시 자연환경이 몸과 마음의 형성에 어떻게든 영향을 끼쳤다는 단순한 접근이 아니라 그 속에서 타인과 더불어 살아가는 방식에 초점을 둔다.

티베트 불교

다분히 본질주의적인 관점에서 퓌러 하이멘도르프는 셰르파들의 긍정적 생활 태도는 내세 지향의 티베트 불교의 영향이라고 보았다.[16] 이런 단순한 이론화는 자주 비판받지만 반복된다. 인도의 티베트 난민들에 관한 연구 중에는 투옥·고문·박해를 겪어 심각한 정신적 외상이 예상되는 상황에서도 이들이 놀랍도록 낮은 수준의 심적 고통을 보여준다는 것에 주목하면서, 티베트 영성 및 그에 대한 가르침의 전통이 보호와 대응의 기제로 작용했으리라고 주장한 연구가 여럿 있다.[17] 라마와 수도승을 면담한 세라 E. 루이스 Sarah E. Lewis는 불교의 가르침이 티베트인들의 윤리관에 깊숙이 뿌리내려 '의식적으로' 좋지 않은 감정을 떨쳐버리려는 삶의 태도를 갖춰 왔다고 주장했다.[18]

내가 보기에 일부 티베트 불자들이 높은 수준의 마음의 평안을 누리는 것은 사실인 듯하지만, 그게 실제로 불교 교리의 가르침으로 인한 것인지는 의심스럽다. 라마와 수도승에게 그런 태도의 이유를 물었을 때 교리 때문은 아니라고 대답할 이가 과연 얼마나 될까? 자신에게 익숙한 문화적 태도에 대한 당사자의 설명 속에서 자신만의 편견과 한정된 이해 그 이상을 기대하기란 위험하다.

실제로 왈룽 마을에서 하루 거리의 로호룽 라이족은 불교도가 아니지만 안 좋은 감정에 대한 높은 수준의 혐오가 문화적 규범이라는 보고도 있다.[19] 다른 예로 네팔 중부에서는 마오주의자들의 봉기 속에 두려움, 무서움, 죽음의 상황이 겹쳐 닥친 사회에 "침묵의 문화"가 찾아들었다는 분석도 있다.[20]

나는 '나쁜' 감정 및 그런 감정을 갖는 것에 대한 왈룽 셰르파들의 태도는 라이족에게서처럼 혐오의 대상으로 꺼려지는 것에서 한 걸음 더 나아가, 아예 의미를 맺지 못하는, 모리스 블랑쇼Maurice Blanchot의 표현을 빌려 말하자면 "밝힐 수 없는"[21] 현상이 되어버린다고 생각한다. 이는 의식적인 교리의 차원보다 더 근저에 있는 존재론·인식론의 차원에 대한 지적이다. 특히 나는 셰르파들이 비물질적 추상보다 물질적 현존에 존재론적 우위를 둠으로써 긍정적 상황에 더 큰 비중을 두고 있다고 주장한다. 이러한 독특한 존재론·인식론의 형성에는 티베트 불교와 관련된 다음 세 가지 여건이 작용했다고 본다.

1) 탄트라 일원론

6장에서 나는 셰르파들이 등반 경험을 회고할 때 일종의 '열린 미래'에 상응하는 '닫힌 과거'의 시간본이 적용되어, 불확실성으로 가득한 세상에 적극적으로 자신을 내던지며 거기서 얻는 경험들을 주어진 것으로서 감내해왔다고 주장했다. 이는 특히 히말라야 산악 관광의 지구적 의존성이 심화되면서 증폭된다고도 주장했다. 내 주장이 옳다면 왜 세계의 다른 지역에서는 지구화로 확산한 불확실성이 셰르파들에게서처럼 열린 미래·닫힌 과거의 시간론으로 대응되지 않는지 묻지 않을 수 없다.

닫힌 과거의 시간론에서 경험들을 주어진 것, 물질화된 것으로 받아들이는 존재론은 남아시아와 티베트 문화권에 널리 퍼진 탄트라 일원론과 상응한다. 불교와 힌두교의 철학적 근원인 『우파니샤드』에서는 인간 자아(아트만)와 궁극의 존재(브라만)가 하나임을 설파하는데, 이로 인해 세상이 앎과 행위, 자기(뿌루샤)와 외적 영향(쁘라뜨리까)이라는 이원론으로 나뉘어 보이는 것을 이해하게 된다. 다만 남아시아 종교 전통에서는 일반적으로 이러한 이원론(현상)을 허용하는 일원론(진리)의 존재론은 보통 사람에게는 명확하게 설명되지 않는 비전秘傳, 즉 탄트라의 밀교密敎 전통으로서 '그저 받아들여야 하는 것'으로 실천됐다. 간단히 말해 이미 물적으로 드러난 행위가 추상적 상념보다 인식론적 우위에 있다는 것이다. 서구에서 정립되어온 "삶 중의 삶"을 산다는 리비도적·자아 중심주의적 도전으로서의 히말라야 등반이라는 개념[22]은 셰르파들의 '구체적으로 실재하는 행위들의 조합'으로서의 등반이라는 개념과 대척점에 있다.

2) 대승불교

티베트 불교는 교리적 차원에서 대승불교에 속한다. 소승불교는 부처를 신이 아닌 사람으로 보고, 개인이 쌓은 덕은 타인이나 다음 생으로 이전되지 않는다고 여긴다. 반면 대승불교에서는 부처는 신이며 덕은 이전될 수 있는데, 이는 교리적으로 완전히 선명하지 않아 밀교적 사고를 허용할 수 있고, 실제로 많은 경우 그렇다.[23] 즉 엄격한 문자적 이해, 논리적 추상, 합리화를 통한 의사 결정 등은 대승불교의 세계관에서 절대적인 우위를 점하지 않는다.

3) 수도원 이상주의

티베트에서는 15세기부터 밀교를 천대하고 정통적 의례를 준수하는 방정方正, orthopraxy 근본주의가 유행했다. 이는 16세기 티베트인들이 남하해 솔루쿰부 지방에 정착한 뒤 사원 건립에 대한 지속적 열망으로 이어졌고, 수도원 이상주의가 유지되는 데 기여했다.[24] 한편 왈룽 및 마칼루 일대에는 수도원이 없다. 여러 셰르파가 수도修道 시설을 갖춘 큰 규모의 사원을 건립하고자 노력했으나 성사되지 못했다. 이는 희생 제의 동물 살육·샤머니즘 등 밀교적 제의와 종교적 혼합주의를 '방치'하는 현행 종교생활로 이어졌다고 볼 수 있다.

이상 세 가지 왈룽 셰르파들의 종교생활의 특색은 비물질적 추상보다 물질적 현존에 우위를 두는 존재론·인식론의 형성에 일조했다고 볼 수 있다.

고산족의 문화생태학

쿰부의 셰르파들은 1960년 중국과의 국경이 폐쇄되기 전까지 대상隊商으로 낭파라 고개(5806미터)를 넘어 티베트의 팅그리, 시가체, 멀리 라싸까지 다니며 교역에 임했다. 인류학자 마이크 톰슨Mike Thompson은 셰르파들의 쾌활함이 그런 장거리 교역과 상업의 전통에서 비롯했다고 봤다.[25] 물론 교역에 임하는 셰르파는 소수에 지나지 않았고 그나마도 과거의 일이 되었기 때문에 엇나간 가설이 됐지만, 그의 문화생태학적 관점은 주목할 가치가 있다.

다른 대부분의 네팔 종족들과 달리 셰르파들은 네팔 북동부에 이주하여 정착할 때 각 언덕에서 다른 종족보다 위쪽 높은 곳에 터전을 마련했다. 따라서 타지인·타 종족들은 셰르파들에게 모두 저지대 사람이란 뜻의 '롱바'로 불렀다. 셰르파들은 드넓은 고산지대를 자유롭게 삶의 터전으로 이용했다. 더욱이 13개의 부락으로 이루어진 왈룽 셰르파 마을에는 정치적·사회적·경제적 중심지라 부를 만한 곳이 딱히 없다. 각 부락은 가구 몇 세대로 이루어졌는데 역시 중심이 되는 가구가 따로 없고 대개 사촌 간으로 느슨하게 연결된 채 각자 독립된 생계를 꾸려나간다. 마을 내 정치적 권력을 쥔 사람이나 부락 간의 반목 등도 찾아볼 수 없다. 이는 세두와 셰르파 마을도 마찬가지다.

시골에서 나고 자란 셰르파 아이는 열 살도 되기 전부터 밭일이나 이동 방목 등에서 한 사람 몫을 하기를 기대받는다. 분명한 성인식 절차 없이 아이들은 어느새 어른처럼 여겨진다. 내면의 생각·판단·갈등·고민이나, 개인이 보유한 자신만의 소지품·돈 등은 부모의 관리를 일찍부터 벗어난다. 타인의 마음을 헤아리는 능력이 요구되는 개인 간의 집중적인 협의나 논쟁, 복잡한 거래 등은 마을 일상생활에서 찾아보기 힘든 장면이다. 동시에 타인을 향한 세세한 마음 씀씀이, 또 그런 언어적·비언어적 표현 등은 적어도 마을의 생활환경에서는 그다지 장려될 필요가 없다. 이렇듯 느슨하게 엮인 대인 관계는 셰르파들이 전형적으로 보이는 개인주의와 평등주의의 기초를 이룬다.

4
웃음과 정동의 성 역할

지금까지 정신적·물질적 차원에서 셰르파 세계관의 윤곽과 형성 과정을 살펴봤다. 이제부터 사회적인 두 차원, 즉 성별과 생애에 주목해 쾌활함의 특성들이 어떻게 실천되는지를 살펴보자.

1960년대까지 쿰부 셰르파 사회에는 일처다부제 관습이 남아 있었다.[26] 일부일처제, 일부다처제와 함께였다. 다만 일부다처제는 시행해도 일처다부제는 천시하는 저지대의 다른 종족들과 교류가 늘어나면서 셰르파들은 일처다부제를 점차 없는 일처럼 덮어두기 시작했다.[27] 오늘날 셰르파들은 일부일처제를 엄격히 따르지만, 그것이 부부간의 서로에 대한 배타적인 소유권 개념에서 우러나온 실천인 것 같지는 않다. 혼인을 통해 법적으로 배타적 권리는 주장되지만, 이게 셰르파들에게 꼭 상대의 성성性性, sexuality의 '소유'를 의미하는 것일까? 이 질문은 개인의 자아가 어느 정도까지 타자에게 열려 있고 허용될 수 있느냐를 가늠하도록 돕기 때문에 중요하다.

셰르파들의 성 관념

마칼루 셰르파들에게 배우자의 성에 대한 배타적 소유권은 다른 종족들에 비해 덜 강조되는 것 같다. 적지 않은 수의 셰르파 남편들이 은밀히 혼외 관계를 유지하거나 매춘에 참여하는 듯한데, 아내들은 남편들의 외도에 대체로 큰 경계심을 표시하지 않는 것 같았다. 자신의 부재중 아내의 혼외정사를 의심하거나 경계하는 남편도 드물었다. 미혼 청년들의 성생활은 도덕적 수치심 없이 꽤 자유로이 허용된다. 이혼 또한 불편한 것일 뿐 도덕적 낙인은 거의 없고 꽤 빈번하게 이루어진다. 셰르파들이 성적으로 문란하지는 않다.[28] 타 종족의 노골적인 성적 농담에는 쾌활한 셰르파들도 곧 인상을 찌푸리곤 했다. 다만 셰르파 사회에서 결혼 전과 후에 상당한 정도의 성적 자주성은 양성 모두에게 허용되는 것으로 볼 수 있다.[29]

한 예로, 최근 한국 남성과 국제결혼을 하여 한국으로 이주한 왈룽 여성 세 명에 관해 30대 후반의 왈룽 셰르파 부부와 함께 대화하던 중이었다. 아내는 농담으로 다음과 같이 말했다. "나도 결혼해서 한국 가고 싶어요." 최근 기혼녀가 중개인을 통해 '(혼인 경험 없는) 미혼 확인서'를 발급해 한국으로 결혼해 가는 사례가 종종 있었고, 아내의 언급은 이런 실질적인 가능성에 기댄 것이다.[i] 이를 들은 남편은 화나 불쾌감 등 부정적인 표현으로 아내를 징계하거나 훈계하려 하지 않았고, 농담으로 맞받아쳤다. "당신은 너무 뚱뚱해서 한국 못 가요." 이 부부의 말장난에는 적어도 표면적으로는 남편의 아내에 대한

---

i 내가 아는 한 최소 두 명의 왈룽 셰르파 여성이 아이 둘과 셋을 각각 출산했음에도, 남편과 이혼한 뒤 미혼 증명서를 발급받아 한국으로 국제결혼을 하여 이주했다.

배타적 성적 소유 의식은 찾아볼 수 없었다.

즉 셰르파들에게는 개인의 성성에 관한 법적 소유권(혼인으로 인한 배타성)과 실존적 소유권(성성의 독자성) 사이에 차이를 두는 태도가 있음을 확인할 수 있다. 혼인과 같은 사회적 결속 아래에서도 자신의 몸에 대한 배타적·독자적 권리가 인정되는 것이다. 이를 몸/마음의 이분법적 분열이 가중된 후기 근대사회의 몸에 대한 소비적 태도를 체득함으로 인한 것으로 보는 이도 있을 것이다. 나는 그에 동의하지 않으며 일처다부제를 가능하게 했던, 성성의 독자성을 인정하는 셰르파 특유의 인간관으로부터 비롯되었다고 본다. 나아가 성성만이 아니라 셰르파 자아는 서로 일정한 거리를 유지하는 전반적인 개인주의로 특징지어진다. 다음 절에서 보듯이 이는 쾌활함의 정도가 성별에 따라 다르게 실천됨으로써 뒷받침된다.[30]

셰르파 여성성

셰르파들의 친족 체계를 다시 살펴보자. 셰르파들은 엄격히 말해 모계가 아닌 부계를 유지한다. 이는 일처다부제가 대개 형제가 한 명의 여성에게 장가드는 형제다부혼兄弟多夫婚, fraternal polyandry이었기 때문에, 재산을 나누는 등의 마찰을 피하기 쉽다는 이점이 있었다. 즉 부계임에도 가족 내 여성의 권력은 다른 종족 여성에 비해 컸다. 셰르파 남성들은 자주 오래 집을 비웠다. 이동 방목, 장거리 교역, 최근에는 원정대나 단체 트레킹, 혹은 해외 노동자 파견 등의 선택지를 자신이 가야 할 길로 여긴다.

셰르파 남성들은 일반적으로 여성보다 쾌활하다. 반면 여성들은 남성보다 쉽게 진지해진다. 예컨대 아이 훈육은 전적으로 어머니의 몫이다. 마을에서 셰르파 남성들끼리 싸움을 벌이고 나면 이들은 한동안 서로를 피해 다닌다. 부자연스러운 상황을 처리하는 가장 쉬운 방법이다. 반면 싸움이 벌어지면, 주변의 남성들은 대개 웃으며 지켜보고 말리는 이는 대부분 여성이다. 어느 타 종족 네팔인은 그런 셰르파 여성들을 두고 이렇게 묘사했다. "셰르파 여자들은 너무 위험합니다. 남편들에게 뭐든지 하라고 명령해요. '저 마을 갔다가 오늘 내에 와야 해요.' '이 음식 요리하세요.' '저것 좀 가져다주세요' 등등으로요."

성별로 구분된 셰르파들의 쾌활함을 숙고할 수 있는 관습은 음주다. 창(막걸리)은 아락(소주)과 함께 왈룽 셰르파 마을에서 거의 모든 사회 활동과 일상생활에 빠짐없이 등장하는 중요한 음주 관행이다. 마을에서 창은 절대적으로 중요하다. 모든 노동의 긴요한 간식이요, 각종 의례에 핵심적인 준비물이고,

모든 방문자는 창으로 환대받고, 지나는 길손은 어김없이 "창 드시고 가세요" 소리를 들으며, 부족한 모유는 창으로 대체하고, 먼 길을 떠날 때면 여러 잔의 창으로 배를 채우고 한 통의 창은 손에 들고 떠난다. 가치 평가가 항상 뒤따른다. 창이 떨어진 집은 놀림의 대상이고, 따돌림 받는 집은 "저 집 창은 먹지 마세요"라는 수군거림의 대상이며, 누군가 병으로 죽었을 때 어떤 이를 일러 "창 속에 독을 넣었다"고 모함하기도 하고, 도시에서 지낼 때는 시골 마을을 떠올리며 "배 안 아픈 창"이 있다고 그리워한다.

창을 준비하여 공급하는 전 과정은 대부분 여성의 몫이다. 핵가족에서 모친은 수수를 재배하고 숙성해 보관하고, 이어 매번 제조하는 일들을 총괄한다. 셰르파 여성들은 통상 집과 밭의 노동, 즉 마을 내에서 벌어지는 업무들을 도맡는다. 단순 노동자가 아니라 가구 경제의 실질 책임자다. 집 안에서 여성의 주인 됨은 집 안의 정동적 환경을 여성적으로 구성하는 데에 절대적이다. 집 안은 또 마을 사람들 사이의 긴밀한 사회관계가 벌어지는 곳이기도 하다.

방문자가 자리에 앉으면 안주인은 보는 데에서 숙성된 창을 덥힌 물에 짜내는 '창 찌르까싸마' 의례를 선보이고, 이어 잔을 방문자 앞에 내밀며 국자에 담은 창을 붓는 자세를 취하고 '셰'(드세요)라고 한다. 이때 방문자는 못 볼 것을 본 듯이 고개

그림 15 | 왈룽 마을의 앙 도마 셰르파가 손님에게 대접할 창을 짜고 있다. 2013년 8월.

를 돌리며 양손으로 잔을 거부하면서 '무퉁'(안 마십니다)을 연신 외친다. 첫 잔의 짧은 실랑이는 거의 모든 경우 안주인의 승리로 끝나기 때문에, 마시지 않겠다는 방문자의 역동적이고 과장된 저항은 다분히 의례적인 것으로서, 창의 귀함에 대한 경외감과 대접에 대한 고마움을 표한다. 가구 단위로 명확히 구분되는 소유권이 현시되는 장면이기도 하다.

창을 마시면 몸이 따뜻해지고 허기가 가시며 취기와 함께 편안해진다. 이어지는 남편과 방문자의 대화는 창의 '온기' 속에 진행된다. 안주인은 대화와 농담에 직접 참여할 수도 있고 그러지 않을 수도 있다. 요점은 때때로 남성들 사이의 농담과 웃음은 대개 여성들이 구성한 정동적 환경에서 비로소 생겨난다는 점이다. 소쉬르식 언어적 의미는 퍼스식 정동적 의미작용의 테두리 내에서 성립된다.

셰르파 여성성의 정동적 환경 구성은 창이 아닌 다른 사회관계의 상황에서도 볼 수 있다. 예를 들어 2013년 1월, 오랜만에 마을을 다시 찾으니 모친 앙 도마 셰르파는 넷째 아들인 열세 살 사내(/saːnæː/)가 여러 차례 내가 언제 오느냐며 "언제 와요?"라고 물어봤다고 그의 말을 전했다. 이동 방목에 나섰던 사내는 내가 왈룽으로 돌아오기 며칠 전 잠시 집에 내려와 있었는데, 친구이기도 한 나를 어서 만나고 싶었던 모양이다. 또 앙 도마는 당시 사내가 산에서 발목을 접질려 제대로 걷지 못하고 "꼴뚝, 꼴뚝" 하며 절룩거렸다고 손동작을 취하며 묘사했다. 이를 전해 들은 내가 친구를 보고 싶은 사내의 마음, 또 그가 고통에 힘겨워하는 모습을 상상하는 것은 어렵지 않았다. 여기서 앙 도마는 단지 말을 그대로 전달하고 행동을 묘사했을 뿐, 사내의 생각을 추정하는 언급은 하지 않았다. 즉 사내의 바람과 의도를 상상하는 것은 전적으로 내 몫이었으며, 앙 도마는 전달자의 역할만을 담당했다.

셰르파 남성을 이동성으로 규정한다면 여성은 정주성으로 규정할 수 있을 것인데, 이들 여성들이 남성들의 형제애를 조성하는 방식은 다음의 사례에서도 잘 드러난다. 2013년 여름 파키스탄의 낭가파르바트(8126미터)에서 베이스캠프를 급습한 탈레반 세력이 총 11명을 살해한 사건이 있었다. 희생자 중에는 '미스터 양'이라는 중국 산악인도 있었다. 나도 그와 함께 에베레스트에서 텐트를 함께 쓰는 등 2012~2013년 친분을 나눈 바 있다. 미스터 양은 2013년 봄 마칼루 등반 후 헬기 편으로 왈릉에 있는 세븐서밋트렉 밍마 사장의 시골집에 들러 하룻밤 묵고 떠났다. 사고 소식을 들은 마을 사람들은 그를 자주 언급하며 친절하고 훌륭한 사람이 죽었다는 사실을 아쉬워했다. 당시 그는 협찬사 기를 두고 갔다. 밍마의 모친은 벽에 걸어둔 그 기를 가리키며 이렇게 말했다. "저걸 봐. 저게 그 사람 거야. '2~3년 뒤에 다시 올게요' 하면서 떠났더랬어.

담배를 참 많이도 피워댔지! 죽었다는 얘기를 들었을 때 눈물이 이렇게 났어."[31]

밍마 모친은 그 여름 내내 내가 방문할 때마다 이 이야기를 반복했다. 모친은 들르는 사람들에게 단순히 나누지 못했던 생각이나 일화를 공유했던 것만이 아니었다. 망각으로 사라지는 기억들로부터 감정을 부활시켜 서로 간의 결속감을 끌어내고, 그럼으로써 공동체의 구체적인 역사를 살아 흐르게 했다.

나는 이동성과 쾌활함이 남성에게, 정주성과 진지함이 여성에게 원천적으로 귀속된다는 일종의 '성별 구조주의'를 주장하려는 것이 아니다. 창은 남성이 준비할 수도 있고 원정대나 장기 교역에 남성이 아닌 여성이 참가할 수도 있다. 요점은 남성과 여성의 성 역할이 본성적으로 구분된다는 것이 아니라, 셰르파의 웃음을 비롯해 떠남·외면·망각 등이, 정색·머묾·배려·회고 등이 근저를 이룬 양가적 조화의 세계관 속에서 비로소 실천되는 행위라는 것이다. 외부인들이 볼 때 쾌활함이 셰르파들의 특징이 된 이유는, 마치 창을 마시면 얼근한 기분에 취하게 되고 이를 만들어준 이들의 손길은 뒷전이 되는 것처럼, 종교적·생태적·문화적 환경 속에서 성 역할이 두드러지게 대별되어왔으며, 외부인은 대개 셰르파 남성(혹은 여성이 보인 남성성)의 그러한 특질들에 주목했기 때문이다.

5

안살이:
고통과 죽음의 외면

왈룽 마을에서 주변 어른들이 10대 초반의 소년을 심한 농담으로 놀리다가 마침내 아이가 울음을 터뜨리고 말았다. 그러나 그의 부모를 포함해 누구도 아이를 달래주려 하지 않았다. 오히려 아이의 슬픔은 염두에 없다는 듯이 주변의 웃음은 계속됐다. 아무런 응대를 받지 못한 울음은 곧 사그라들었다. 나는 20여 개월의 현지 연구 중에 성인 셰르파 남성이 눈물을 흘리는 경우는 보지 못했다. 울음에 관해 말하는 경우도 거의 없었다. 눈물, 흐느낌, 칭얼거림은 셰르파 대인 관계에서 거의 의미를 갖지 못하는 표현이고 따라서 드물기도 하다.

베르그송의 통찰은 의미를 소멸시키는 웃음의 파괴력을 포착했다는 데에 있다. 웃음이 의사소통의 문화적 패턴으로 자리 잡은 상황은 과연 무엇을 지울까. 의미를 전달할 수 있는 기호의 생략으로 인해, 공유되지 않은 체험의 국면들이 삶 속에서 의미를 취하지 못해 가설로만 남거나 하찮게 되어버리는 상황을 살펴보고자 한다. 나는 어색하지만 '안살이unliving'라는 조어로써 몸이 갖는 사회적·개인적 중요성이 감소하는

살이 방식을 정의한다.

왈룽에서 드물게 고등교육을 받은 40대의 파상 옹갈 셰르파는 안살이를 이렇게 표현했다. "농담하면 나는 행복하죠. 하지만 당신은 내 문제가 뭔지는 모릅니다. 나도 당신의 문제는 몰라요. 하지만 우린 여전히 행복합니다."[32] 나이 듦, 고통스러움, 헤어짐 등 삶에서 부정적으로 받아들여질 수밖에 없는 국면들은 셰르파 공동체에서 문화적 중요성을 잃어가고 공공의 영역에서 마침내 '사라지게' 된다. 삶에서 피할 수 없는 고난들 앞에 셰르파 개인은 만성적으로 이런 안살이를 실천한다.

앞의 사내의 사례에 이어지는 일화다. 왈룽에 도착해 사내가 있는 이동 방목 카르까를 부친 앙 다와 라마와 함께 찾았다. 역시나 사내는 절뚝거리고 있었는데, 이를 우리 앞에서 감추려 애썼다. 아직은 어린지라 감쪽같이 감추지는 못했다. 사내는 어떤 고통스러움도 나나 부친에게 표하지 않았다. 왈룽 셰르파 방언에는 '고통'에 해당하는 단어가 없다. 고통은 예컨대 '가시에 찔렸다'처럼 단지 상태를 묘사함으로써 유추될 뿐이다. 사내는 셰르파 '남성'으로 거듭나고 싶었던 셈이다.

한편 부정적인 감정 표현은 사회적으로 달갑지 않게 여겨지기 때문에 억제될 뿐이고, 어떤 종류든 고통의 느낌, 즉 그 격렬함과 직접성은 문화적으로 전혀 차이가 없는 것이라는 반박도 생각해볼 수 있다. 이 주장은 고통의 체험이란 '일차적'

그림 16 | 험난한 카르까 생활에 단련되어가는 13세 셰르파 소년 사내. 2013년 1월.

으로 '생물학적'이고, 그의 체현 혹은 표현은 '이차적'으로 '문화적'이라는 전제에 기대고 있다. 그러나 모리스 메를로퐁티Maurice Merleau-Ponty에 따르면 감각이란 인식자와 별도로 존재하는 게 아니다. 느낌이란 "생각하는 주체가 아닌 몸이 대상에 지향될 때 일어나는 합일"을 통해 생겨난다.[33] 어떤 경로를 통해서든 사회적으로 공유되지 못한 감각은 관찰할 수 없고 결국 실현되지 않은 가능성으로 남을 수밖에 없다. 그런 감각은 존재하지도 비존재하지도 않았다. 사실 "이런 질문은 객관주의의 세상에서만 가능하다."[34] 절뚝거리는 사내는 '고통'을 느꼈을까? 반복해 강조하지만 '고통'이란 말 자체는 거의 아무런 의미가 없다. 사내를 힘들게 하는 것은 분명히 존재하지만, 그 느낌은 셰르파의 몸이 되어가는 사내에게 한국어 '고통'(또는 영어 pain 등)이라는 말과는 거리가 멀다.

안살이는 몸의 느낌만이 아니라 생애 전반에 걸쳐 습관과 관습이 되어 이루어지고, 제도로까지 정착되어 실천된다. 셰르파들이 연로한 부모를 냉대하거나 거칠게 다루는 태도에도 드러난다. 이는 여러 인류학자에 의해 여러 셰르파 사회에서 공통으로 지적된 모습이다. 학자들은 단순한 일탈, 상속이 끝난 이후의 부모 냉대, 또는 근대화의 폐해 등 다양한 원인론을 제안했다.[35] 그러나 셰르파의 부모 냉대는 근대화 영향의 차이와 관계없이 다양하게 보고됐고, 또 다음에 나오는 사례에는 고부간의 갈등이 보이지 않았다. 다음 두 왈룽 노인의 사례는 안살이가 삶의 순간만이 아니라 삶 전체, 삶 자체로 확대되는 모습을 보여준다.

80세의 다와 곌젠은 몇 달 동안 가슴의 고통을 호소했다. 나를 볼 때마다 그렁거리는 목소리로 "나 이제 죽습니다!"라고 외치곤 했다. 가족들은 그에게 별달리 해줄 수 있는 일도 하는 일도 없었다. 첫째 아들이자 라마인 앙 뗌바는 그를 위해 무속 치유 제의를 펼치긴 했다. 다와 곌젠이 사망에 이르기 한 달쯤 전, 같은 집에 살던 막내며느리는 카트만두에 나가 있는 남편에게 전화해서 "아버지가 돌아가셨어요, 빨리 와요!"라고 농담하기도 했다. 거기엔 학대도 냉대도 없지만 보살핌도 없었다. 다와 곌젠의 수개월에 걸친 생물학적 사망 과정에는 주변 사람들 사이에서 죽어가는 문화적 사망, '삶의 안살이'가 동반되고 있었다.

72세의 츠링 남갤은 '느림보 아저씨'라는 뜻의 '비스따리 가바'로 불린다. 하루는 그와 둘이서 산속의 카르까에서 마을까지 내려온 적이 있다. 양을 한 마리 끌고 왔는데, 전혀 말을 듣지 않는 고집불통이었다. 종일 황소고집인 그를 끌고 다그치기란 여간한 노동이 아니었다. 내 눈에 더 놀라운 것은 개의치 않고 불평 없이 묵묵히 끌고 내려오는 츠링이었다. 동행한 나에게서 아무런 심적 동조도 구하려 하지 않았다.

그림 17 | 80세의 다와 겔젠 셰르파가 병으로 고통스러워하며 마당에 누워 있다. 2013년 8월.

다른 날에는 마을 사람 몇이 모여 숲에서 재단한 목재를 마을까지 왕복하며 날랐다. 츠링은 혼자 남아 어지러이 쌓인 목재를 차곡차곡 정리하는 일을 맡았다. 우연히 나는 멀찍이 서서 그가 일하는 광경을 오래도록 지켜보게 됐다. 묵묵히 일을 끝까지 마치고는, "오늘은 이만하면 됐다"('하링 충숭')라고 작게 혼잣말을 내뱉었다. 그의 개인적 고난, 나아가 그의 삶 전체는 사회적 지지나 이해가 그다지 필요하지 않아 보였다.

다와 겔젠과 츠링 남걀은 왈룽 남성들의 대조적인 두 성격을 보여준다고도 하겠다. 다와는 말과 불평이 많고, 츠링은 과묵하고 묵묵히 받아들인다. 둘의 공통점은 연로했다는 점과 사람들이 거의 주목하지 않는 존재라는 사실이다. 셰르파들에게 나이 듦이란 안살이의 연속이자 안살이 그 자체다.

6
뗀징의 회고

2015년 가을, 뗀징 셰르파를 서울에서 만났다. 4장에서 서술한 바와 같이, 뗀징은 이 장 서두에 나오는 로체를 등반하던 폴란드 원정대에 뗌바와 함께 고용된 셰르파였다. 심한 동상을 입고 우여곡절 끝에 한국에서 체류하

그림 18 | 72세의 츠링 남걀 셰르파가 숲에서 양을 몰고 있다. 2013년 1월.

며 외국인 노동자로서 살고 있었다.

뗀징은 나를 서울 종로의 한 네팔 식당으로 안내했다. 주인과 종업원은 모두 네팔 출신이었고 뗀징은 그들과 잘 알고 지냈다. 네팔 요리를 들며 우리는 당시의 상황을 돌아보았다. 그는 뗌바의 죽음을 알게 됐을 때의 느낌을 네팔어로 얘기했다.

> 우리는 가까스로 4캠프에 내려왔죠. 그런데 먼저 내려갔던 뗌바는 거기 없었어요. 그래서 직감했죠. 추락했구나. (…) 이튿날 아침 4캠프에서 3캠프로 내려가고 있는데 저 아래 당신과 다른 사람들이 시신을 끌고 가는 걸 봤어요. 아! 죽었구나. 손은 아프지('두카') 않은데, 가슴이 아팠지요('두카').[36]

네팔어 '두카'는 일상적으로 몸의 고통이나 마음의 고통, 또는 뗀징의 경우처럼 둘 다를 지칭하는 데 쓰인다. 뗌바가 사망했다는 사실은 뗀징에게 확실히 '고통'을 안겼는데, 동료의 죽음은 원래 슬픈 것이기 때문이라서가 아니라 뗀징이 '두카'라는 말 이외에는 표현이 불가한 무엇을 느꼈기 때문이다. 이 회고의 순간에도 찾아든 그 느낌을 표현하기 위해 뗀징은 손을 자신의 가슴에 올렸을 뿐 아니라, 대화의 흐름에 맞춰 밝게 미소를 지었다. 가끔 생생하게 그에게 내려앉을 '두카'에 대한 이야기를 들으며, 나도 뗀징처럼 밝게 웃음을 지었다. 우리는 이때 같은 느낌이 들었던 것일까? 나도 뗀징의 '두카'를 느꼈나? 망령처럼 따라다니는 객관주의의 질문에 내가 할 수 있는 대답은, 우리가 공유한 세상에서 벌어졌던 일을 서로 도와 떠올렸다는 사실과, 이를 의미를 파괴하는 웃음으로 긍정함으로써 동질감의 확인이라는 의미 작용을 이루었다는 사실이다. 그리고 이런 정동적 합치의 순간이 있기까지 많은 관계의 중첩이 그 배경으로 작용했다는 점도 반드시 알아두어야 할 것이다.

삶의 가장 부정적인 국면들에 대한 이와 같은 오래된 침묵의 관습은 셰르파들의 히말라야 등반 참여를 남성성의 기조 아래 이상화한다. 끔찍한 고난과 충격적인 괴로움을 피해 갈 수 없는 이 스포츠를 그들은 혹독한 고산지대에서 얻은 체력과 낙관주의로 무장하고 자랑스럽게 뛰어들었고, 그리하여 큰 경제적·사회적 성공을 거둘 수 있는 집단적 독점을 이루었다.

셰르파 종족성은 '피'나 '뼈' 등 혈통을 타고 내려오는 본질이 아니다. 그렇다고 아무런 실체 없이 사회적 관계의 역학만으로 구성되는 개념 체계인 것만도 아니다. 본질주의와 구성주의의 이분법을 벗어나, 셰르파들의 종족성의 실천에는 숱한 경로를 통해 먼 과거로부터 이어져 내려오는 관계의 역학이 있다. 같은 출신 지역과 같은 성을 갖는 사람들 사이에서 엮는 '우리 사람'으로서의 관계가 있고, 같은 대행사, 같은 원정대, 같은 텐트를 썼던 사람들 사이에서도 새롭게 생성되는 관계가 있다. 그리고 이역만리 타국에서 토속적 음식을 사이에 두고도 종족성의 또 다른 층위가 관계를 맺으며 형성된다. 여전히 일상에서 미소의 효용을 확인하는 뗀징은 오래도록 셰르파로 남을 것이다.

결론

　　　　　　　이 책에서 나는 히말라야 등반 관광산업을 통해 셰르파 종족성이 유지될 뿐만 아니라 강화되기까지 하는 현상에 대해 논의했다. 등반이라는 다분히 근대적이며 일부 마니아에게만 한정되는 것 같은 '문화'가, 생물학적인 것처럼 여겨지고 그래서 더 자연스러운 몸의 일부인 것처럼 보이는 종족성과 결속되어 서로를 강화하는 과정을 살펴보았다.

　이 책은 네팔의 깊숙한 산골에서 태어나 헐벗은 어린 시절을 보낸 청년들이 어떻게 히말라야 등반의 새로운 경향을 주도하게 되었는지에 주목했다. 서구 엘리트 중심의 등반사 서술 경향과는 정반대로, 책 전체를 통해 나는 역사의 변천은 특이한 개인들의 영웅적인 선택과 실천으로 인한 것이 아니라 중첩된 관계들 속에 역사의 우연이 연쇄적으로 이루어짐으로써 드러난다고 보이고자 했다. 산도 사람도 '어디나 같다'고 보는, 등반가나 기존 인류학자들이 공유했던 객관주의식 세계관을 타파하기 위한 작업으로, 셰르파들의 토착적 생활 양태부터 시작하여 지구화된 관광산업과 이주의 국면까지 복잡하게 연결된 부분들을 포착하려고 노력했다. 히말라야 등반의 역사적 전개는 그러한 땅과 사람의 현장성, 토착성과 분리하여 이해할 수 없다.

책의 서두에서 나는 이 책이 기존의 여러 셰르파 연구 저작들과 가장 크게 구별되는 지점은 관계주의에 입각한 논증이라고 밝혔다. 셰르파들의 다양한 삶의 국면이 서로와의 연결 속에 더욱 깊게 이해되며, 나아가 셰르파 문화에 관한 기존 연구들도 서로 소거하는 것이 아닌 서로 보완하는 새로운 지평을 구상함으로써 타 문화에 관한 한층 폭넓은 이해를 구가할 수 있다고 제안했다. 그를 통해 이 책에서 새로이 주목한 지점은 바로 '문화'의 차이에 관한 관점이다. 단순히 언어, 풍습, 물질문화 등 외적으로 표상된 것만을 문화로 묶어 지칭하는 게 아니라, 존재론·인식론·윤리관 등 세상과 인간, 과거와 미래를 상상하고 그 속에서 자신을 규정하는 방식 등, 삶의 전반적인 가정에서부터 다양성을 숙고할 수 있어야 한다는 주장이었다.

이렇게 본다면 다양성이란 곳곳에서 찾아볼 수 있으면서도 완전히 이해하기란 불가하며, 자문화 중심주의적 오만은 비판할 수 있어도 스스로 자신의 틀을 완전히 빠져나오기란 요원하다는 역설적인 굴레를 포착할 수 있다. 나를 포함해 누구도 극복하지 못했던 자문화 중심주의적 굴레란, 벗어나려 노력한다기보다는 인식하며 감내하는 것으로 상정하였다. 타문화를 연구한다는 것 자체도 독특한 문화적 태도라 할 수 있기 때문이다.[1] 그럼으로써 상대를 압도하는 권위적 주장을 펴는 대신 대화를 허용하는 지평의 생산과 확산에 인류학이 기여할 수 있음을 보이고자 했다.

이 책에서 엿본 셰르파들의 삶의 모습은 이제 과거의 모습이 되었다. 얼마 전 어느 한국인 유튜버가 만든 유튜브 영상 중에 우연히 왈룽 마을 내가 머물렀던 뗀디의 집이 나오는 것을 보고 깜짝 놀랐다. 그곳과 거기 살던 사람들까지 10분짜리 클립으로 소비되는 'K 예능'의 부속이 되었다니 못내 서글펐다. 이 서글픔도 셰르파들에 대해 가진 나만의 낭만주의적 향수일 것이다. 그런 인식과 감정의 체험들은 바로 셰르파 종족성을 끊임없이 새롭게 생산해내는 추동력이자 다른 체험들과의 경쟁으로도 이어지는 무수한 맥락을 구성하는 고리가 된다.

경쟁하는 인식·판단·관계 속에 변화는 필연이다. 왈룽 마을은 빠르게 변화하고 있다. 2014년 근처 아룬강에 추가로 두 지점에서 대규모 수력발전소 건립 계획이 확정됐다. 2018년 방문 당시에는 눔과 왈룽 사이 아룬강에 차량이 다닐 수 있는 교량이 건설 중이었다. 앙 뗌바 라마는 양 40여 마리를 팔아 이제는 카르까에 갈 일이 없다고도 했다. 도브딱의 캠벌룽을 오르는 길도 최근 정비가 이루어졌다. 캠벌롱 방문 관광 상품을 판매하는 트레킹 업체도 생겼다. 또 세븐서밋트렉의 밍마·따시 형제는 사업을 엄청난 규모로 확장하더니 최근 네팔 정계로도 진출했다. 정·재계에서 마칼루 셰르파들은 실로 돌풍을 일으키고 있으며, 히말라야 등반의 판도에 큰 영향력을 끼치고 있다.

한편 2020년 12월에는 '알피니즘'이 유네스코 인류무형문화유산으로 등재되었다. 엘리트 등반관의 가치가 세계적으로 인정된다는 뜻일까, 아니면 화석화된 유물로 남게 된다는 뜻일까? 셰르파 위주의 히말라야 8000미터 등반 조류와 셰르파식 종합적 등반 대행업의 관계는 앞으로 어떻게 전개될까? 거기서 등반의 순수주의자들이 결연히 믿고 추구했던 모험, 창조성, 혁신의 가치들은 어떤 식으로 새롭게 나타날까?

정치적·문화적 경쟁 무대로 변모하는 히말라야의 뒷면을 형성하는 이들이 궁금하다. 에베레스트의 사망자 몇 명이 국제 언론에 오르내릴 때, 네팔의 저지대에는 매년 몬순 기간이면 홍수 피해로 수백 명씩 사망자와 실종자가 생긴다. 코로나19로 네팔의 빈곤과 상대적 박탈감은 얼마나 더 심해졌을지, 혹은 누구에게로 이전되었을지 궁금하다. 도시로 이주한 셰르파 여성들은 수수를 길러 대접하던 창 대신에 남편이 벌어오는 현금에 의존하고, 이들이 형성했던 정동적 공간은 찾아

보기 어렵게 되었다. 셰르파족 연구는 한때는 '정치적으로 옳은' 선택이었다. 그들이 전면에 나서게 된 오늘날 뒷면으로 나앉게 된 이들은 누구인지, 그들의 전략은 무엇인지가 궁금하다. 이 책은 분량에 제한이 있는 데다 일반 대중을 독자로 생각하고 집필되었기 때문에, 많은 부분에서 세밀한 논의를 전개하지 못해 아쉬움이 남는다. 이는 다음의 기회로 돌린다.

책을 마무리하며 짧게 소회를 밝힌다. 셰르파들은 히말라야 등반을 어떻게 생각할까, 라는 단순한 질문에서 시작된 연구가 예기치 못하게 방대해졌다. 기존에 축적된 연구물도 엄청난 양일뿐더러, 여러 언어를 익혀야 하는 난관도 있었다. 연구자이자 등반가로서 산을 오르고 만남과 이별을 계속하며 연구를 병행한다는 게 체력적으로나 정신적으로나 쉽지 않았다. 무엇보다 '껍질'을 벗기가 참으로 힘들었다. 등반에 담긴 온갖 층위의 관념들을 비롯해 고난과 기쁨, 죽음과 삶, 윤리와 미학, 역사와 기억에 대한 나 자신의 선입견을 벗어나거나, 적어도 인식해 거리를 두기란 참으로 어려웠다. 아주 느리지만 그래도 껍질을 한 겹씩 벗긴다는 느낌이 든다. 모든 지적 노력은 진리를 함께 도모한다는 퍼스식 긍정주의가 불가지론에 빠지지 않게 하는 큰 힘이 되었다.

수많은 셰르파들이 발 벗고 나서서 도움을 주었다. 한마디로 가족처럼 대해주었다. 한국의 많은 산악인 지인들도 나를 적극 지지해주었다. 부모님과 처 모두 아낌없는 지지를 주었다. 미국 대학의 샐리 네스Sally A. Ness 지도 교수께 글을 쓰는 기초를 가르쳐주신 점에 감사드린다. 그 밖에도 수많은 이들이 있는데 다 언급할 수 없어 아쉽다. 이 책은 이들 모두의 도움 없이는 절대로 완성될 수 없었다.

미주

서론

1. 네팔 정부 보고서 「네팔 전국 및 주별 현황 *National & District Profile of Nepal*」에 따르면 2016/17년 기준 카트만두에 2만 3460명, 솔루쿰부에 1만 7682명, 산쿠와사바에 9257명의 셰르파들이 거주하는 것으로 집계됐다. 이외에 셰르파 인구 1000명이 넘는 지역은 다음과 같다. 타쁠레중(산쿠와사바 동쪽의 주)에 1만 2043명, 오컬둥가(솔루쿰부 남서쪽) 1만 331명, 돌라까(솔루쿰부 서쪽) 8933명, 신두팔촉(돌라까 서쪽, 카트만두 북쪽) 7578명, 라메찹(솔루쿰부와 돌라까 사이, 남쪽) 3980명, 일람(타쁠레중의 남쪽) 3663명, 보즈뿌르(산쿠와사바와 솔루쿰부 남쪽) 3027명, 순사리(산쿠와사바 남쪽 인도 국경 지역) 1559명, 코땅(솔루쿰부 남쪽, 오컬둥가 동쪽) 1484명, 자빠(일람 남쪽) 1298명, 랄릿뿌르(카트만두 남쪽) 1020명 등이다. 이외에도 10여 개 주에 수십에서 수백 명의 셰르파가 흩어져 거주한다. 셰르파는 네팔 전체 인구의 0.426퍼센트를 차지한다. Poudel et al. 2017.
2. 2005년까지 151건의 저작이 출간되었다는 집계가 있다. Gurung and Bhattachan 2006.
3. Peirce 1958, 54~69쪽.
4. Peirce 1958, 68쪽.

chapter 1

1. Nagano 1980.
2. Salter and Gurung 1999. 23쪽.
3. Clarke 1980. Desjarlais 1992.
4. Nepali 2008.
5. Diemberger 1997. Diemberger and Schicklgruber 1989.
6. Oppitz 1968.
7. Macdonald 1980.
8. Wangmo 2005, 22~23쪽.
9. Bernbaum 2001, 71쪽. Childs 2012, 25쪽.
10. Fürer-Haimendorf 1984, 3쪽.
11. Fürer-Haimendorf 1984, 64쪽.
12. Bordet 1958.
13. Lévi-Strauss 1969, 393쪽.
14. Stewart and Strathern 2020.

chapter 2

1. Sahlins 2008.
2. Lévi-Strauss 1983(1976), 2장.
3. Roerich 1990(1929), 29쪽.
4. Conway 1920, 4~5쪽.
5. *The New York Times* 1923.
6. Weber 1946[1922], 152, 324쪽.
7. Brown 1944. Lunn 1957, 27~28쪽.
8. Mummery 1946[1895], 241쪽.
9. 독일 등반대의 이러한 방식과 함께 이들의 나치 협력 여부를 두고도 논쟁이 있었다. 전후 냉전 시기에는 독일 등반가들에 대해 비판적인 시선이 대세였지만, 최근에는

독일 산악인들이 등반을 하기 위해 정부와 적당히 우호적인 관계를 전략적으로 취했다는 분석이 설득력을 갖는다. Rowell 1986, 116쪽. Holt 2008.

10. 그렇게 되기까지 서구 등반가들은 군대식 위계로 특징지어지는 대규모 원정대에서 크고 작은 마찰을 피할 수 없었는데, 몇몇은 이런 경향을 벗어나 스스로 고난도의 소규모 등반을 이루어냄으로써 세간의 주목을 받았다. 1953년 독일·오스트리아 낭가파르바트 원정대의 헤르만 불Hermann Buhl, 1954년 이탈리아 K2 원정대의 발터 보나티Walter Bonatti, 1960년 독일·오스트리아 낭가파르바트 원정대의 라인홀트 메스너Reinhold Messner, 1978년 미국 K2 원정대의 존 로스켈리John Roskelley와 릭 리지웨이Rick Ridgeway 등이 그런 사례다. 이들은 원정대와 큰 불화를 겪었고, 상호 비방과 법적 분쟁까지 겪으며 관련 책도 여럿 출간했다. 냉전과 경제적 풍요 속에 자아의 승리를 상상했던 20세기 후반의 산악인들은 이들을 반면교사 삼아 소규모 알파인 스타일 등반이야말로 가장 바람직한 등반 방식이라고 추종하게 되었다.

11. O'Connell 1993, 171쪽.
12. 오영훈 2019.
13. Barad 2007, 46쪽.
14. Emerson 1966, 213쪽.
15. Unsworth 1994, 5장. 영국산악회의 활동은 현재까지 이어지고 있고, 이는 대한민국을 포함해 많은 국가가 따르는 표본이 됐다.
16. Ellis 2001. Isserman and Weaver 2008. Hansen 1996·1997·2000. Mitchell and Rodway 2011. Ortner 1999.
17. Conway 1895, 5쪽.
18. Rubenson 1908, 321쪽.
19. Mitchell and Rodway 2011, 211쪽.
20. Morris 1923, 166쪽.
21. Isserman and Weaver 2008, 218~219쪽. Kauffman and Putnam 1992.
22. Fisher 1990, 115쪽.
23. Kunwar 1989. Adams 1996, 215쪽.
24. Tilman 1952, 223쪽. Houston 1951, 21쪽. Tilman 1952, 210쪽.
25. Bourdillon 1956, 12쪽.
26. Fürer-Heimendorf 1955.
27. Hardie 1957.

28. 가장 큰 주목을 받은 연구는 아마도 저명한 학술지 『사이언스 *Science*』에 비슷한 시기에 실린 T.S. 시몬슨 외(Simonson et al. 2010), J.F. 스토즈(Storz 2010), X 이 외(Yi et al. 2010)일 것이다. 이들 논문은 티베트 고산족이 다른 고산족에 비해 유달리 고소에 잘 적응하게끔 돕는 특정 유전자군을 밝혀냈다.
29. Basnyat 2014.
30. Bronowski 1956, 40~41쪽.
31. Paul 1982.
32. Ortner 1978·1989·1999, 110쪽.
33. Miller 2013.
34. Taylor 2010, 175쪽.
35. Bonington 1976, 209쪽.
36. UIAA 2014.
37. Cameron 2013.
38. Appadurai 1996, 180쪽.
39. D. Sherpa n.d.
40. Descola 2013a.
41. Castro 1998·2014.
42. 카스트루는 이를 "동일한 상태의 광범위한 전위가 아닌 이질적인 상태의 집약적인 중첩"이라고 부연했다. Castro 2014, 66쪽.
43. Castro 1998, 476쪽.

chapter 3

1. Ning, Shaoliang, Joshi, and Bisht 2016. 고산지대에서 여름은 목초지가 가장 풍성하여 가축이 살을 찌우는 계절이다. 여름과 겨울은 평균 30퍼센트까지 체중의 차이가 있다고 한다.
2. Evans-Pritchard 1937.
3. A. Byers, E. Byers, and Thapa 2014.
4. Evans-Wentz, Walter, *The Tibetan Book of the Dead*(Oxford University Press, 1927).

5. Bernbaum 2001, 62~65쪽.
6. 인류학자 조핸 린하드Johan Reinhard도 1970년대에 이곳 도브딱 캠벌룽을 방문해 조사를 진행했다. 도브딱 캠벌룽과 캠벌룽 시바다라가 서로 연결돼 있다는 민담도 당시와 오늘날에 차이가 없다. Reinhard 1978.
7. Liang 2018.
8. Cox 2008. Shrestha and Bawa 2013.
9. A. Byers, E. Byers, and Thapa 2014.
10. 2013년 7월 5일 인터뷰.
11. A. Byers, E. Byers, and Thapa 2014, 30쪽.
12. Brockington 2002.
13. Cronon 1995.
14. Oelschlaeger 1991.
15. Hussain 2019.
16. 2013년 8월 18일 인터뷰.

chapter 4

1. Miller 1965.
2. Fisher 1990.
3. Liechty 2005.
4. Liechty 2005, 24쪽 · 2012, 221쪽.
5. Bakke 2010. Bista 1991. Slusser 1982. Toffin and Pfaff-Czarnecha 2014.
6. Luger 2000.
7. Hrabovszky and Miyan 1987.
8. 산쿠와사바 북부 마칼루-바룬 지방에서 히말라야 원정대에 고소 포터/가이드로 고용된 사례는 셰르파가 최초가 아니다. 1982년 촐라체(6423미터)를 오르는 스위스 원정대에 고용된 단짓 따망이다. 1980~1990년대 가장 활발하게 히말라야 원정대에 고용된 인물은 세두와에서 경관으로 근무했던 모티 랄 구룽(1950년생)이다. 1983년 안나푸르나 4봉(7525미터)을 시작으로 에베레스트에 일곱 차례 등반해 1993

년 미국 팀과 함께 정상에 한 번 섰다. 미국의 기자였던 엘리자베스 홀리Elizabeth Hawley(1923~2018)가 설립한 〈히말라야 데이터베이스The Himalayan Database〉의 기록상으로 21차례 히말라야 원정대에 고용됐다. 그의 특출한 원정대 참여는 그 자체로 눈여겨볼 만하지만, 마칼루 셰르파들의 원정대 참가를 견인했는지 등의 직접적인 연관성은 확인되지 않았다.

9. 당시 옆에서 등반하던 솔루 출신의 파상 라무 셰르파(1961~1993)가 대장으로 이끄는 네팔 여성 에베레스트 원정대에서는 파상 라무가 네팔 여성 최초로 에베레스트 정상에 오르는 쾌거를 거뒀다. 그러나 파상 라무는 하산 중 조난사하고 말았다. 이후 그녀는 네팔 정부로부터 여성 최초로 '네팔 타라(별),' 국가 위인National Luminary으로 추대되고 카트만두 중심가에 동상이 세워지는 등 국가적 영웅으로 떠올랐다. 네팔에서 히말라야 등반이 지닌 국가적 위상을 보여주는 상징적인 사건이다.

10. The Himalayan Database. EVER-001-16.

11. 2004년 코네티컷 원정대 대원이었던 마이클 코다스Michael Kodas는 당시 등반 경험을 담은 『고소의 범죄 High Crimes: The Fate of Everest in an Age of Greed』(New York: Hyperion, 2009)를 출간했다. 거기서 코다스는 디마레스쿠가 락빠를 폭행하는 장면을 포함해 그를 난폭한 기질의 소유자로 묘사한다.

12. http://sksnepal.org/en/page/99/about_us/mission_vision_objectives?fbclid=IwAR3CXLdeFOOZ9-WJ10lzOMOyu1VUBzvSIcX/1VYfffTlQyyzDxG6codYRs. 2020년 6월 23일 접속.

13. 2018년 7월 28일 인터뷰.

14. 구호 활동은 2021년 봄 시즌 에베레스트 등정을 준비 중이던 바레인 왕실 경비대가 세븐서밋트렉에 보내온 대량의 구호물자와 현금 100만 루피에서 시작되었다. 즉각 세븐서밋트렉은 소속 가이드들에게 구호물자를 전달했다. 그러나 곧 전략을 바꿔 산쿠와사바 출신자, 나중에는 출신 지역이나 종족과 무관하게 생계를 유지하기 어려운 모든 신청자에게 지급했다.

15. Subedi 2005.

chapter 5

1. 당시 가이드로 나섰다가 8000미터에서 구조를 위해 사투를 벌였던 러시아의 아나톨리 부크레예프Anatoli Boukreev(1958~1997)는 『등반*The Climb*』을 출간해 둘 사이에 공방전이 벌어지기도 했다. 부크레예프는 가이드 등반이 꼭 나쁜 것은 아니며 철저한 훈련과 적응 등반으로 안전한 등반을 할 수 있다고 봤다.
2. Isserman and Weaver 2008.
3. Tumbat and Belk 2011.
4. Messner 1991.
5. Clash 2014.
6. Stefanello 2012.
7. 이헌재 2012.
8. 2012년 7월 18일 인터뷰.
9. 2013년 5월 16일 인터뷰.
10. 몇몇 주요 원정대를 꼽으면 다음과 같다. 아시안트레킹(인도군-네팔군 합동 원정대 대원 26명), IMG(International Mountain Guide, 33명, 외국인 가이드 4명), 국제알파인어센트(Alpine Ascents Int., 16명/4명), 하이멕스(12명/2명), 어드벤처컨설턴츠(Adventure Consultants, 10명/4명), 재그드글로브(Jagged Globe, 10명/3명), 픽프릭스(Peak Freaks, 9명/3명) 등이다.
11. 2013년 5월 16일 인터뷰. 따시는 세르파에 대해서만이 아니라 유럽인들이 아시아인 전반에 대해 가진 고자세를 다음과 같이 비판하기도 했다. "유럽과 미국 산악인들은 언제나 아시아 사람들을 낮춰 봤어요. 한국인, 중국인, 네팔인, 인도인 등을요. 그들은 언제나 자기네들이 원정대 대장이라고 생각하죠"(2013년 4월 28일 인터뷰).
12. 2018년 7월 29일 인터뷰.
13. Douglas 2013.
14. 예컨대 『로이터*Reuters*』는 2019년 봄 에베레스트의 사망 사고에 대한 기사에서 세븐서밋트렉의 저렴한 원정 비용이 비숙련자를 등반으로 유도했고, 무책임한 등반 셰르파들에 의해 사고가 발생한다고 지적했다. Roy and Sharma 2019.
15. 2010년대 세븐서밋트렉의 1인당 에베레스트 등반 비용은 다양했다. 많게는 4만 1000달러, 보통 3만 5000달러, 적게는 1만 5000달러까지 지불하고 등반을 대행한 사례가 있다. 이는 1만 달러 정도의 등반 허가 발급비가 포함된 금액이다. 한편 당시까

지 타 대행사의 대행료는 4만 5000~7만 달러 정도에 형성됐다.
16. 2018년 7월 27일 인터뷰.
17. 2012년 8월 30일 인터뷰.
18. 2013년 5월 16일 인터뷰.
19. 에베레스트 남쪽 루트에는 통상 2캠프가 설치되고 나면 1캠프를 걷고 이후로 베이스캠프부터 2캠프까지 한 번에 오른다. 2013년 봄, 2캠프로 향하는 등반이 이루어지는 기간에 세븐서밋트렉은 소속사 대원과 등반 셰르파들을 위해 1캠프 위치에 간이 텐트를 설치하고 주방 보조 인력 2명이 대기하며 물을 끓여 차를 대접했다.
20. 대행사 원정대 고객으로는 영국인·독일인·미국인 등의 서양인 외에 인도인·일본인도 많았다. 2010년대에는 중국인 및 중동 출신이 대거 몰렸다.
21. Saroj Dhakal, "Race to the Top," *The Kathmandu Post*, 2014년 4월 30일.
22. 인도 히말라야는 이러한 히말라야 산악 관광의 '카트만두 중심주의'에서 예외다. 두 가지 이유를 꼽을 수 있다. 첫째, 인도에서 올라가는 8000미터급 산이 없어 8000미터 등반 관광 업계에서 흥미가 떨어진다. 둘째, 인도의 산지 여러 곳에서는 헬리콥터 구조가 불가능하거나 어렵다. 네팔 관광 업자들은 안전 및 구조 가능 여부를 중요한 요소로 여긴다.

chapter 6

1. Subedi 2014.
2. 네팔에서 짐꾼('포터,' 과거에는 '쿨리')은 낙후의 상징이다. 외국인들은 통상 짐꾼들은 대개 가난하다고 인식한다. 카트만두의 엘리트들은 '짐을 져 나르는 일이 없어질 때야말로 이 나라는 마침내 진보를 이룬 것'이라고까지 여기며 개화·개발의 지표로도 본다(Dixit 1995, 34쪽). 관광산업 참여를 통해 짐꾼 등이 얻는 단기 소득은 장기 소득이나 경제적 안정성에 도움을 주지 못하는 구조로, 시장경제에 완전히 의존하는 현 에베레스트 관광산업은 사회경제적 불균형과 형평성의 갈등을 해소하지 못해 경제적·사회적 지속 가능성의 난제로 남아 있다(Sharma, Manandhar, and Khadka 2011). 에베레스트 인근 마을에서 설문조사를 통해 로저스P. Rogers와 에이치슨J. Aitchison은 관광산업 참여 정도의 차이로 인해 소득 격차가 확대되고 있다고 지적하면서, 관광산업이 시장 논리에 내맡겨진다면 소득 불평등은 커질 것이라

고 경고했다(Rogers and Aitchison 1998). 하지만 짐꾼들이 일반 농부들에 비해 평균 소득이 더 적다고 단정할 수는 없다. 인류학자 낸시 맬빌Nancy J. Malville이 네팔 솔루 지역의 짐꾼들을 대상으로 조사한 자료에 따르면 두 집단의 농가가 소유한 토지의 평균 규모에는 미미한 차이만 있었다. 오히려 오랜 기간 짐꾼으로 일하는 이들은 가족 중에 농토를 돌볼 수 있는 충분한 인력이 있는 것으로 나타났다(Malville 2005).

3. 팀 가이드 C는 당시 원정대 대행사 경영자의 매형('막빠')이었다. 다음 장에 설명하는 유사 모계類似母系, quasi-matriarchy의 셰르파 친족 관습에서 모계 친족은 가장 신뢰할 만하고 중요한 동료가 된다.
4. 2013년 5월 22일 인터뷰.
5. Bornstein 2012, 56~57쪽.
6. Paules 1991, 174쪽.
7. 불법 재충전된 산소통이 문제를 일으킨다는 지적은 간혹 소문으로 나돌지만, 구체적으로 입증된 사례는 아직 마주치지 못했다. 다만 내가 2006년 에베레스트를 등반할 당시 사용했던 산소 장비에서 문제가 발생해 등정을 포기하고 생명의 위협까지 받은 적이 있다. 재충전된 산소통이 문제의 원인이라고 의심할 수 있는 사례였다.
8. Fisher 1990, 129쪽.
9. 2013년 5월 12일 인터뷰.
10. 실제로 나 역시 월간지 기사에서 이와 같은 '대단한 셰르파 등반가'의 논조로 앙 뗌바 라마의 등반을 묘사하기도 했다. 오영훈 2014.

chapter 7

1. Bourdillon 1956. Weir 1955. Fürer-Haimendorf 1955.
2. Bergson 1924, 34, 77, 113쪽.
3. Bista 1991. 비스타의 이런 다분히 과장된 지적은 카스트 관습의 '이질성'을 주장하기 위한 비판으로 사용됐다. 그는 힌두 종족들이 카스트 이념으로 인해 항상 자기 방어 의식에 차 있다고도 했다.

4. Snellgrove 2000, 154쪽.
5. Lim 2008.
6. 한 예로 카트만두의 서점에서 맞닥뜨린 『쉬운 영어 말하기 교본』에서는 '말 잘하는 사람이 되는 방법'이라는 항목이 있었다. '예의를 갖춰라,' '말하기 전에 생각하라,' '공손해라/유순해라,' '화기애애하고 농담을 해라,' '타인에게 흥미를 보여라' 등이 예시로 제시됐다.
7. Fisher 1986, 47쪽.
8. Adams 1996.
9. Ortner 1999.
10. Ortner 1989, 6쪽. Brower 1996 참조.
11. Fürer-Haimendorf 1964, 274쪽.
12. Baumgartner 2015, 121쪽.
13. Borneman and Hammoudi 2009, 7쪽.
14. 2012년 8월 24일 인터뷰.
15. 오은선 2020.
16. Fürer-Haimendorf 1964.
17. Holtz 1998. Ketzer and Crescenzi 2002. Lewis 2013. Lhewa et al. 2007. Ruwanpura et al. 2006. Sachs et al. 2008.
18. Lewis 2013.
19. Hardman 2000.
20. Hepburn 2012, 131쪽.
21. Blanchot 1988.
22. Grebowicz 2018.
23. Gellner 1992.
24. Ortner 1989. Baumgartner 2015.
25. Thompson 1979.
26. 일처다부제의 원인을 둘러싼 학문적 논쟁은 다음과 같다. 19~20세기 초까지 유럽의 학자들은 티베트와 안데스에서 보고되는 일처다부제를 성적 질투심의 원시적인 미발달로 치부했다. 에드워드 웨스터마크Edward Westermarck는 이를 비판하면서, '성적 욕망의 대상인 한 개인의 배타적인 소유'에 따르는 '비용'을 완전히 감당할 수 없을 때 나타나는 문화적 적응기제라고 주장했다(Westermarck 1922, 331~332쪽). 고

산족의 척박한 생활환경에서 나타나는 환경 적응이라는 것이다. 이와 같은 문화유물론적 사고는 학계에서 한동안 받아들여졌다. 그러나 낸시 러빈Nancy E. Levine은 네팔 서부의 일처다부제에 관한 민족지적 연구를 통해 "경제는 다른 어떤 사회문화적 체계보다 특별히 결혼, 가구, 가족 구조에 크게 영향을 미치지 않는다"고 주장했다. 특히 일처다부제로 인해 생겨나는 친인척 결속에 집중하면서 그로부터 공동체 내부의 사회관계의 근원이 발생한다고 주장했다(Levine 1988, 278~279쪽).

27. Fürer-Haimendorf 1964, 165쪽. Ortner 1978, 21쪽.
28. 오트너는 쿰부 셰르파들이 성에 대해 공격적이지 않은 태도를 보인다고 진술했다(Ortner 1999, 221쪽). 이는 왈룽과 마칼루 셰르파들도 마찬가지다.
29. Fürer-Haimendorf 1964, 3장, 8장·1984, 35쪽. 러빈 역시 네팔 서부의 님바 사회에서 기혼 여성이 남편 외에 혼외 관계를 맺는 사례들을 통해, 여성의 성성은 여러 남성에게 느슨하게 공유될 수 있다고 주장했다(Levine 1988).
30. 아냐 바그너Anja Wagner는 인도 북부 히마찰 프라데시의 가디Gaddi족에서 이와 유사하게 성별에 따른 쾌활함을 보고한 바 있다(Wagner 2012).
31. 2013년 8월 13일 인터뷰.
32. 2013년 1월 14일 인터뷰.
33. Merleau-Ponty 2002, 270쪽.
34. 같은 책, 6쪽.
35. 일찍이 퓌러 하이멘도르프는 쿰부 셰르파들에게서 연로한 부모를 때때로 대충 대하는 태도를 봤다고 기록한다. 하지만 그는 이를 일탈적인 습성으로 묘사하고 별다른 설명을 하지 않았다(Fürer-Haimendorf 1964, 87쪽). 오트너도 솔루의 셰르파들에게서 비슷한 태도를 목격했다. 오트너는 긴밀하게 재산을 통제해야 하는 가구 상황에서 부모가 연로해져 자식에게 의존적인 존재로 지위가 하락하면서, 시어머니와 며느리 간의 마찰이 발생할 수밖에 없게 된다고 분석했다. 사실 오트너는 연로한 부모에 대한 학대/냉대야말로 셰르파 사회의 가장 비극적인 모습 중 하나라고 꼽았다(Ortner 1978, 46~47쪽). 반면 골드슈타인Melvyn C. Goldstein과 비얼Cynthia M. Beall은 오트너가 가족 관계를 너무 도식화했다고 비판하면서, 셰르파 자녀들이 부모를 학대/냉대하는 것은 현대화의 부작용이라고 주장했다(Goldstein and Beall 1980, 42쪽).
36. 2015년 10월 인터뷰.

결론

1. 인류학 자체에 관한 반성성을 일찍이 모색한 로이 와그너Roy Wagner의 지적처럼, "문화를 연구한다는 것 자체가 문화이며, 사실 '우리의' 문화"(Wagner 1981: 16)이기 때문이다.

참고문헌

오영훈, 「셰르파일기(11): 해발 5000미터 고원에 부드러운 풀들이 자라난다」, 『월간 산』 (2014년 1월).

_____, 「영미권 산악연구 동향: 열 가지 주제」, 『산악연구』 1(2019), 44~72.

오은선, 「여성 산악인의 고산 등반 체험에 관한 자문화 기술지」, 고려대학교 대학원 체육학 박사학위논문(2020).

이헌재, 「해발 8000m서 정체사태 '예고된 에베레스트 人災'」, 『동아일보』, 2012.

"Cimbing Mount Everest Is Work for Superman," *The New York Times* (March 18 1923).

"The Himalayan Database," *The Himalayan* (Ann Arbor, 2020).

Adams, Vincanne, *Tigers of the Snow and Other Virtual Sherpas : An Ethnography of Himalayan Encounters* (Princeton, N.J.: Princeton University Press, 1996).

Appadurai, Arjun, *Modernity at Large: Cultural Dimensions of Globalization* (Minneapolis: University of Minnesota Press, 1996).

Bakke, Marit, "International Involvement in the Preservation of the Cultural Heritage in Nepal," *Studies in Nepali History and Society* 15.1(2010), 111~42.

Barad, Karen Michelle, *Meeting the Universe Halfway : Quantum Physics and the Entanglement of Matter and Meaning* (Durham: Duke University Press, 2007).

Basnyat, Buddha, "In the Genes: what Makes Sherpas Physiologically Well-Adapted to Perform Arduous Tasks in the Mountains?" *Nepali Times* (October 24 2014).

Baumgartner, Ruedi, *Farewell to Yak and Yeti? : The Rolwaling Sherpas Facing a Globalised*

World(2015).

Bergson, Henri, *Laughter: An Essay on the Meaning of the Comic,* trans. Brereton, Cloudesley, ed. Rothwell, Fred(Whitefish: Kessinger Publishing, 1924).

Bernbaum, Edwin, *The Way to Shambhala*(Boston; London: Shambhala, 2001).

Bista, Dor Bahadur, *Fatalism and Development : Nepal's Struggle for Modernization*(Calcutta: Orient Longman, 1991).

Blanchot, Maurice, *The Unavowable Community*, trans. Joris, Pierre(Barrytown, N.Y.: Station Hill Press, 1988).

Bonington, C., *Everest, the Hard Way*(Random House, 1976).

Bordet, Pierre Latreille M., *Esquisse géologique de la région de l'Everest et du Makalu 1:50,000*(Paris: Institut géographique national, 1958).

Borneman, John, and Abdellah Hammoudi, "The Fieldwork Encounter, Experience, and the Making of Truth: An Introduction," *Being There: The Fieldwork Encounter and the Making of Truth*, eds. Borneman, John and Abdellah Hammoudi(Berkeley: University of California Press, 2009), 1~24.

Bornstein, Erica, *Disquieting Gifts : Humanitarianism in New Delhi*(Stanford, California: Stanford University Press, 2012).

Bourdillon, Jennifer, *Visit to the Sherpas*(London: Collins, 1956).

Brockington, Dan, *Fortress Conservation : The Preservation of the Mkomazi Game Reserve, Tanzania*(Oxford; Bloomington: International African Institute in association with James Currey; Indiana University Press, 2002).

Bronowski, Jacob, *Science and Human Values*(New York: J. Messner, 1956).

Brown, Thomas Graham, *Brenva: Climbing of Brenva, Face of Mont Blanc!*(S.l.: s.n., 1944).

Byers, Alton, "Contemporary Human Impacts on Subalpine and Alpine Ecosystems of the Hinku Valley, Makalu-Barun National Park and Buffer Zone, Nepal," *Himalaya, the Journal of the Association for Nepal and Himalayan Studies*, 33.1(2014), Article 8.

Byers, Alton, Elizabeth Byers, and Dambar Thapa, *Conservation and Restoration of Alpine Ecosystems in the Upper Barun Valley, Makalu-Barun National Park, Nepal*(Washington: National Geographic Society, 2014).

Cameron, Gwen, "2013 Everest Report: A Curse, a Fight and the Aftermath," *Alpinist*(2013) (Web. Oct. 4 2014).

Castro, Eduardo Viveiros de, "Cosmological Deixis and Amerindian Perspectivism," *The Journal of the Royal Anthropological Institute* 4.3(1998), 469~88.

_____, *Cannibal Metaphysics: For a Post-Structural Anthropology*, trans. Skafish, Peter(Minneapolis: Univocal, 2014).

Childs, Geoff, "Trans-Himalayan Migrations as Processes, Not Events: Towards a Theoretical Framework," *Origins and Migrations in the Extended Eastern Himalayas*. eds. Huber, Toni and Stuart Blackburn(Leiden: Brill, 2012), 11~32.

Clarke, Graham, "Lama and Tamang in Yolmo," *Tibetan Studies: In Honour of Hugh Richardson: Proceedings of the International Seminar on Tibetan Studies Oxford, 1979*. eds. Aris, Michae and Aung San Suu Kyi(Warminster, England: Aris & Phillips, 1980), 79~86.

Conway, William Martin, *Mountain Memories: a Pilgrimage of Romance*(London: Cassell & Co., 1920).

Cox, Peter A. Hutchison Peter, *Seeds of Adventure: In Search of Plants*(Suffolk: Garden Art Press, 2008).

Cronon, William, "The Trouble with Wilderness; or, Getting Back to the Wrong Nature," *Ncommon Ground: Toward Reinventing Nature*, ed. Cronon, William(New York: W.W. Norton and Company, 1995), 7~28.

Descola, Philippe, *Beyond Nature and Culture*, trans. Lloyd, Janet(Chicago: The University of Chicago Press, 2013).

_____, *The Ecology of Others*, trans. Godbout, Geneviève and Benjamin P. Luley(Chicago: Prickly Paradigm Press, 2013).

Desjarlais, Robert R., *Body and Emotion : The Aesthetics of Illness and Healing in the Nepal Himalayas*(Philadelphia: University of Pennsylvania Press, 1992).

Dhakal, Saroj, "Race to the Top," *The Kathmandu Post*(April 30 2014).

Diemberger, Hildegard, "Beyul Khenbalung, the Hidden Valley of the Artemisia: On Himalayan Communities and Their Sacred Landscape," *Maṇḍala and Landscape*, ed. Macdonald, A. W.(New Delhi: D. K. Printworld, 1997), 287~334.

Diemberger, Hildegard, and Christian Schicklgruber, "The Division of Labour by Gender among the Khumbo," *Acta Orientalia Academiae Scientiarum Hungaricae* 43.2/3(1989), 259~71.

Dixit, Kanak Mani, "The Porter's Burden," *Himal* 10(1995), 10~18.

Douglas, Ed., "Everest Fight: The Sherpa Side of the Story," *The British Mountaineering Council*(June 26, 2013)(Web 2020).

Ellis, Reuben, *Vertical Margins: Mountaineering and the Landscapes of Neoimperalism* (Madison: The University of Wisconsin Press, 2001).

Emerson, Richard M., "Mount Everest: A Case Study of Communication Feedback and Sustained Group Goal-Striving," *Sociometry* 29.3(1966), 213~27.

Evans-Pritchard, E. E., *Witchcraft, Oracles and Magic among Azande*(Oxford: Clarendon Press, 1937).

Fisher, James, "Tourists and Sherpas," *Contributions to Nepalese Studies* 14.1(1986), 37~61.

Fisher, James F., *Sherpas : Reflections on Change in Himalayan Nepal*(Berkeley: University of California Press, 1990).

Fürer-Haimendorf, Christoph von, "61. Pre-Buddhist Elements in Sherpa Belief and Ritual," *Man* 55(1955), 49~52.

_____, *The Sherpas of Nepal: Buddhist Highlanders*(Calcutta: Oxford Book Co., 1964).

_____, *The Sherpas Transformed : Social Change in a Buddhist Society of Nepal*(New Delhi: Sterling, 1984).

Gellner, David N., *Monk, Householder, and Tantric Priest: Newar Buddhism and Its Hierarchy of Ritual*(Cambridge; New York: Cambridge University Press, 1992).

Goldstein, Melvyn C., and Cynthia M. Beall, "Growing Old in Helambu: Aging, Migration and Family Structure among Sherpas," *Contributions to Nepalese Studies* 8.1(1980), 41~56.

Grebowicz, Margret, "Climbing and the Cooptation of Desire," *The Philosophical Salon*(2018).

Gurung, Harka, and Krishna B. Bhattachan, "Nepal Bibliography of Indigenous Peoples(Janajati)," ed. Nationalities, National Foundation for Development of Indigenous. Sanchal, Sanepa, Lalitpur: National Foundation for Development of Indigenous Nationalities(NFDIN)(2006).

Hansen, Peter H., "Confetti of Empire: The Conquest of Everest in Nepal, India, Britain, and New Zealand," *Comparative Studies in Society and History* 42.2(2000): 307~32.

_____, "The Dancing Lamas of Everest: Cinema, Orientalism, and Anglo-Tibetan

Relations in the 1920s," *The American Historical Review* 101.3(1996), 712.

_____, "Tenzing's Two Wrist-Watches: The Conquest of Everest and Late Imperial Culture in Britain 1921~1953," *Past and Present* 157(1997), 159~77.

Hardie, Norman, *In Highest Nepal : Our Life among the Sherpas*(London: G. Allen & Unwin, 1957).

Hardman, Charlotte, *Other Worlds : Notions of Self and Emotion among the Lohorung Rai*(Oxford; New York: Berg, 2000).

Hepburn, S., "Touristic Forms of Life in Nepal," *Annals of Tourism Research* 29.3(2002), 611~30.

Holt, Lee Wallace, "Mountains, Mountaineering and Modernity: A Cultural History of German and Austrian Mountaineering, 1900~1945"(The University of Texas at Austin, 2008).

Holtz, Timothy H., "Refugee Trauma Versus Torture Trauma: A Retrospective Controlled Cohort Study of Tibetan Refugees," *The Journal of Nervous and Mental Disease* 186 1(1998), 24~34.

Houston, Charles S., "South Face of Mount Everest," *American Alpine Journal* 8.1(1951), 12~21.

Hrabovszky, J.P., and K. Miyan, "Popoluation Growth and Land Use in Nepal: The Great Turnabout," *Mountain Research and Development* 7.3(1987), 264~70.

Hussain, Shafqat, *The Snow Leopard and the Goat : Politics of Conservation in the Western Himalayas*(Seattle: University of Washington Press, 2019).

Isserman, Maurice, and Stewart Angas Weaver, *Fallen Giants : A History of Himalayan Mountaineering from the Age of Empire to the Age of Extremes*(New Haven: Yale University Press, 2008).

Katzer, Eva, and Antonella Crescenzi, "Addressing the Psychosocial and Mental Health Needs of Tibetan Refugees in India," *Trauma, War, and Violence: Public Mental Health in Socio-Cultural Context*, ed. Jong, Joop de(New York: Kluwer Academic, 2002).

Kauffman, Andrew J., and William Lowell Putnam, *K2 : The 1939 Tragedy*(Seattle, WA: Mountaineers, 1992).

Kodas, Michael, *High Crimes : The Fate of Everest in an Age of Greed*(New York: Hyperion, 2008).

Kunwar, Ramesh Raj, *Fire of Himal : An Anthropological Study of the Sherpas of Nepal Himalayan Region*(Jaipur: Nirala Publications, 1989).

Lévi-Strauss, Claude, *The Elementary Structures of Kinship*(*Les Structures Élémentaires De La Parenté*), trans. von Sturmer, John Richard, eds. Bell, James Harle and Rodney Needham(Boston: Beacon Press, 1969).

_____, *Structural Anthropology: Volume II*, trans. Layton, Monique(Chicago: University of Chicago Press, 1983).

Levine, Nancy E., *The Dynamics of Polyandry : Kinship, Domesticity, and Population on the Tibetan Border*(Chicago: University of Chicago Press, 1988).

Lewis, Sara E., "Trauma and the Making of Flexible Minds in the Tibetan Exile Community," *Ethos* 41.3(2013), 313~36.

Lhewa, Dechen, et al., "Validation of a Tibetan Translation of the Hopkins Symptom Checklist 25 and the Harvard Trauma Questionnaire," *Assessment* 14.3(2007), 223~30.

Liang, Siran, "Missing Pieces in the Story of a Caterpillar Fungus – Ophiocordyceps Sinensis," *Mycolens* 9.2(2018), 75~77.

Liechty, Mark, "The 'Age of Hippes': Nepalis Make Sense of Budget Tourists in the 1960s and 1970s," *Studies in Nepali History and Society* 17.2(2012), 211~62.

, "Building the Road to Kathmandu: Notes on the History of Tourism in Nepal," *Himalaya, the Journal of the Association for Nepal and Himalayan Studies* 25.1(2005), Article 6.

Lim, Francis Khek Gee, *Imagining the Good Life : Negotiating Culture and Development in Nepal Himalaya*(Leiden; Boston: Brill, 2008).

Luger, Kurt, *Kids of Khumbu : Sherpa Youth on the Modernity Trail*(Kathmandu: Mandala Book Point, 2000).

Lunn, Arnold, *A Century of Mountaineering, 1857-1957*(London: Allen & Unwin, 1957).

Macdonald, Alexander W., "The Coming of Buddhism to the Sherpa Area of Nepal," *Acta Orientalia Academiae Scientiarum Hungaricae* 34.1/3(1980), 139~46.

Malville, Nancy J., "Bearing the Burden: Portage Labor as an Adaptive Reponse to Predictable Food Deficits in Eastern Nepal," *Human Ecology* 33.3(2005), 419~38.

Merleau-Ponty, Maurice, *Phenomenology of Perception*, trans. Smith, Colin(London; New York: Routledge, 2002).

Messner, Reinhold, *Free Spirit : A Climber's Life*, trans. Neate, Jill(London: Hodder & Stoughton, 1991).

_____, *Grenzbereich Todeszone*(Köln: Kiepenheuer & Witsch, 1978).

Miller, Peter, "Everest Climber: Sherpas Tried to Kill Me," *National Geographic*(National Geographic Society 2013)(Web. October 5, 2014).

Miller, Robert, "High Altitude Mountaineering, Cash Economy, and the Sherpa," *Human Organization* 24.3(1965), 244~49.

Mitchell, Ian R., and George W. Rodway, *Prelude to Everest: Alexander Kellas, Himalayan Mountaineer*(Edinburgh: Luath, 2011).

Morris, C. J., "The Gorge of the Arun," *The Geographical Journal* 62.3(1923), 161~68.

Mummery, A. F., *My Climbs in the Alps and Caucasus*(Oxford: B. Blackwell, 1946).

Nagano, Yasuhiko, *Amdo Sherpa Dialect: A Material for Tibetan Dialectology*(Tokyo: Institute for the Study of Languages and Cultures of Asia and Africa, 1980).

Nepali, Rohit Kumar, "Culturally Appropriate Development: An Anthropological Study of Villages in Eastern Nepal," *Proceedings of the International Seminar on the Anthropology of Tibet and the Himalaya*, eds. Ramble, Charles and Martin Brauen(Kathmandu: Vajra Publications, 2008), 238~47.

Ning, Wu, et al., *Yak on the Move: Transboundary Challenges and Opportunities for Yak Raising in a Changing Hindu Kush Himalayan Region*(Nepal: ICIMOD, 2016).

O'Connell, Nicholas, *Beyond Risk : Conversations with Climbers*(Seattle, WA: The Mountaineers, 1993).

Oelschlaeger, Max, *The Idea of Wilderness: From Prehistory to the Age of Ecology*(New Haven: Yale University Press, 1991).

Oppitz, Michael, *Geschichte Und Sozialordnung Der Sherpa*(Innsbruck: Universitätsverlag Wagner, 1968).

Ortner, Sherry B, *High Religion : A Cultural and Political History of Sherpa Buddhism* (Princeton Studies in Culture/Power/History)(Princeton, N.J.: Princeton University Press, 1989).

_____, *Life and Death on Mt. Everest: Sherpas and Himalayan Mountaineering* (Princeton: Princeton University Press, 1999).

_____, *Sherpas through Their Rituals. Cambridge Studies in Cultural*

Systems(Cambridge; New York: Cambridge University Press, 1978).

Paul, Robert A., *The Tibetan Symbolic World : Psychoanalytic Explorations*(Chicago: University of Chicago Press, 1982).

Paules, Greta Foff, *Dishing It Out : Power and Resistance among Waitresses in a New Jersey Restaurant*(Philadelphia, Pa.: Temple Univ. Press, 1991).

Peirce, Charles S., *Collected Papers of Charles Snaders Peirce*, ed. Burkes, Arthur W., Vol. 8: Reviews, Correspondence, and Bibliography(Bristol: Thoemmes Press, 1958).

Poudel, Jaya Prasad, et al., *National & District Profile of Nepal* 2016/17(Kathmandu, Nepal: Mega Publication & Research Centre, 2017).

Reinhard, Johan, "Khembalung: The Hidden Valley," *Kailash* 6.1(1978), 5~35.

Roerich, Nicholas, *Heart of Asia : Memoirs from the Himalayas*(Rochester, Vt.: Inner Traditions International, 1990).

Rogers, P., and J. Aitchison, *Towards Sustainable Tourism in Everest Region of Nepal*(Kathmandu, Nepal: IUCN, 1998).

Rowell, Galen A., *In the Throne Room of the Mountain Gods*(San Francisco: Sierra Club Books, 1986).

Roy, Adhirup, and Gopal Sharma, "Summit Fever: Everest's Budget Climbing Boom Puts Indians Most at Risk," *Reuters*(2019).

Rubenson, C. W., "Kabru in 1907," *Alpine Journal* 24(1908), 310~21.

Ruwanpura, Eshani, Stewart W. Mercer, Alastair Ager, and Gerard Duveen, "Cultural and Spiritual Constructions of Mental Distress and Associated Coping Mechanisms of Tibetans in Exile: Implications for Western Interventions," *Journal of Refugee Studies* 19.2(2006), 187~202.

Sachs, Emily, Barry Rosenfeld, Dechen Lhewa, Andrew Rasmussen, and Allen Keller, "Entering Exile: Trauma, Mental Health, and Coping among Tibetan Refugees Arriving in Dharamsala, India," *JTS Journal of Traumatic Stress* 21.2(2008), 199~208.

Sahlins, Marshall, *The Western Illusion of Human Nature : With Reflections on the Long History of Hierarchy, Equality and the Sublimation of Anarchy in the West, and Comparative Notes on Other Conceptions of the Human Condition*(Chicago, Ill.: Prickly Paradigm Press, 2008).

Salter, Jan, and Harka B. Gurung, *Faces of Nepal*(2nd complementary, rev. ed.), ed.

Lalitpur(Nepal: Himal Books, 1999).

Sharma, Sundar Kumar, Prabin Nanandhar, and Sarba Raj Khadka, "Everest Tourism: Forging Links to Sustainable Mountain Development. A Critical Discourse on Politics of Places and Peoples," *European Journal of Tourism, Hospitality and Recreation* 2.2(2011), 31~51.

Sherpa, Dawa Steven, *Eco Everest Expedition 2008*. Union Internationale Des Associations d'Alpinisme(UIAA).

Shrestha, Uttam Babu, and Kamaljit S. Bawa, "Trade, Harvest, and Conservation of Caterpillar Fungus (Ophiocordyceps Sinensis) in the Himalayas," *BIOC Biological Conservation* 159(2013), 514~20.

Simonson, T. S., et al., "Genetic Evidence for High-Altitude Adaptation in Tibet," *Science Science* 329.5987(2010), 72~75.

Slusser, Mary Shepherd, *Nepal Mandala : A Cultural Study of the Kathmandu Valley*(Princeton, N.J.: Princeton University Press, 1982).

Snellgrove, David L., *Asian Commitment : Travels and Studies in the Indian Sub-Continent and South-East Asia*(Bangkok: Orchid Press, 2000).

Stefanello, Vincio, "Everest Like an Amusement Park, Simone Moro Abandons Everest and Lhotse Attempt," *Planetmountain.com*(2012)(Web. February 22 2015).

Stewart, Pamela J., and Andrew Strathern, "Gossip-a Thing Humans Do," *Anthropology News* January/February(2020).

Storz, J. F., "Genes for High Altitudes," *Science Science* 329.5987(2010), 40~41.

Subedi, Madhusudan, "Afno Manchhe: Unequal Access to Public Resources and Institutions in Nepal," *Dhaulagiri Journal of Sociology and Anthropology*, Vol. 8(2014).

Subedi, Madhusudan Sharma, "Corruption in Nepal: An Anthropological Inquiry," *Dhaulagiri Journal of Sociology and Anthropology*, Vol. 1(2005).

Taylor, Joseph E., *Pilgrims of the Vertical: Yosemite Rock Climbers and Nature at Risk* (Cambridge: Harvard University Press, 2010).

Thompson, Mike M., "Sahibs and Sherpas," *Mountain*(1979), 45~49.

Tilman, H. W., *Nepal Himalaya*(Cambridge[England: University Press, 1952].

Toffin, Gérard, and Joanna Pfaff-Czarnecka, "Introduction: Globalization and Belonging in the Himalayas and in Trans-Himalayan Social Spaces," *Facing Globalization in the Himalayas: Belonging and the Politics of the Self*, eds. Toffin, Gérard and Joanna Pfaff-

Czarnecka(New Delhi: SAFE Publications, 2014), 1~42.

Tumbat, Gülnur, and Russell W. Belk, "Marketplace Tensions in Extraordinary Experiences," *Journal of Consumer Research* 38.1(2011), 42~61.

UIAA, "Uiaa General Assembly News"(2014).

Unsworth, Walt, *Hold the Heights : The Foundations of Mountaineering*(Seattle: The Mountaineers, 1994).

Wagner, Anja, "'This Is How We Joke.' Towards an Appreciation Of alternative Values in Performances of Gender Irony among the Gaddi of Himachal," *European Bulletin of Himalayan Research* 41(2012), 100~19.

Wagner, Roy, *The Invention of Culture*(Chicago: University of Chicago Press, 1981).

Wangmo, Jamyang, *The Lawudo Lama : Stories of Reincarnation from the Mount Everest Region*(Boston: Wisdom Publications, 2005).

Weber, Max, *From Max Weber: Essays in Sociology*, trans. Gerth, Hans Heinrich, ed. Mills, C. Wright(New York: Oxford university press, 1946).

Weir, Tom, *East of Katmandu*(London: Oliver and Boyd, 1955).

Westermarck, Edward, "The History of Human Marriage"(1922).

Yi, X., et al., "Sequencing of 50 Human Exomes Reveals Adaptation to High Altitude," *Science Science* 329.5987(2010), 75~78.

셰르파, 히말라야 등반가

인류학으로 읽는 셰르파 이야기

초판 1쇄 발행 2021년 11월 30일

지은이 오영훈
발행처 국립아시아문화전당
발행인 이용신
기획 아시아문화원
편집 엄정원
디자인 박대성

주소 61485 광주광역시 동구 문화전당로 38
문의 1899-5566
홈페이지 www.acc.go.kr

값 17,000원
ISBN 979-11-89652-93-7 04300
ISBN 979-11-89652-67-8 (세트)

ⓒ 국립아시아문화전당, 오영훈 2021

이 책에 수록된 도판 및 글의 저작권은 해당 저자, 소장 기관 및 국립아시아문화전당에 있습니다.
이 책은 저작권법에 의해 보호받는 저작물이므로 무단전재 및 복제를 금합니다.